Ursula Demarmels
Karma-Coaching

URSULA DEMARMELS

Wege aus der
Schicksalsfalle

Allegria

Wichtiger Hinweis

Die Informationen und Übungen in diesem Buch wurden von Autorin und Verlag sorgfältig erwogen und geprüft, dennoch kann eine Garantie nicht übernommen werden. Eine Haftung der Autorin bzw. des Verlags und seiner Beauftragten für Personen-, Sach- und Vermögensschäden, insbesondere bei Durchführung der Übungen bei Krankheit – vor allem bei Herz-Kreislauf-Erkrankungen oder labilem psychischem Zustand, ist ausgeschlossen. Im Zweifel sollten kranke oder psychisch labile Personen von den Übungen Abstand nehmen. Sämtliche Namen der Personen in den Fallbeispielen wurden von Autorin und Verlag geändert.

Allegria ist ein Verlag der Ullstein Buchverlage GmbH

ISBN: 978-3-7934-2272-3

© 2015 by Ullstein Buchverlage GmbH, Berlin
Lektorat: Dr. Diane Zilliges
Umschlaggestaltung: Zero Werbeagentur, München
Umschlagmotiv: plainpicture
Satz: Keller & Keller GbR
Gesetzt aus der Minion
Druck und Bindearbeiten: CPI books GmbH, Leck
Printed in Germany

# Inhalt

Vorwort von Luzifer 7
Was Sie in diesem Buch erwartet 9

**Karma und Schicksal** 11
Die karmischen Gesetze 11
Wie dieses Buch entstand 34

**Karma-Coaching in unterschiedlichen Lebensbereichen** 39
Gutes Karma durch das richtige Bemühen 39
Karma in Bezug auf Gruppenverhalten 63
Heilung von karmischen Wunden 85
Karmische Lebensaufgaben 102
Karma und Kinder 116
Karma und der Umgang mit Tieren 135
Geben und Nehmen aus karmischer Sicht 157
Karma durch unser Denken und Fühlen 174
Gutes Karma durch Toleranz und Offenheit 191
Das Karma zum Freund 205

**Leben ohne karmische Verstrickungen** 223
Vom Karma zur Liebe 223
Das Ende der Wiedergeburt durch allumfassende Liebe 232

Mein Angebot für Sie 236
Danksagung 237
Quellenverzeichnis 238
Bücher- und CD-Empfehlungen 240

**Fallbeispiele im Überblick**

Fallbeispiel 1: *Gunther S. – Gute Taten, schlechte Taten* 46
Fallbeispiel 2: *Mag. Alois P. – Die verkaufte Seele* 70
Fallbeispiel 3: *Hua H. – Weiße Lilien in Vietnam* 88
Fallbeispiel 4: *Dr. Marike S. – Ich bin nicht nur mein Körper* 106
Fallbeispiel 5: *Roché D. – Du sollst die Kinder lieben* 126
Fallbeispiel 6: *Mitgel F. – Seelenfreunde* 145
Fallbeispiel 7: *Yolanda A. – Das Leben umarmen* 162
Fallbeispiel 8: *Randy M. – Eine Pyramide aus Licht* 182
Fallbeispiel 9: *Prof. Dr. Karsten B. – Kosmische Pläne der Liebe* 197
Fallbeispiel 10: *Linda C. – Herzblut* 210

**Karma-Coaching Übungen**

Basisübung: *Den Energielevel anheben* 59
Übung 1: *Energetische Beeinflussung Ihres Umfelds* 61
Übung 2: *Gutes Karma schaffen* 82
Übung 3: *Mit dem Seelenführer Leid auflösen* 99
Übung 4: *Unterwegs zu seinen Lebensaufgaben* 114
Übung 5: *Seine Kindheit positiv nutzen* 132
Übung 6: *Vom Egoismus zum Mitgefühl* 155
Übung 7: *Gutes Karma durch Freude am Teilen* 171
Übung 8: *Die Macht der Gedanken positiv nutzen* 189
Übung 9: *Andersartigkeit und Offenheit* 203
Übung 10: *Entwicklungssprünge* 221
Übung 11: *Mit dem Seelenführer zum persönlichen Gesamtkarma* 225
Übung 12: *Direkt dem höchsten Ziel entgegen* 229

## Vorwort von Luzifer

Sie wundern sich sicher, warum gerade ich, Luzifer, das Vorwort zum Buch »Karma-Coaching« geschrieben habe. Allerdings: Wer sonst sollte es tun? Wer weiß besser über all die lieblosen und egoistischen Verfehlungen, Sünden und Fallstricke, die schlechtes Karma auslösen, Bescheid als ich? Immerhin bin ich derjenige, der die Rolle des Bösen im kosmischen Spiel der Polarität übernommen hat.

Ich bin derjenige, der als Erster den Weg vom Licht in die Finsternis gegangen ist. Ich habe mich bewusst vom Allmächtigen abgewandt und den Weg vom »Lichttragenden zum Leidtragenden« eingeschlagen. Und die Menschen folgten mir, ließen sich von mir verführen, ihrem vermeintlichen eigenen Willen zu folgen. Ha, wie unermesslich viel Macht ich dadurch bekommen habe!

Aber manchmal steigt eine Ahnung in mir auf, dass mein Reich eine gigantische Illusion ist. Denn immer öfter finden Menschen den Weg zurück zum Einssein, trotz all meiner intensiven genialen Einmischungen und Strategien, genau das zu verhindern. Diese Menschen sagen, sie hätten erkannt, dass es nichts gibt außerhalb von Gott. Auch ich sei nur ein Aspekt dessen und würde bewusst und freiwillig, wenn es den »Teufel« nicht mehr braucht, zurückkehren und als Lichtbringer wieder Teil des göttlichen Willens sein. Was für ein Blödsinn!

Und doch halte ich ganz tief in mir drinnen die Erinnerung an die Zeit verborgen, als ich mich vom Schöpfer abzuwenden begann. Damals tröstete er mich und versicherte mich seiner ewigen Liebe. Er versprach mir fest, dass ich dereinst ins Licht zurückkehren darf und nicht auf ewig verdammt und verloren bin, und er sagte, dass das alles nicht sinnlos gewesen sein wird. Zum Teufel, was für eine Sehnsucht nach Erlösung regt sich da in mir! Tatsächlich fühle ich mich manchmal sehr müde; vielleicht werde ich alt? Ich bin alt!

Die heutige Zeit ist eine der finstersten, die es je auf der Welt gegeben hat, und gerade jetzt, auf dem Höhepunkt meines Triumphes, kommt mir Gott in den Sinn! Was soll das, was geht da vor? Es gibt trotz all dem Bösen sehr viele beunruhigend lichtvolle Bestrebungen. Ich habe an allen Ecken und Enden ständig zu tun, sie zu vernichten.

Auch dieses Buch »Karma-Coaching« ist so ein hartnäckiger Versuch, Menschen den Weg zurück ins Licht zur bedingungslosen, allumfassenden Liebe zu weisen; ein gefährliches Buch. Wenn diesen Weg alle Menschen konsequent gehen würden, hätte ich bald nichts mehr zu melden. Das werde ich doch sicher zu verhindern wissen? Wäre ja gelacht!

Aber wenn tatsächlich die Zeit der Umkehr begonnen haben sollte, dann vergessen Sie mich nicht. Ich war schließlich Ihr ständiger Begleiter und Versucher beim Abstieg in die Finsternis, weg von Gott. Das gehört doch honoriert. Tatsächlich könnte selbst ich erlöst werden, wenn genügend Menschen ins Licht zurückfinden würden. Ich bin schon ganz verwirrt. Bin ich tatsächlich durch all die Zeit einem Trugschluss aufgesessen? Da sehe Gott vor, oder?

*Mit bester Empfehlung,*
*Ihr Luzifer*

# Was Sie in diesem Buch erwartet

»Karma-Coaching« richtet sich an die Menschen, die bereit sind, das Licht und die Ziele ihrer göttlichen Seele zu entdecken und zum Segen und Wohlergehen aller Lebewesen auf der Erde einzubringen. Es ist für all jene gedacht, die sich aufrichtig um spirituelles Wachstum bemühen und nicht ewig und drei Tage in der Endlosschleife des Schicksals im Kreis rennen möchten.

Sobald Sie Karma-Coaching fest in Ihrem Alltag verankert haben, wird die Welt für Sie eine andere sein. Schritt für Schritt werden Sie die Ziele und Aufgaben Ihrer Seele erkennen und verwirklichen. Dadurch entwickeln Sie sich rasch weiter und ziehen vermehrt Liebe, Freude und Erfolg an.

Das Buch beginnt mit einer Hinführung zum Thema. Darin wird erklärt, was Karma ist, wie es zu diesem Buch kam und was ich damit erreichen möchte. Hier finden Sie auch die Grundanleitungen zur Durchführung der praktischen Übungen des Karma-Coaching. Die danach folgenden Kapitel bieten Ihnen zwölf spezifische Karma-Coaching-Übungen als Angebot zur Selbsthilfe, um nachhaltig aus Fehlern zu lernen, schlechtes Karma abzubauen und gutes Karma zu schaffen. Spannende Beispiele aus meiner spirituellen Rückführungspraxis in Vorleben und ins Zwischenleben als Seele zeigen Ihnen aus erster Hand, wie sich Karma aus der Vergangenheit auf den heutigen Alltag auswirkt und weitere Inkarnationen beeinflusst – so lange, bis es vollkommen bearbeitet ist. Sie lernen, dass Sie es selbst in der Hand haben, Ihr persönliches Schicksal zu nutzen, um sich viel Kummer und Leid zu ersparen und sich eine positive, liebevolle Zukunft aufzubauen.

Der letzte Teil des Buches widmet sich der Frage, wie man es schlussendlich schafft, ganz von karmischen Verstrickungen frei zu werden, zur Vollendung zu gelangen und den Kreis der Wiedergeburten abzuschließen.

# Karma und Schicksal

## Die karmischen Gesetze

### Wer oder was bestimmt unser Schicksal?

Sicher haben Sie sich, liebe Leserin, lieber Leser, auch schon einmal die eine oder andere der folgenden Fragen gestellt: Wer oder was bestimmt unser persönliches Schicksal? Ist alles Zufall oder steht eine bewusste Absicht dahinter? Meint es die Vorsehung gut mit mir oder eher nicht? Warum gibt es so viel Leid und Elend auf der Welt?

Warum geschieht mir Gutes und Schlechtes? Wie wichtig sind Liebe und Nächstenliebe? Hat mein Verhalten Konsequenzen, die ich gar nicht bewusst wahrnehme? Wie lange wirken diese, bis zum Tod oder auch nach dem Tod im Jenseits und in meinen zukünftigen Leben?

Lebe ich nur einmal oder komme ich mehrfach auf die Welt? Bestimmt mein Verhalten aus der Vergangenheit meine Gegenwart und mein Verhalten in der Gegenwart meine Zukunft? Was ist Karma, wie zeigt es sich, wie bestimmt es mein Leben? Gibt es Schicksalsgesetze? Und gibt es Wege aus der Schicksalsfalle?

In diesem Buch finden Sie Antworten auf solche fundamentalen Lebensfragen.

## Was bedeutet Karma?

Der Sanskrit-Begriff Karma ist heute auch in der westlichen Welt sehr verbreitet. Er stammt aus dem Buddhismus und bedeutet »Wirken«, »Tun«, »Tat«. Gemeint ist damit das körperliche und geistige Handeln des einzelnen Menschen, von dem sein persönliches Schicksal abhängt.

Alles, was ein Mensch denkt, fühlt und tut, löst etwas aus. Und das, ob gut oder böse, kehrt zu ihm zurück, sei es bereits im aktuellen Leben oder erst in einem zukünftigen. Diesem universellen Gesetz von Ursache und Wirkung untersteht jeder Mensch. Es bestimmt seine Lebensumstände und sein Schicksal, und es beeinflusst seine Lebensaufgaben.

### Das karmische Gesetz

Alle leidvollen genauso wie die freudvollen Erfahrungen eines Menschen sind Konsequenzen seiner wahren Absichten hinter seinem Denken, Fühlen und Handeln.

Jeder Mensch wird so lange wiedergeboren werden, bis er sein altes Karma aufgelöst und kein neues mehr geschaffen hat. Dabei bekommt kein Mensch vom Schicksal mehr aufgebürdet, als er zu tragen fähig wäre. Die Menschen selbst machen sich und anderen das Leben leider häufig zur Hölle oder jedenfalls schwerer, als es sein müsste, und verstärken dadurch ihr negatives Karma. Auf der menschlichen Ebene tun uns schlechte Taten oftmals zeitlebens nicht leid, oder wir vergessen sie, aber als Seele bereuen wir sie zutiefst und leiden an unserer Lieblosigkeit. Wir möchten das Geschehene unbedingt wiedergutmachen und alles Dunkle heilen und ins Licht heben.

Gutes oder schlechtes Karma wirkt sich nicht nur in Form von plötzlichen Herausforderungen, Schicksalsschlägen oder positiven Wendungen und erfüllten Wünschen aus, sondern auch durch vorgegebene Lebensumstände und unabänderliche Gegebenheiten. Unser Körper, unser Gehirn, das Geschlecht, unsere Eltern, karmische Verabredungen und Beziehungen: All das wurde bereits vor dem jeweiligen Erdenleben in der geistigen Welt festgelegt und bildet sozusagen den Rahmen, innerhalb dessen Lernen, Erkenntnis, gutes Tun und Entwicklung stattfinden sollen. Das alles heißt auch, dass unsere früheren Existenzen einen entscheidenden Einfluss auf die heutige haben. Die aber liegen für uns zunächst im Dunklen.

## Wie können wir uns an unsere Vorleben erinnern?

Sind wir als Seele unsterblich? Kommen wir tatsächlich in einem anderen Körper, in einer anderen Zeit wieder auf die Welt? Durch spirituelle Rückführungen kann man innerlich gezielt in seine Vorleben und ins Jenseits reisen und die Vielschichtigkeit seiner Persönlichkeit, sein persönliches Schicksal und den tieferen Lebenssinn erkennen und verstehen lernen.

Als Rückführungsexpertin habe ich bereits rund 4000 Menschen auf ihren inneren Reisen in ihre Vorleben und über den dortigen Tod hinaus in die spirituelle Welt – das Leben zwischen den Leben, wo wir uns als göttliche Seelen befinden – begleiten dürfen. Diese neue Möglichkeit, seine eigenen Vorleben mit dem damaligen Sterben und sein Weiterleben als Seele im Jenseits erforschen und aufarbeiten zu können, brachte eine riesige zusätzliche Dimension in die Methodik der Rückführungstherapie. Sie ist äußerst faszinierend, eine große Gnade und ein Geschenk der spirituellen Welt an uns Menschen.

Jede einzelne Rückführung ist beeindruckend und einzigartig, und ich bin jedes Mal tief berührt über die lichtvolle Schönheit der Seele eines jeden Klienten. Die Faszination, zu erfahren, wer man in einem Vorleben war und wer man als unsterbliche Seele ist, wo man sich dann befindet und womit man sich beschäftigt, ist einer der Hauptantriebe, selbst eine Rückführung erleben zu wollen. Während der Sitzung kristallisiert sich dann immer auch ein spezifisches Thema heraus, das für den Klienten besonders hilfreich und förderlich ist.

Meine Klienten sind Frauen und Männer, die aus vielen Ländern, unterschiedlichen Berufen, Schichten und religiösen Gruppen stammen; auch viele Skeptiker und Atheisten befinden sich darunter. Einige von ihnen werden Ihnen in diesem Buch in den (anonymisierten) Fallgeschichten begegnen.

## Breitet sich das uralte Wissen um die Wiedergeburt heute aus?

Immer wieder habe ich auch Personen vor laufender Kamera im Beisein von Journalisten und Historikern für Doku-Sendungen namhafter Fernsehanstalten rückgeführt. Durch Recherchen von Historikern war es möglich, verblüffend viele Angaben dieser Klienten aus ihren Vorleben, die sie vor der Sitzung gar nicht wissen konnten, zu überprüfen und zu verifizieren. Auch viele Stars ließen sich von mir für TV-Dokumentationen rückführen. Durch so bekannte Persönlichkeiten wie Heavy Metal Queen Doro Pesch, Kultblondine Daniela Katzenberger, dem herausragenden Fernsehjournalisten Jenke von Wilmsdorff und Transfrau Mirka war es möglich, die Themen Wiedergeburt und spirituelle Rückführungen bereits mehr als 47 Millionen Menschen im deutschsprachigen Raum näherzubringen. Jeder dritte bis vierte Deutsche glaubt mittlerweile an Wiedergeburt.

Die Reinkarnation ist fixer Bestandteil vieler großer Religionen und war auch im frühen Christentum enthalten. Viele Schriften aus alter Zeit belegen das. Aber im Laufe der Geschichte wurden diese Texte von Vertretern der Kirche eliminiert, da sie ihnen für ihre Zwecke wohl zu unbequem erschienen. Heute aber ist dieses Wissen wieder auf dem Vormarsch.

Unsere Vorleben können sehr weit zurückreichen. Anthropologen gehen derzeit davon aus, dass der anatomisch moderne *Homo sapiens* – der »weise Mensch« – seit mindestens 200 000 Jahren existieren dürfte. Seine Vorläufer gab es schon vor mindestens 3,2 Millionen Jahren, möglicherweise sogar sehr viel länger. In dieser gesamten Zeitspanne könnten wir bereits auf der Erde inkarniert sein.

## Wie läuft eine spirituelle Rückführung ab?

Spirituelle Rückführungen biete ich in Form von Workshops und Einzelsitzungen an. Zu Beginn helfe ich jedem Teilnehmer durch spirituell ausgerichtetes Mentoring, eine höhere Sichtweise einzunehmen. Ich leite ihn an, in eine stärkere Verbindung zur spirituellen Welt zu gehen, erkläre Hintergründe, Ablauf und nötige Techniken und beantworte Fragen. Dadurch werden die Weichen gestellt, um solche Seelenreisen erfolgreich durchführen zu können. Der Klient legt oder setzt sich bequem hin, und ich führe ihn durch Hypnoseanleitungen nach Dr. Michael Newton, ergänzt durch eigene Methoden, in eine tiefe Trance und geleite ihn mithilfe hoher geistiger Wesenheiten innerlich zurück durch sein heutiges Leben bis in den Mutterleib und dann weiter zurück durch die Zeit in eines seiner Vorleben.

Dort angekommen, erfährt sich der Klient wieder als der Mensch, der er damals war, mit dem Körper, dem Geschlecht, den Gedanken, Gefühlen, Meinungen und Überzeugungen, den

Aufgaben, Ängsten, Freuden und Leiden der damaligen Zeit. Er beantwortet meine Fragen und berichtet, was er in verschiedenen Altersstufen macht, was wichtig für ihn ist, und schlussendlich gehen wir auch ans Ende jenes Vorlebens. Der Klient durchlebt nochmals sein Sterben, wie er als Seele aus seinem damaligen Körper herausgeht und wie er die Erde verlässt. Schon bald erlebt er sich als freie, unsterbliche Seele. Sein Blickfeld erweitert sich gewaltig. Von dieser hohen Warte aus reflektiert er dann zusammen mit seinem Seelenführer sein Vorleben.

### Der Seelenführer als liebevoller Begleiter

Der Seelenführer, auch Geistführer oder persönlicher Schutzengel genannt, ist ein sehr hoch entwickeltes geistiges Wesen voller Liebe, Weisheit und Licht, das die Aufgabe übernommen hat, eine oder mehrere Seelen auf ihrem Entwicklungsweg zu begleiten. Dabei geht es nicht darum, schmerzvolle Erfahrungen des Schutzbefohlenen zu verhindern, wenn diese für seine Lernschritte wichtig sind, sondern darum, dem Menschen zu helfen, aus ihnen zu lernen. Bei Bedarf wird der Mensch von seinem Seelenführer in seinen Entscheidungen beraten, ermutigt und wo nötig auf den Weg seiner Seele zurückgeführt.

Der Seelenführer spricht durch gute Ideen, liebevolle Anstöße, Träume, intuitive Wahrnehmungen und durch unser Gewissen zu uns, aber er führt nicht unser Leben. Als Menschen sind wir frei, uns zu entscheiden, ob wir diesen Hinweisen folgen wollen oder nicht.

Jeder Klient nimmt seinen Seelenführer auf seine Weise innerlich wahr, auch ohne jegliche vorherige Kenntnisse und auch ohne den Glauben an solch eine Möglichkeit.

Durch diese Rückschau in der spirituellen Welt erhält der Klient wichtige Erkenntnisse und Einsichten, wie sein Vorleben karmisch in sein heutiges Leben hineinwirkt, ob er dabei ist, seine Lebensaufgaben zu finden und zu erfüllen, oder ob er sich verirrt hat. Auch kann er in seinem Seelenbewusstsein und mit Unterstützung seines Seelenführers wichtige Fragen mit viel mehr Weisheit beantworten und viel bessere Lösungsmöglichkeiten für Probleme finden als im üblichen Alltagsbewusstsein.

Ich überlasse es immer dem Seelenführer des Klienten, das entsprechende Vorleben für die Rückführungssitzung auszuwählen. Er weiß genau, was er dem Klienten zeigen möchte und was für ihn das Beste ist. Manchmal ist der direkte Bezug zum aktuellen Leben dabei erkennbar, oft auch nicht.

Nehmen wir zum Beispiel den Fall, dass eine Frau zu einer spirituellen Rückführung kommt, weil sie eine unerklärliche Angst vor Wäldern, bärtigen Männern und Sex hat. Bei der Sitzung stellt sich dann heraus, dass sie in einem Vorleben beim Beerenpflücken im Wald von einem bärtigen Mann vergewaltigt und umgebracht worden war. Nachdem die Klientin dieses Ereignis bewusst innerlich wieder erlebte und dafür desensibilisiert wurde, könnte es sein, dass ab da ihre Probleme verschwunden sind. Falls nicht, könnte die Ursache in einem anderen Vorleben zu finden sein, wo sich die Klientin selbst als Täter erlebt, der Frauen missbraucht und umgebracht hat, und erst im Erkennen und Akzeptieren ihrer eigenen karmischen Schuld und durch versöhnliche Taten lösen sich ihre Probleme auf.

Es wäre aber auch möglich, dass sich die Klientin nie als Täter solcher Vergehen schuldig gemacht hat und sie durch diese schlimmen Erfahrungen im Vorleben bestimmte Dinge lernen sollte. Zum Beispiel sich besser abzugrenzen, sich zu schützen, anderen zu verzeihen, sich für Erziehungssysteme stark zu machen, in denen Mädchen und Jungen lernen, einander mit Achtung und Wertschätzung zu begegnen und eine positive Einstellung zur Körperlichkeit zu bekommen. Oder die Seele der Klientin wollte die Erde und das Menschsein in ihren finstersten Abgründen persönlich kennenlernen, um den Wunsch stärker in sich zu entfachen, anderen zu helfen und mehr Licht auf die Erde zu bringen, anstatt nur an sich selbst zu denken.

Möglich wäre auch, dass sich der Klientin überhaupt nichts Schlimmes in ihren Vorleben zeigt, sondern nur angenehme Dinge, die ihr Mut machen und sie mit guten Energien aufladen. Auch das Wiedererfahren ihres damaligen Sterbens und Weiterlebens als Seele könnten die Klientin so sehr stärken, dass ihre Probleme verschwinden und nicht wiederkehren.

Spirituelle Heilung geschieht zu einem großen Teil »zwischen den Zeilen«. Deshalb greift diese Methode auch so tief gehend und relativ schnell. Sie hilft dem Klienten, seine karmischen Verstrickungen, seine Stärken und Schwächen und die als Nächstes anstehenden Wachstumsschritte deutlich zu erkennen. Sie verbindet ihn darüber hinaus mit seiner eigenen seelischen Wahrheit, seinem tiefsten Sein und seinem göttlichen Ursprung. Das ist beglückend und löst sehr viel Angst, Kummer und Frust auf.

Vieles, was der einzelne Klient erfährt, kann auf andere Individuen oder die Menschheit als kollektive Gruppe übertragen werden, denn aus höherer Sicht spiegeln wir einander. In Wirklichkeit gibt es keine Getrenntheit. Alle Menschen haben als Seele eingewilligt, sich auf diesem Planeten einzufinden, um sich mitfühlend und liebevoll einzubringen, zu lernen und weiser zu werden – auch wenn sich das vielleicht, je nach Lebenssituation, wie ein entsetzlicher Irrtum anfühlt und sich viele von der Erde und dem durch Menschen verursachten Leid und Unrecht wegsehen.

Selbst ein noch so verirrter Mensch ist in seinem innersten Wesen gut, möchte sich lichtvoll verhalten und seine Lebensaufgaben verwirklichen. Das hat auch er sich als Seele vorgenommen, wenngleich sein Zugang zu diesen Erkenntnissen im Erdenleben verschüttet wurde.

## Was geschieht im »Leben zwischen den Leben«?

Der weltbekannte Reinkarnationsexperte und Bestsellerautor Dr. Michael Newton aus den USA ist der Begründer der »spirituellen Rückführungen ins Leben zwischen den Leben«. Ich hatte die Ehre, als erste Absolventin im deutschsprachigen Raum von ihm und seinem Team in dieser Methode ausgebildet zu werden.

Im Interview mit einer Zeitschrift formulierte ich es einmal so: »Das Leben zwischen den Leben, die spirituelle Welt, ist ein geistiger Ort, der nicht an räumliche und zeitliche Gesetzmäßigkeiten gebunden ist, wie wir sie auf der Erde kennen. Es ist ein Ort, der licht- und liebevoll ist, voller Güte, Freude und Kreativität, dem die Seelen, je nach Wunsch und Ausrichtung, die jeweilige Gestalt und Erscheinungsform verleihen.

Die Seelen entfalten sich dort frei und glücklich, in vollkommener Achtung und Liebe zueinander. Kommunikation geschieht telepathisch und basiert auf absoluter Ehrlichkeit und in Einklang mit der göttlichen Quelle. Die einzelnen Seelen lernen und entwickeln sich dabei gemäß ihrer Entwicklungsstufe weiter. Sie nehmen an verschiedenen Projekten teil, mit dem Ziel der tieferen Erkenntnis des allumfassenden Einsseins, der bedingungslosen göttlichen Liebe.«[1]

Wurde eine Seele während ihres Erdenlebens verletzt, erfährt sie Trost und Heilung im Jenseits, sobald sie tief genug hineingegangen ist und sich von der Erdenschwere gelöst hat. Insbesondere das Erlebnis der Begegnung mit dem Seelenführer und das Wiedersehen der Seelen von geliebten Menschen und Tieren in der spirituellen Welt sind enorm beglückend und tröstend. Das Wissen um das Weiterleben als göttliche Seele kann dem Klienten weitgehend die Furcht vor dem Tod nehmen.

Auch eine Seele, die andere Lebewesen verletzt oder sich anderweitig belastet hat, erhält Hilfe und Stärkung. Sie lässt in gewisser Weise ihr schlechtes Karma auf der Erde zurück. Es bleibt ihr aber erhalten.

Sobald die Seele erneut als Mensch geboren wird, bestimmt das Karma sein Schicksal und seine anstehenden Lebensaufgaben. Keine Seele ist auf die Erde gekommen, um einem anderen Lebewesen bewusst Leid zuzufügen. Aber es gehört zum Leben auf der Erde dazu, dass wir uns irren und Fehler machen können. Spätestens als Seele tut uns das überaus leid, und es entsteht der sehnliche Wunsch, es in künftigen Erdenleben besser zu machen und Unrecht und Fehlverhalten auszugleichen. Entsprechend sorgfältig werden die nächsten Lebensumstände und Voraussetzungen geplant.

Die einzelne Seele wird so oft wiedergeboren, bis sie in ihrem Menschsein das ganze negative Karma aufgelöst hat und weitgehend frei ist von irdischen Begierden und Verstrickungen. Manche Menschen können auf einen reichen Schatz an Vorleben über Zigtausende von Jahren an den unterschiedlichsten Orten zurückblicken, andere stehen noch am Anfang ihres Inkarnationszyklus.

## Universelle Gesetze

Wir alle und alles, was ist, unterstehen dem höheren göttlichen Willen und Schöpfungsplan und den universellen Gesetzmäßigkeiten. Diese sind spirituell, ethisch und Ausdruck von allumfassender Liebe, universellem Licht, kosmischem Klang und kreativer Freude. Sie sind zeitlos gültig und keinem Trend, keiner Moral, keinem Irrtum, Wandel oder religiösem Dogma und keiner Weltanschauung unterworfen. Sie wirken, ob wir sie wahrnehmen oder nicht und ob wir daran glauben oder nicht.

### Leben ohne Fehler?

Kein Mensch ist ohne Fehl. Das ist gar nicht möglich und auch gar nicht so gedacht. Wir haben uns selbst und anderen häufig etwas nachzusehen und zu verzeihen. Auf unserem Erdenweg machen wir Fehler, verirren und verstricken uns. Das lässt sich nicht vermeiden. Im höheren Sinn ist uns deshalb von Anfang an verziehen, auch wenn uns die karmischen Folgen unserer negativen Handlungen nicht erspart bleiben. Es gilt auf der Erde, unsere Fehler zu erkennen, zu bereuen, wiedergutzumachen und künftige Fehler zu vermeiden. Das hat nichts mit einem moralischen Zeigefinger zu tun; wir alle sind aufgefordert, einander die Hand zu reichen, um ethisch wertvoll zu handeln.

Leider aber sind viele Menschen in ihrem Emotionalkörper derart verletzt, dass sie bei allem, was sie von anderen als Angriff empfinden, zurückschlagen. So kann das endlos hin und her gehen, und das schlechte Karma nimmt zu statt ab.

Mit jedem Gedanken, jedem Gefühl und jeder Handlung stellen wir die Weichen in eine lichtvollere Richtung, in der viel Gutes auf uns wartet, oder aber in eine dunklere Richtung, wo wir uns noch mehr verstricken und Übles auf uns zurückfällt. Das ist eine universelle Gesetzmäßigkeit, die ohne Ausnahme für jeden Menschen gilt.

Ich nehme an, dass Sie, da Sie sich zu diesem Karma-Coaching-Buch hingezogen fühlen, zu jenen gehören, die bereits ein harmonisches Leben führen oder die unter lieblosen und egoistischen Handlungen anderer Menschen mehr zu leiden haben, als dass andere unter Ihnen zu leiden hätten. Trotzdem wird ein offener, selbstkritischer Mensch zeit seines Lebens auch Dinge bei sich selbst entdecken, die er noch ins Licht heben und bei denen er bewusster und achtsamer mit sich selbst und anderen Wesen umgehen kann. Machen Sie sich bewusst, dass es ein Zeichen von Größe ist, Unzulänglichkeiten und Fehler an sich zu entdecken und konstruktive Kritik anzunehmen.

Sehr viele, vor allem alte Menschen scheinen oft mehr mit ihrer Vergangenheit als mit der Gegenwart beschäftigt und können sich oft erstaunlich präzise an weit zurückliegende Ereignisse ihres Lebens erinnern. Das bringt sie aber nur dann weiter, wenn sie diese aus einem höheren Bewusstseinszustand heraus reflektieren und daraus lernen.

Wenn jemand seine Erkenntnisse in diesem Leben nicht mehr anwenden kann, stehen sie ihm im nächsten Leben erneut zur Verfügung. Es ist also nie unnötig oder zu spät, sich weiterzuentwickeln.

Die später im Buch beschriebene Basisübung »Den Energielevel anheben« (Seite 59) unterstützt Sie darin, immer wieder einen höheren, lichtvolleren Standpunkt einzunehmen.

## Wie entsteht schlechtes Karma?

Es ist nicht egal, wie wir uns während unseres Erdendaseins verhalten und welche Entscheidungen wir treffen. Es hat verbindliche Folgen. Man könnte Karma als fortwährende Bilanz bezeichnen, die uns anzeigt, ob die Auswirkungen unseres Tuns und Lassens als Soll oder als Haben verbucht wurden. Mit diesen karmischen Konsequenzen werden wir bewusst oder unbewusst schon im heutigen Leben konfrontiert, oder sie erreichen uns als Schicksal in einem nächsten Leben, in einer neuen Inkarnation.

Karmische Auswirkungen einer Tat zeigen sich meist nicht sofort, sondern erst später. Dadurch ist es vielfach schwierig oder unmöglich, den Auslöser zu bestimmen. Ein tieferer Sinn dahinter ist, dass wir uns nicht aus Angst vor Strafe oder Aussicht auf Belohnung gut verhalten, sondern infolge unseres Gewissens, Mitgefühls und der immer stärker zur Gewissheit werdenden Ahnung, dass wir im spirituellen Sinne alle ein Ganzes bilden.

Auch Menschen, die sich fortwährend von anderen ausnutzen und schlecht behandeln lassen, ohne dem entgegenzuwirken, oder die sich selbst schlecht behandeln, schaffen sich mieses Karma. Denn sie handeln gegen die Würde ihrer Seele und können dabei kaum ihre Lebensaufgaben erfüllen. Sie werden so lange in ähnlich unangenehme Situationen geraten, bis sie gelernt haben, für sich selbst auf positive Weise einzustehen und sich selbst ebenso wie anderen Wesen mit Achtung, Liebe und Respekt zu begegnen.

Die Erde ist kein einfacher Ort, aber wir können hier riesige Entwicklungsschritte machen und überaus viel Schönes und Liebevolles entdecken, erleben und beitragen! Wir müssen und sollen uns hier nicht gefühllos zeigen und das auch nicht bei anderen dulden. Und wir sollten auch nicht unseren üblen Launen und egoistischen Wünschen nachgeben. Gerade in unserer westlich orientierten Wohlstandsgesellschaft begegnen wir oft Menschen, die ganz selbstverständlich mies gelaunt, egoistisch und unfair sind. Sie kritisieren jegliche Einteilung in gut und böse und ethische Werte ganz allgemein, sie finden dies zu moralisch, denn alles sei relativ. Doch in ihrem Seelenbewusstsein sind auch sie sich über ihr Verhalten im Klaren, und spätestens wenn sie etwas Unangenehmes erleben, ihnen etwas Übles angetan wird oder sie aufgrund eines Schicksalsschlages leiden, haben sie ein sehr deutliches Empfinden dafür, was gut und was böse, was richtig und was falsch ist. Oft bringt uns erst das Leben selbst zum Umdenken.

Genießen Sie es einmal, sich auszumalen, wie wunderbar, heilend und entspannend es wäre, wenn alle Menschen mit Ihnen und allen anderen Lebewesen so umgehen würden, wie sie sich wünschen, dass man mit ihnen selbst umgeht. Wie super gut würden Sie sich fühlen und welch ungeheure Entwicklungssprünge wären für die gesamte Menschheit und die ganze Erde möglich!

Schlechtes Karma entsteht dort, wo der Weg nach unten eingeschlagen wurde. Viele Menschen sind leider so sehr in Äußerlichkeiten und Gewohnheiten verstrickt, dass sie die Verbindung zu ihrem Innersten, dem Gewissen, der Seele und ihren Lebensaufgaben fast gänzlich verloren haben. Um der Stimme des eigenen Gewissens zu entkommen, lenken sie sich ab, bemitleiden sich selbst oder weisen anderen die Schuld zu. Ich konnte oft beobachten, dass sich ein stark negativ eingestellter Mensch durch einen lichtvollen Menschen geradezu bedroht fühlt. Er versucht dann nicht selten, ihn in einem schlechten Licht erscheinen zu lassen, oder meidet ihn zumindest. Damit will er verhindern, dass die Bedürfnisse seiner eigenen Seele, die ihm der andere spiegelt, zu ihm durchdringen. Doch die

Seele wird zum Glück immer wieder versuchen, sich Gehör zu verschaffen.

Lieblosigkeit, Egoismus und Machtmissbrauch können in verschieden starken Ausprägungen in jedem Menschen, jeder Schicht, jeder Familie, jeder Beziehung und in jeder Organisation vorkommen. Intelligenz und Macht sind leider keinerlei Maßstab für Weisheit und fortgeschrittene seelische Reife. Der wahre Charakter eines Menschen offenbart sich in dessen persönlichen Werten und in seinem Umgang mit anderen, die sich in einer schwächeren Position befinden. Wohl jeder Mensch möchte gern gesund und glücklich sein, in Wohlstand in einer schönen, sicheren Umgebung leben und erfüllte Partnerschaften sowie einen tollen Beruf haben. Es ist legitim und natürlich, danach zu streben – aber wir sollten dabei niemanden, weder Menschen noch Tiere noch die Natur, schädigen. Vorteile auf Kosten anderer verwandeln sich früher oder später in persönliche Nachteile.

Überall, auch in hohen politischen, wirtschaftlichen, wissenschaftlichen und religiösen Positionen, befinden sich leider viele Menschen, die als Seelen wohl eher am Anfang ihrer Entwicklung stehen. Sie lassen sich auf der Erde von Äußerlichkeiten blenden und leben hauptsächlich für Macht und Reichtum als Selbstzweck. Die Medien berichten uns tagtäglich davon, dass viele Menschen ihre Fähigkeiten und Möglichkeiten, ihre Macht und ihren Besitz gewissenlos erworben haben und zum Schaden anderer und des Gemeinwohles einsetzen. Diese Menschen scheinen vollkommen vergessen zu haben, dass wir alle im selben Boot sitzen und dass sich jedes Blatt wenden kann. Die karmischen Folgen eines jeden Handelns fallen auf die Verursacher zurück.

### Späte Einsicht

Den 73-jährigen Jerome zeichnen Charaktereigenschaften wie Nächstenliebe, Hilfsbereitschaft, Eigenständigkeit und ein starkes Bedürfnis nach Gerechtigkeit aus. Er ist ein vehementer Gegner der Todesstrafe und setzt sich selbstlos für gewaltfreie Konfliktlösungen ein. In meinem Rückführungs-Workshop beschrieb er die Schlüsselszene seines Vorlebens folgendermaßen:

»Ich höre Stimmen, immer lauter und lauter, Menschen johlen und schreien. Ich stehe inmitten des Tumults auf einem Podest. Ich bin der Scharfrichter! Der Platz ist umgeben von Häusern und dazwischen die tobende Menschenmasse. Immer mehr Menschen drängen auf den Platz. Wachen halten eine schmale Gasse frei.

Ein Käfigwagen wird vor das Podest gerollt. Darin kauert eine Frau. Die Menschen bewerfen den Wagen mit Abfall und schreien auf die junge Frau ein. Ich kenne sie, sie wohnt noch bei ihren Eltern in meiner Nachbarschaft. Seit einigen Wochen ist sie im Kerker, der Hexerei angeklagt. Sie wurde vom Gericht zum Tode verurteilt. Ich weiß aber, dass sie unschuldig ist.

Die Frau wird von den Wachen aus dem Käfig auf das Podest gezerrt und dort liegend, mit dem Gesicht nach unten, festgebunden. Ich schaue zum Gerichtsgebäude und warte auf das Zeichen des Richters, der im ersten Stock am offenen Fenster steht. Wir schauen uns an, und er nickt deutlich mit dem Kopf. Ich greife zur Axt, hole aus, ziele auf den Hals der Frau und lasse mit einem Schrei die Axt heruntersausen. Dabei spüre ich in Zeitlupe, wie sich der Axtstiel in meinen Händen anfühlt, jede Unebenheit nehme ich wahr. Das Fallen der Axt dauert eine Ewigkeit … Warum muss ich das tun? Die Frau ist unschuldig, doch sie wurde vom Gericht verurteilt. Wie ich diesen Beruf hasse, wie ich meinen Vater hasse, von dem ich dieses Amt übernommen habe! Wie ich die Obrigkeit hasse! Wie ich die johlende Menge hasse! Wie ich mich hasse!

Wer ist schuld? Ich begreife schlagartig: Ich bin schuld! Nur ich, ich töte diese Menschen und lösche ihr Leben aus. Ich will mich nicht mehr verstecken, nicht mehr hinter meinem Vater, nicht mehr hinter dem Gericht, nicht mehr hinter der Obrigkeit, nicht mehr hinter der Gesellschaft. Mir wird unmissverständlich klar: Nur ich allein bin für mein Handeln verantwortlich und niemand sonst.

Ich lasse die blutige Axt fallen, reiße mir die Kapuze vom Kopf und haste vom Podest hinunter – nur weg von hier! Ich bin total verstört, verstecke mich in einem Schuppen und heule. In der Abenddämmerung versuche ich, die Stadt zu verlassen. Doch ich komme nicht weit. In einer engen Gasse werde ich von der Familie der jungen Frau umringt. Sie schlagen mit Knüppeln auf mich ein, zerkratzen mir das Gesicht, reißen mir die Haare aus … Ich nehme kaum mehr etwas wahr … Jetzt ein Gefühl wie brennendes Feuer in der Brust.

Ich verlasse meinen Körper durch den Hals, sehe mich am Boden liegen, es ist niemand mehr da, ein Messer steckt in meinem Rücken. Etwas zieht mich nach oben, und es wird immer heller.

Mein Seelenführer holt mich ab. Er schaut mich ernst an, und ich nehme seine Gedanken wahr: ›Spät, sehr spät! Du hast es gerade noch geschafft, dein Tun zu erkennen.‹

Er blickt in eine andere Richtung, und von dort erscheinen viele Köpfe, denen der Körper fehlt. Alle sind da, die ich als Scharfrichter tötete!

Ich muss sie anschauen, es ist äußerst qualvoll für mich … Sie wispern leise und ich sehe nur gütige, liebevolle Blicke … Jetzt kann ich das Wispern verstehen: Sie verzeihen mir, sie vergeben mir, sie trösten mich … Ich bin so dankbar!«

Schauen Sie bei Unrecht nicht weg und lassen Sie sich trotz all der Finsternis, die Ihnen auf der Erde begegnet, nicht entmutigen! Indem Sie auf Ihr Gewissen hören, werden Sie auch enorm viel Schönes und Beglückendes erleben und anderen ein Licht im Dunkeln sein. Wir alle haben so viele Möglichkeiten, unsere Geschicke und letztlich die der Menschheit positiv zu beeinflussen.

Ein mir sehr wichtiges Gebiet ist dabei der Umgang mit den Tieren. Sie werden merken, dass ich in diesem Buch häufig darauf zu sprechen komme. Denn einerseits ist das ein Gebiet, auf dem wir Menschen einzeln und kollektiv ungeheuer viel schlechtes Karma anhäufen. Zum anderen bietet uns ein verändertes Verhalten im direkten Kontakt mit Tieren, aber auch in unserer Ernährung und unserer gesellschaftspolitischen Einstellung die große Chance, Karma abzubauen, den Tieren zu helfen und darüber hinaus durch unser Mitgefühl viel Schönes und Berührendes zu erleben.

Spirituelles Wachstum ist gelegentlich sehr aufwühlend und braucht Mut, Kraft und Zeit. Wenn Sie beim Lesen dieses Buches feststellen sollten, dass Sie sich mit gewissen Themen nicht auseinandersetzen wollen, könnten genau das die für Sie wichtigsten Lebensbereiche sein. Unbehagen und Ablehnung sind Zeichen dafür, dass man auf eine innere Wunde gestoßen ist. Man hat Angst davor, sich Unzulänglichkeiten eingestehen zu müssen, sei es in der Rolle des Täters oder des Opfers. Aber genau diese Bereiche verzögern Ihr Weiterkommen! Dort braucht es besonders liebevolle Aufmerksamkeit, Ehrlichkeit und Selbsterkenntnis, damit Heilung und inneres Wachstum geschehen können.

Kehren Sie, solange es nötig ist, immer wieder zu diesen Themen zurück. Die entsprechenden Karma-Coaching-Übungen helfen Ihnen dabei, eine wohltuende innere Balance und Harmonie auch dort wiederherzustellen.

## Ab wann ist schlechtes Karma getilgt?

Gutes Karma löst schlechtes Karma auf. Wenn man eine schlechte Tat ehrlich bereut und ausgleicht und es von da an besser macht, ist das schlechte Karma aufgehoben, und es geht mit der spirituellen Reifung aufwärts. Das gilt auch für längst Vergangenes, an das man sich gar nicht mehr erinnern und das man infolgedessen auch nicht direkt bearbeiten kann: Sobald man über mehr Einsicht verfügt, entsteht das Bedürfnis nach positiven Taten, und diese lösen negatives Karma mehr und mehr auf.

Als Seelen sind wir auf die Erde gekommen, um unsere Seelenqualitäten wie Güte, Mitgefühl, Liebe und Freude auf die Erde zu bringen. Es ist unser Bestreben, einen lichtvollen Beitrag zum Besten des Planeten und all seiner Bewohner zu leisten.

> **Unser aller Verantwortung**
>
> Alle Menschen sind durch ihr Tun und Lassen im aktuellen Leben – ebenso wie durch ihr Verhalten in allen ihren Vorleben – mitverantwortlich für alles, was derzeit auf der Erde an Gutem und Schlechtem geschieht. Sie bestimmen fortwährend mit, in welche Richtung – nach oben lichtwärts oder nach unten in immer dunklere Bereiche – es weitergehen wird.

Sehr viele Menschen fragen mich um Rat, wie sie es schaffen könnten, all dieses furchtbare Elend auszuhalten, das Menschen anderen Menschen, den Tieren und der Umwelt antun, ohne daran zu zerbrechen. Auch für mich ist all das sehr erschütternd, es ergreift mich sehr, und man könnte tatsächlich mutlos werden, wenn man sich all der Gräueltaten gewahr wird, die tagtäglich auf der Erde geschehen. Aber damit würde nichts besser, im Gegenteil! Sich auf das Negative zu konzentrieren würde uns nur schwächen. Es bringt viel mehr, wenn wir uns auf das Gute ausrichten, die eigene Energie anheben und helfen, wo immer wir können.

Und es ist tröstlich, wenn wir uns bewusst machen, dass alles, das Schöne wie auch das Schreckliche, vergänglich ist. Es sind Übergänge, die vorbeigehen. Auf seelischer Ebene sieht ohnehin alles anders aus. Auch wenn es manchmal scheint, dass die größten Verbrecher das schönste Leben haben: Jeder Mensch wird mit Sicherheit für all seine negativen Handlungen einstehen müssen. Karma-Ausgleich geschieht immer, wenn auch zeitverzögert. Anhand der vielen Fallgeschichten in diesem Buch sehen Sie, wie grausam es schon immer auf der Erde zuging – aber auch, wie viel Liebe und innerer Wandel zugleich vorhanden war und ist, wenn Menschen sich besinnen.

Karmische Konsequenzen müssen nicht eins zu eins stattfinden. Sie können jeden Bereich des persönlichen Lebens betreffen, also auch solche, wo man sich gar nichts hatte zuschulden kommen lassen. Angenommen, man hat jemandem viel Geld gestohlen: Der Karma-Ausgleich könnte dann zum Beispiel ein finanzieller Verlust sein, genauso aber auch ein Unfall, Pech in der Liebe oder Magenschmerzen.

Das Wissen um die höhere Gerechtigkeit kann uns angesichts vieler Schrecknisse bereits entlasten. Alle Menschen, aber vor allem jene, die beruflich oder in der Familie mit viel Bedrückendem konfrontiert werden, brauchen außerdem genügend Auszeiten, um ihre Reserven aufzufüllen, gut für sich selbst zu sorgen und das Leben unbeschwert zu genießen. Intakte Natur, glückliche Kinder und Tiere, schöne Musik, Kunst, Hobbys können wunderbar stärken und trösten. Ich kenne eine Frauenärztin, die in einem Krankenhaus arbeitet und sich immer wieder komplikationslose Geburten anschaut und sich daran erfreut, obwohl sie gar nicht dazu gerufen wurde. Sie tut das, damit sie nicht vergisst, dass Geburten eigentlich ein ganz natürlicher Vorgang sind. So kann sie sich immer wieder energetisch darauf ausrichten und stärken.

## Das negative Karma eines anderen Menschen tragen?

Oft geraten wir in die Situation, das Leid eines anderen Menschen mitanzusehen, und fragen uns dann, inwieweit wir eingreifen können und sollten. Man kann niemandem sein negatives Karma abnehmen, aber man kann ihm hilfreich zur Seite stehen und ihn dabei unterstützen, sein Leben zu meistern. In dem Umfang, wie sich ein Mensch in sein Schicksal fügt, das Beste daraus macht und selbstlos für andere da ist, baut er Karma ab. Die Unterstützung anderer kann ihn dann viel besser erreichen, und sein Schicksal wird leichter werden.

Beistand sollte aus dem Herzen heraus und freiwillig geschehen. Keinesfalls sollten Sie sich manipulieren und unter Druck setzen lassen und den Egoismus oder die Bequemlichkeit und Unfähigkeit eines anderen unterstützen oder gegen Ihre eigenen ethischen Überzeugungen handeln. Manchmal ist Abgrenzung wichtig. Offene konstruktive Kritik und ein Nein sind häufig die größere Liebe, als Ja zu sagen oder nachzugeben. Wann immer möglich, ist Hilfe zur Selbsthilfe die beste Hilfe, nachdem die erste Not gelindert wurde. Wenn Sie einem Menschen helfen möchten, tun Sie gut daran, sich also zuerst zu vergewissern, dass Sie dadurch nicht dessen Schwächen bedienen, sondern damit auch aus höherer Sicht das Richtige tun. Sonst verzögern Sie womöglich, dass den anderen sein negatives Karma erreicht und er es auflösen kann. Vergessen Sie auch nie: Helfen gelingt immer nur so weit, wie der Betreffende bereit ist, den angebotenen Beistand anzunehmen.

## Egotrip oder spirituelle Entwicklung?

So viele Menschen sind auf der Suche nach spirituellen Erfahrungen! Es gibt gegenwärtig einen riesigen Markt für »Esoterisches«. Warum ändert sich dann aber so wenig auf der Welt zum Positiven? Das hat sicher vielfältige Ursachen. Aus meiner Sicht gehört dazu, dass sehr viele Angebote leider unseriös sind und vieles mehr mit einem »Egotrip« zu tun hat als mit spirituellem Erwachen. Es wird das Ich bedient, anstatt dass man das Wir fördert. Themen wie Mitgefühl, Selbstlosigkeit, hilfreicher Umgang mit Schwächeren und Bedürftigen, Tierschutz und Umweltschutz kommen nur wenig vor, obwohl das die wesentlichsten und entscheidenden Praktiken sind, wenn wir schlechtes Karma abbauen und uns tatsächlich weiterentwickeln wollen.

Inneres Wachstum gedeiht eher in Bescheidenheit und im Verborgenen. Spirituelle Gesetzmäßigkeiten sind zeitlos gültig und keiner Zeitströmung unterworfen. Derzeit ist es modern, alles mithilfe der Quantenphysik erklären zu wollen – bei der aber schon Wissenschaftler Mühe haben, sie zu verstehen! Spiritualität lässt sich nicht berechnen, und spirituelles Wachstum geschieht nicht über »intellektuelles Pseudowissen« oder »okkulte Sensationen«, sondern vor allem durch stetes, aufrichtiges Bemühen, selbstloses, mitfühlendes Handeln an allen Lebewesen und durch Freude und Dankbarkeit. Dadurch können sich wunderbare mystische Erfahrungen einstellen, die tief greifende positive Wirkungen mit sich bringen und auch Karma wegschmelzen lassen. Sie lassen sich aber nicht einfordern, sondern haben immer mit göttlicher Gnade zu tun.

## Was bringt Ihnen Karma-Coaching als Wegbegleiter?

Die in jedem Kapitel dieses Buches enthaltenen Übungseinheiten zum Karma-Coaching möchten Sie dazu anregen, Ihren persönlichen Alltag bewusster wahrzunehmen, achtsam zu nutzen und wenn nötig zu verändern. Dadurch können Sie auf Ihrem Weg umso schneller voranschreiten und sich leidvolle Umwege und Sackgassen ersparen. Das Praktizieren hilft Ihnen dabei, immer weniger um sich selbst zu kreisen und das Ego zu stärken, sondern Ihre Seelenpläne zu verwirklichen und einen Blick für größere Zusammenhänge zu entwickeln. Sie können lernen, Ihr Leben eigenverantwortlich positiv zu nutzen, zu genießen und dabei Ihren ganz persönlichen lichtvollen Beitrag im göttlichen Plan der Schöpfung zu leisten. Denn das ist der Grund, warum Sie auf der Erde sind!

## Wie dieses Buch entstand

Viele Menschen, die mein Buch »Wer war ich im Vorleben? Die positive Wirkung Spiritueller Rückführungen« gelesen haben, waren von diesem Thema derart fasziniert, dass sie mich drängten, ein weiteres Buch über spirituelle Rückführungen zu schreiben. Das freute mich natürlich sehr, und ich hatte auch bereits viel Material zum Thema »Karma« gesammelt, da ich diesen Bereich für spirituelles Wachstum als absolut essenziell erachte. Das Thema »Karma« wird leider sehr oft nebensächlich oder unzureichend und falsch gehandhabt.

Immer wieder mache ich die Erfahrung, wie wichtig es für jeden Menschen im Sinne einer positiven Lebensgestaltung ist, Theorie durch eigenständiges und regelmäßiges Praktizieren im Alltag umzusetzen. Es nützt nichts, Wissen zu horten, wenn man es nicht praktisch anwendet. Das wäre sonst so, als würde man seinen Kühlschrank mit köstlichen Dingen füllen, aber diese vergammeln lassen, anstatt sie zu essen.

Von meinen Klienten kam oft das Feedback, dass ihnen die Übungen, zu denen ich ihnen riet, sehr gute Dienste leisteten. Viele jener Übungen und Techniken hatte ich dafür entwickelt, dass sie vor und nach den Rückführungssitzungen praktiziert werden, um sich darauf gut vorzubereiten und die tiefen Erfahrungen nachher bestmöglich zu integrieren. Sie sind aber generell für jeden Menschen geeignet, und daher habe ich sie in dieses Buch mit eingebaut.

Während des Schreibens zeigte sich, dass mir spezielle Themen und Texte direkt von meiner Seele, meinem Seelenführer und anderen hohen, lichtvollen, geistigen Wesenheiten eingegeben wurden. Das war schon beim Erarbeiten meines Buches »Wer war ich im Vorleben?« und bei vielen anderen spirituellen Arbeiten der Fall, und ich bin unendlich dankbar für diese wunderbare Führung, die mir zuteilwurde, um Menschen auf ihrem Entwicklungsweg zu unterstützen.

Als ich Anfang zwanzig war, wurde mir unerwartet im Traum von lichtvollen Wesen aus der geistigen Welt ein spirituelles Buch diktiert. Ich wachte auf und begann, das, was ich noch davon erinnern konnte, niederzuschreiben. Aber bald bemühte ich mich nicht weiter, denn ich wollte ein »eigenes« Buch schreiben und nichts Diktiertes. Mittlerweile habe ich gelernt, Unterstützung »von oben« dankbar zu schätzen.

Viele meiner Kollegen schreiben in ihren Büchern, dass sie zuerst mit Spiritualität gar nichts am Hut hatten und erst im Laufe der Zeit, fast gegen den eigenen Willen, von harten Fakten überzeugt wurden. Das klingt vielleicht glaubhafter, trotzdem entspricht es der Wahrheit, dass ich schon immer, soweit ich zurückdenken kann, eine starke Verbindung zur geistigen Welt habe. Auch nahm und nehme ich alles Seiende als lebendig und beseelt wahr – auch wenn ich natürlich zwischen organischem und anorganischem Leben unterscheiden kann. Ich spüre, dass alles mit Achtung und Liebe behandelt werden möchte. Als Kind war ich überrascht, als ich merkte, dass die meisten Menschen solche Dinge anscheinend nicht wahrnehmen, und schon damals fühlte ich den tiefen Wunsch, anderen spirituelle und humanitäre Belange näherzubringen.

Dieses Buch basiert daher auf meinen eigenen, ganz persönlichen Erlebnissen, Überzeugungen und Übungen, so wie ich sie selbst und durch meine Arbeit mit Klienten und mithilfe der spirituellen Welt erfahren und erarbeiten durfte.

## Wie lässt sich Karma-Coaching am besten anwenden?

Die von mir als Karma-Coaching entwickelten Übungen sind sowohl für Anfänger als auch für Fortgeschrittene geeignet, also auch für Menschen, die bisher noch keine eigenen Erfahrungen mit Rückführungen oder geistigen Praktiken gemacht haben.

Bitte nehmen Sie jedoch zur Kenntnis, dass alle in diesem Buch enthaltenen Ratschläge, Tipps und Übungsanweisungen für gesunde und psychisch gefestigte Personen gedacht sind und dass Sie sie auf eigene Gefahr und in eigener Verantwortung durchführen. Im Zweifelsfall sollten Sie sich mit Ihrem Arzt, Psychiater oder Psychotherapeuten besprechen.

Ganz bewusst weise ich Sie in diesem Buch wiederholt und von verschiedenen Seiten her auf die zentralen karmischen Themen hin, damit diese nicht überlesen werden oder nur oberflächlich Ihr Bewusstsein streifen, sondern tief verstanden und verankert werden können.

Die folgenden zehn Kapitel behandeln jedes für sich ein wichtiges Hauptthema, das jeden Menschen betrifft. Zusätzlich werden diese Inhalte jeweils anhand eines berührenden Fallbeispiels aus meiner Rückführungspraxis in Vorleben und ins Zwischenleben als Seele verdeutlicht. Diese Rückführungen dokumentieren auf individuelle und spannende Weise, wie die geistigen und karmischen Kräfte als Gesetz des Ausgleichs über viele Leben wirken und das Schicksal eines Menschen prägen, bis er die darin enthaltenen Botschaften begriffen und umgesetzt hat. Wir alle haben die Möglichkeit, enorm viel am Beispiel anderer zu lernen und das Erkannte in Abstufungen auf uns selbst und unser Leben zu beziehen und zu übertragen. Dadurch lässt sich unsere eigene spirituelle Evolution massiv beschleunigen, und viele Irrtümer, viel Leid können uns erspart bleiben. Die Fallbeispiele eröffnen Ihnen auch besondere Einblicke, wie es nach dem Tod im Jenseits mit der Seele weitergehen kann.

Das Vorgespräch und die in Trance gesprochenen Worte meiner Klienten wurden während der Sitzungen auf Tonträger aufgezeichnet. Jede Sitzung dauerte allerdings mehrere Stunden. Sie finden hier Ausschnitte der wichtigsten Schlüsselszenen. Zum besseren Verständnis habe ich vorhandene Dialekte der Klienten in diesem Buch auf Hochdeutsch wiedergegeben und nur einzelne ihrer speziellen Ausdrücke beibehalten. »Kl.« steht für Klient, »U.D.« für Ursula Demarmels, »Pause« steht für längeres Schweigen und »…« für kurzes Schweigen des Klienten beim Verarbeiten seiner inneren Erlebnisse.

Weitere Fallbeispiele wurden von meinen Klienten jeweils unmittelbar nach der betreffenden Sitzung in einem Workshop zusammengefasst und werden ebenfalls in Ausschnitten wiedergegeben. Alle persönlichen Daten der Klienten, auch diejenigen aus ihren Vorleben, wurden zu deren Schutz anonymisiert.

Am Ende jedes Kapitels finden Sie dann spezifische Karma-Coaching-Übungen zu Ihrer eigenen Anwendung. Es empfiehlt sich, das Buch zuerst von vorn bis hinten durchzulesen, denn vieles baut aufeinander auf und ergibt nur so den richtigen Sinn. Dabei können Sie die Übungen bereits praktizieren oder Sie tun es erst nach diesem ersten Lesen. Gehen Sie aber auf jeden Fall zuerst fortlaufend durch die Kapitel. Später können Sie gezielt an den Themen arbeiten, die Sie gerade für wichtig erachten (durchaus auch deswegen, weil Sie sie am schwierigsten finden). Folgen Sie den Übungsanleitungen möglichst genau, da diese nur so den segensreichen Nutzen entfalten können, der durch sie möglich wird.

Vielleicht möchten Sie eine Art »Karma-Coaching-Tagebuch« führen, in das Sie Ihre Antworten auf die in den Übungen enthaltenen Fragen notieren. Sie könnten auch vor dem Schlafengehen kurz Ihren Tag nochmals durchgehen und in dieses Tagebuch schreiben, wie Sie ihn karmisch genutzt haben und was Sie am nächsten Tag ausgleichen, besser machen oder beibehalten möchten.

Eine schöne und sehr wirkungsvolle Möglichkeit wäre auch, die zwölf Karma-Coaching-Übungseinheiten auf die zwölf Monate des Jahres zu verteilen und sich dem jeweiligen Stoff einen Monat lang besonders achtsam zu widmen.

Um sich nicht im Alltagstrott zu verlieren und schlechtes Karma anzuhäufen, empfehle ich Ihnen, immer wieder in diesem Buch zu lesen, sich in die Tipps und Übungen zu vertiefen und sie anzuwenden. Im Laufe der Zeit werden Sie merken, dass sich vieles in Ihrem Leben sehr positiv verändert hat, einfach weil Sie sich selbst verändert haben und viel gutes Karma Ihr Leben verschönt.

Vermutlich werden Sie die eine oder andere Aussage und Übung als sehr unbequem empfinden, und damit haben Sie sicher recht. Veränderungen sind oft gerade dort besonders nötig, wo man es am wenigsten mag und wahrhaben will. Dieses Buch macht keine faulen Kompromisse, es möchte Ihnen wahrhaftig helfen, den Entwicklungsweg nach oben zu beschreiten und sich in eine lichtvolle Zukunft zu entfalten, die Ihre kühnsten Erwartungen und Wünsche noch weit übertreffen kann. Ihre Zukunft betrifft nicht nur Ihr aktuelles Erdenleben, sondern auch alle Ihre weiteren Inkarnationen. Sie können lernen, die universellen Gesetze für Ihre Freiheit zu nutzen, anstatt in der selbst gestrickten Schicksalsfalle gefangen zu bleiben.

Machen Sie mit, lassen Sie sich ganz tief auf diese Reise zu sich selbst ein! Nur der aktive, mutige Weg führt lichtwärts.

# Karma-Coaching in unterschiedlichen Lebensbereichen

## Gutes Karma durch das richtige Bemühen

*Wir sind auf die Erde gekommen,
um unsere Seelenqualitäten wie
Liebe, Freude und Güte zu verwirklichen.*

Was immer ein Lebewesen tut, gründet auf dem Bedürfnis, mehr Liebe, Freude und Licht ins eigene Leben zu bringen – auch dann, wenn es noch so unvollkommen geschieht. Alles Leben ist aus der göttlichen Liebe entstanden und Bestandteil der göttlichen Schöpfung. Diese wahre Liebe ist allumfassend und bedingungslos. Sie ist ewiges Leben und nicht an Zeit und Raum gebunden.

Wer gegen einen Menschen, ein Tier oder gegen die Natur handelt, wendet sich gleichzeitig gegen seine Seele und gegen sich selbst. Denn in Wirklichkeit sind wir alle eins, so wie ein Wassertropfen im Meer Teil vom ganzen Meer ist. Es gibt nichts außerhalb von Gott. »Gott« kann man dabei auch als einen anderen Ausdruck für Einssein, Allmacht, universelle Liebe, göttliche Quelle oder All-das-was-ist auffassen.

## Bekämpfen oder überzeugen?

Viele Menschen spüren in sich den Wunsch, etwas zu verbessern. In vielen Fällen ist es aber nicht möglich, eine schlimme Situation direkt anzugehen. Besser als gegen etwas anzukämpfen ist es, mit anderen Beteiligten das Gespräch zu suchen, mit gutem Beispiel voranzugehen und seine Ziele mit Weisheit, Geduld und Anteilnahme zu verfolgen. Das gilt auch für eigene Unzulänglichkeiten, die sich nur mit sanfter Beharrlichkeit verändern lassen.

### Mit geeigneten Mitteln

Martin wollte sich für gute Dinge einsetzen, aber durch seine schroffe, kämpferische Art trieb er andere stets von sich weg oder machte sie sich sogar zu Feinden. Auch in seinen Vorleben sah er sich stets mutig für ethische Belange kämpfen, ohne dabei echte Verbesserungen zu erzielen. Im Gegenteil: Er schadete sich nur selbst. Als er sich bei den Wikingern gegen den Überfall des Nachbardorfes starkmachte und seine Stammesbrüder beschimpfte, wurde er kurzerhand von ihnen erschlagen. Als Magd in Österreich endete er im Verlies, nachdem er andere Mägde und Knechte gegen die brutalen Gutsbesitzer aufgehetzt hatte. Verbale Kritik und beißender Spott, die er als Gelehrter über die Kirche ergoss, brachten ihn in Frankreich als »Geisteskranken« in die Nervenheilanstalt, wo er elend zugrunde ging.

Durch seine Rückführungen erkannte Martin, dass er auf diese Weise noch endlos vergeblich weiterkämpfen könnte. Er begann, sein Verhalten zu ändern, und lernte, andere Menschen mit Verständnis und Einfühlungsvermögen für humanitäre Ziele zu begeistern. Heute arbeitet er sehr erfolgreich und geachtet für ein internationales Kinderhilfswerk.

## Geschieht Entwicklung in jedem Leben?

Unbewusstheit, Egoismus und Lieblosigkeit halten viele Menschen über viele Inkarnationen fest im Griff. Sie weisen jeden Gedanken an mögliche Konsequenzen weit von sich oder stellen ihr Tun in ein völlig anderes Licht und belügen sich damit selbst. Erst nach dem Tod merken sie als Seele, dass sie sich nicht weiterentwickelt haben und stattdessen ihr mieses Karma vermehrt wurde.

Wenn wir hingegen einem anderen Wesen mit Anteilnahme begegnen und ihm Gutes tun, helfen und beschenken wir uns gleichzeitig selbst. Als Seele wissen wir das. Als Mensch ist es in jedem Leben aufs Neue unsere Aufgabe, uns daran zu erinnern, immer tiefer in diese zeitlose Wahrheit einzutauchen und danach zu leben.

### Wir selbst bestimmen die Lebensqualität

Das Leben vergeht so oder so, unabhängig davon, ob wir uns um unsere höhere Entwicklung bemühen oder nicht. Aber die Qualität unseres Lebens und unserer Zeit nach dem Tod kann komplett unterschiedliche Färbungen annehmen, je nachdem, auf welche Art wir denken, fühlen und handeln.

## Sex und gutes Karma?

In unserer heutigen Gesellschaft hat das Thema Sex – und viel weniger die Liebe – einen besonders großen Stellenwert inne. Man schaue sich zum Beispiel nur die Werbung an, wo versucht wird, unterschiedlichste Produkte über sexuelle Reize zu verkaufen. Sex ist auch ein Hauptthema in fast jeder Illustrierten und jedem Roman. Viele Menschen, Männer wie Frauen, werden von ihren sexuellen Trieben geradezu beherrscht, andere sorgen sich, weil ihr sexuelles Verlangen oder ihre Sexualpotenz gering ist. Wie viel und welche Art von Sexualität sind aus karmischer Sicht angemessen?

Je nach Typ, Lebensumständen, Präferenzen, Alter, Stimmung, körperlichem und gesundheitlichem Zustand, vorhandenen Reizen, Vorstellungen und so weiter zeigt sich die Libido insgesamt oder zeitweise stärker oder schwächer ausgeprägt; das ist völlig normal. Es kann aber den persönlichen Erwartungen an ein erfülltes Sexualleben entgegenstehen, wenn der Partner diesbezüglich anders tickt als man selbst oder unterschiedliche Wünsche und Neigungen vorhanden sind. Unsere westliche Gesellschafsform ist monogam angelegt; wie schwer es vielen fällt, das zu leben, ist hinreichend bekannt.

Aus höherer Sicht spielt es keine Rolle, ob wir mit nur einem Partner Sex haben oder mit verschiedenen und ob die intime Begegnung nur für kurze Zeit angelegt ist oder für sehr lange. Es macht aus höherer Sicht auch keinen Unterschied, ob wir heterosexuellen, bisexuellen oder homosexuellen Neigungen nachgehen. Alle Formen können gutes Karma hervorbringen, vorausgesetzt, dass die gewählte Beziehungsform mit all ihren praktizierten sexuellen Formen und Vorlieben nachhaltig positiv wirkt. Die Beziehungsform muss von jedem Beteiligten, auch in seinem tiefsten Innern, freiwillig gelebt werden und voll akzeptiert sein. Um kein schlechtes Karma hervorzubringen, muss der Sex, so wie der zwischenmenschliche Kontakt insgesamt, auf gegenseitiger Liebe im Sinne von Ehrlichkeit, Mitgefühl, Achtung und Wertschätzung basieren.

Die spirituellen Gesetzmäßigkeiten sind nicht moralisch oder amoralisch, sondern ethisch. Moral untersteht der jeweiligen Zeitströmung mit ihren menschlichen Ausprägungen, die sehr destruktiv sein können. Ethik hingegen ist immer lichtvoll, zeitlos und universell gültig. Sie stellt sehr hohe Anforderungen und verlangt viel Einfühlungsvermögen, Rücksichtnahme und stetes Bemühen, damit sie fest ins Alltagsleben integriert werden kann. Dass das die Menschheit, gerade was den Geschlechtstrieb anbelangt, noch nicht geschafft hat, zeigen die erschreckend hohen Zahlen der Statistiken über körperliche und seelische Grausamkeiten. Und da sind nicht nur Männer die Täter, sondern ebenfalls Frauen.

Auch die »ewige Liebe« ist leider oft nicht mehr als ein strapazierter Begriff. Man braucht nur hinzuschauen, wie brutal es meistens bei Trennungen und Scheidungen zugeht und wie die sogenannte große Liebe als Rosenkrieg endet. Es ist nicht im Sinne spiritueller Entwicklung, um jeden Preis in einer Beziehung auszuharren; manchmal ist eine Trennung der richtige Schritt. Sie sollte jedoch fair und in gegenseitiger Achtung geschehen.

Verliebtheit und sexuelle Anziehung werden oft mit Liebe verwechselt. Man glaubt, dass diese Empfindungen ewig anhalten, und erwartet, dass der Partner einen fortan glücklich macht. Die Gefühle der ersten Phase vergehen aber naturgemäß sehr schnell, und dann ist die Enttäuschung groß. Eine gute Partnerschaft setzt immer wieder die Überwindung des persönlichen Egoismus und fortlaufende Beziehungsarbeit voraus, damit sie gedeiht. Nur dann kann aus dem Reiz der

Verliebtheit eine tiefe, befriedigende, dauerhafte Liebe entstehen. Je höher Sie sich entwickeln und je mehr Liebe Sie sich selbst entgegenbringen, desto mehr Klarheit steht Ihnen auch bei Ihrer Partnerwahl zur Verfügung. Sie werden viel leichter den Menschen erkennen und in Ihr Leben ziehen können, mit dem eine für Sie beglückende Liebesbeziehung möglich ist. Und falls Sie bereits in der erfreulichen Situation sind, eine gute Partnerschaft zu leben, so werden Sie mit zunehmender Bewusstheit sich selbst und Ihren Partner immer noch besser kennen und lieben lernen, und Ihr Glück wird sich steigern und an Tiefe gewinnen.

## Wie wichtig ist Sex?

Wie haben Sie bisher Ihre Sexualität gelebt? Voller Genuss und mit Hingabefähigkeit, in gegenseitiger Achtung und Liebe? Haben Sie wo nötig Ihre Triebe im Griff – oder haben Ihre Triebe Sie im Griff? Auch wenn guter Sex toll ist: Aus höherer Sicht ist ein regelmäßiges Sexualleben nicht so wichtig, wie viele glauben oder uns glauben machen wollen. Davon hängen wahrer Selbstwert und Lebensglück nicht ab. Durch das Überbewerten und ungezügelte Ausleben des sexuellen Triebes kommt sehr viel negatives Karma auf die Welt. Ein zu starker Trieb lässt sich aber unter Kontrolle bringen, indem Sie lernen, Ihre Gedankenwelt bewusst von sexuellen und erotischen Reizen abzuziehen und auf andere Dinge zu lenken. Es hilft auch, seinen Speiseplan umzustellen. Insbesonders kann Fleischkonsum aggressiv machen und den Testosteronspiegel beeinflussen.

Nur da, wo der Mensch gelernt hat, seine sexuellen Bedürfnisse mit echter Liebe und ethischen Werten zu koppeln, kann Sex eine wahre Quelle des Glücks und der Erfüllung sein. Ein Mensch, der das erfahren hat, wird diese wunderbare Erfahrung sicher nicht mit dem niedrigen Niveau reiner Trieberfüllung gleichsetzen, und er wird auch nicht mit anderen »darüber quatschen« wollen. Erlebnisse, die einen tief erfüllen, möchten mit Würde behandelt und nicht zerredet werden, sonst verlieren sie ihre Kraft und ihren Zauber.

Sexuelle Lust entsteht vor allem im Kopf. Richten Sie sich in Ihren Gedanken, Gefühlen und Handlungen erotisch und sexuell ausschließlich auf das aus, was Sie mit reinem Gewissen vertreten können. Dadurch kann Ihr Sexualleben wirklich wundervoll, einzigartig, geheimnisvoll und mystisch sein, ohne negatives Karma nach sich zu ziehen.

Sexualität heißt auch »Liebe machen«, sie ist eine gewaltige Urkraft, die uns im Orgasmus ein kurzes Gefühl des Verschmelzens der Gegensätze, des »Einsseins« erleben lässt. Das Gleiche ist auch bei mystischen Erfahrungen möglich. Diese wirken sehr nachhaltig, wohingegen sexuelle Bedürfnisse schon nach kurzer Zeit nach erneuter Befriedigung verlangen.

Sexualität und Kreativität haben ähnliche Wurzeln; im Energieköper entspricht beiden das zweite Chakra. So kann es vorkommen, dass Menschen, die über eine hohe Kreativität verfügen und diese befriedigend ausleben, dadurch weniger starke sexuelle Triebe haben. Gleiches gilt für spirituell hoch entwickelte Menschen, deren Chakren ausgeglichen sind.

Insgesamt gilt: Es ist äußerst wichtig, dass wir lernen, mit unseren sexuellen Bedürfnissen verantwortungsvoll und mit Liebe und Respekt uns selbst und dem Partner gegenüber umzugehen. Nur dann kann Sex uns wirklich erfüllen, beflügeln, spirituell reifen lassen und gutes Karma schaffen.

## Fallbeispiel 1:
## Gunther S. – Gute Taten, schlechte Taten

Sicher versuche ich, jedem Menschen mit Achtung und Wertschätzung zu begegnen, aber es gibt schon manchmal Personen, die für mich eine Herausforderung sind, nicht die Beherrschung zu verlieren. Gunther S. war eine solche Prüfung. Ich begegnete ihm in einem Baumarkt, wo ich auf ihn aufmerksam wurde, weil er lautstark seine Frau schurigelte; derweil zwirbelte er seinen Kaiser-Franz-Josef-Bart und zupfte Stäubchen von seinem Lodensakko. Er war von kräftiger Statur. Trotzdem ließ er seine zierliche Partnerin schwere Blumenkisten schleppen, was mit ihren hohen Bleistiftabsätzen und dem engen Kleid bestimmt mühsam war, und meinte anzüglich, wenn sie schon sein Geld für solches Zeug verschwenden würde, könne sie es auch in den Einkaufswagen laden. Sie kämpfte mit den Tränen. Aus Unachtsamkeit fuhr er mit dem Wagen dann in einen anderen Kunden hinein, aber statt sich zu entschuldigen, beschimpfte er ihn. Ich musste an mich halten, um nichts Bissiges zu sagen. Aber damit hätte ich nur Öl ins Feuer gegossen, denn dieser Mann suchte offensichtlich Streit. Ich war froh, das Geschäft bald verlassen zu können. Hinter mir hörte ich noch, wie der Kerl die Kassiererin anschnauzte.

Nicht schlecht staunte ich, als seine Partnerin tags darauf als Klientin in meine Praxis trat. Wir hatten den Termin schriftlich ausgemacht, ich wusste also nicht, wie sie aussah. Sie begrüßte mich mit den Worten: »Ich hätte Sie ja gern gestern im Geschäft schon angesprochen, natürlich kannte ich Sie aus den Medien, aber das ging leider nicht, mein Partner hätte Sie sicher beleidigt. Er hatte einen schlechten Tag. Er soll auch gar nicht wissen, dass ich Rückführungen mache, denn über solche Dinge spottet er.«

Rita P. erzählte mir in kurzen Zügen ihr Anliegen: »Gunther und ich haben uns erst vor einem Jahr kennengelernt, da war ich gerade 47 geworden. Ich kam als Aushilfe in sein Büro. Wir fuhren sofort total aufeinander ab, und schon nach fünf Tagen zog ich bei ihm ein. Ich dachte, ich hätte das große Los gezogen, aber mit Gunther wurde es mit der Zeit recht mühsam für mich. Er provoziert so gern, auch ohne Worte, zum Beispiel schleckt er den Teller ab, wenn Gäste da sind, oder bohrt sich in den Zähnen. Er sagt, die Leute seien alle so gekünstelt und angepasst und er halte ihnen einen Spiegel vor. Seit einem halben Jahr gehen wir alle zwei Wochen in einen Swingerclub zum Partnertausch. Es war sein Wunsch. Er meinte, Sex immer mit derselben Person sei spießig und langweilig. Am Anfang war es für mich eher schrecklich und peinlich, aber dann lernte ich dort Jürgen kennen. Jürgen ist so ganz anders als Gunther: einfühlsam, zärtlich und sehr kultiviert. Er hat mir auch Ihr Buch geschenkt, das ich sicher noch lesen werde. Am liebsten würde ich zu ihm ziehen und Gunther auf den Mond schießen. Das einzige Manko ist: Er hat wenig Geld, und Gunther hat angenehm viel davon. Ich brauche nicht mehr zu arbeiten, und wir haben eine Zugehfrau, die putzt und kocht. Trotz Gunthers Gemecker kann ich mir sehr viel kaufen. Ich glaube fest daran, dass mir die Rückführung helfen wird, dieses Problem zu lösen. Ich möchte viel Geld, einen tollen Mann – am liebsten Jürgen –, aber nicht arbeiten müssen, deshalb bin ich da.«

Sie lächelte mich treuherzig an. Ich erklärte ihr, dass eine spirituelle Rückführung solche Erwartungen nicht erfüllen könne und auch gar nicht wolle. Dann empfahl ich ihr, sich an eine Partnervermittlung zu wenden – oder an einen Flaschengeist, dachte ich innerlich. Ich redete noch ein wenig beratend mit ihr, sagte aber, dass ich als spirituelle Rückführungstherapeutin nichts für sie tun könne.

Ein Jahr später schrieb sie mir, Gunther wolle, dass sie aus seiner Wohnung auszieht, denn er hätte sich in eine andere verliebt. Jürgen hätte sich in einen Mann verliebt. Sie müsse wieder arbeiten gehen und fühle sich allein und verloren. Aber das sei nicht das Schlimmste, sondern erst jetzt sei ihr bewusst geworden, dass sie Gunther liebt, nun, da es zu spät war. Vor Kurzem sei ihr mein Buch wieder in die Hände gefallen, sie hätte es gleich gelesen und es sei für sie ein Augenöffner gewesen. Sie fühle sich jetzt viel reifer als vor einem Jahr und möchte durch eine Rückführung mehr über sich selbst und ihren Platz im Leben erfahren. Wir verabredeten eine Sitzung, die drei Monate später stattfinden sollte, und ich empfahl ihr, in der Zwischenzeit regelmäßig spezielle Übungen durchzuführen.

Ich war gespannt darauf, sie wiederzusehen, aber als ich dann am Tag der Sitzung die Haustür öffnete, stand Gunther vor mir! Er stammelte unter vielen Entschuldigungen, Rita habe alle Übungen durchgeführt, die ich ihr zur Vorbereitung vorgeschlagen hatte, und es ginge ihr besser. Aber sein Leben sei vollständig aus den Fugen. Da hätte Rita ihm den Vorschlag gemacht, statt ihrer zu kommen.

Gunther wirkte ganz aufgelöst, von seinem grässlichen, überheblichen Benehmen war nichts mehr übrig. Ich bat ihn herein, und kaum hatte sich die Haustür hinter ihm geschlossen, brach es aus ihm heraus: »Ich habe Prostatakrebs!«

Diese Diagnose hatte der Sechzigjährige vor vier Wochen nach einer Routineuntersuchung erhalten. Bereits einige Tage danach fand die OP statt. Es stellte sich heraus, dass der Tumor noch ziemlich im Anfangsstadium war, aber trotzdem musste die Prostata entfernt werden, und seine Lebenserwartung war deutlich kürzer geworden. »Warum passiert mir das? Warum gerade mir? Ich war immer kerngesund. Und jetzt impotent und Krebs! Was soll ich nur tun?«, klagte er verzweifelt.

Wie schnell sich doch das Leben ändern kann! Gunther wirkte in seiner Not verletzlich und echt. Ich mochte ihn in seiner Ehrlichkeit und wünschte, ihm helfen zu können. Also begannen wir die Rückführung. Er ging sehr schnell in Trance, und ich führte ihn zu einer Tür am Sternenhimmel. Er beschrieb sie als dunkel, halb kaputt und alt. Als er hindurchgeschritten war, sah er sich sofort in einem schwarzen Loch. Er war innerhalb einer riesigen Höhle, umgeben von lauter weißen Zähnen.

*Kl.: Da ist ein riesiger Mund, und ich sitze in einem faulen Zahn.*
U.D.: Als was nimmst du dich wahr?
*Kl.: Wie das Schwarze im Zahn; Karies.*
U.D.: Und wie fühlst du dich dabei?
*Kl.: Maßlos gierig und, ja, rücksichtslos. Ich weiß schon, dass der Zahn kaputtgeht, aber ich will alle Zähne haben!*
U.D.: Hast du sie denn? Es bleiben doch nur schwarze Löcher.
*Kl.: Hmm, stimmt.*
U.D.: Wie geht es weiter?
*Kl.: Der Zahn wird herausgerissen und ich mit ihm. Einfach weggeworfen!*
U.D.: Und dann?
*Kl.: Da ist eine Schnur gespannt, mit lauter Tautropfen dran. Sie leuchtet in vielen Farben in der Morgensonne. Ah, eine Spinnwebe. Eine Fliege verfängt sich darin, zappelt. Sie kann sich befreien, durch einen Windstoß, aber ich fange sie schnell und zerquetsche sie zwischen meinen Fingern.*
U.D.: Warum?
*Kl.: Nur so. Scheiß Leben! (Pause) Jetzt habe ich selbst Flügel und fliege in einem Schwarm Insekten. Ich schlage mit den Flügeln so wild, dass alle, die in meiner Nähe sind, gekillt werden. (lachend) Das spritzt grad so von Flügeln, Beinen, Köpfen! ... Und jetzt bin ich in einem hellen runden Raum, in der Luft*

*schweben lauter Gläser, in jedem ist eine andere Farbe. Sie fließen ineinander ... (erstaunt) Das sind die Farben des Lebens, Lebenssäfte! Sie formen Bilder, jedes ist anders ... Ha ha ha, ich pinkle hinein und lösche sie aus, ha ha, es wird total schwarz!*
U.D.: Geh ganz in diese Schwärze hinein. Klappt das?
*Kl.: Ja, bin schon drin. Eine tolle Macht! So viel Macht will ich haben!*
U.D.: Um alle bunten Bilder auslöschen zu können?
*Kl.: (schreit) Genau; alle, alle, alle! Wenn ich nicht mehr bin, soll es die auch nicht mehr geben! (kämpft mit den Tränen, und seine Lippen zittern) Warum muss ich sterben und denen geht es prächtig?*
U.D.: Alle werden schlussendlich sterben. Jedes Leben endet mit dem Tod. Und jeder hat sein Schicksal.
*Kl.: Scheiß Schicksal!*
U.D.: So viel Scheiße in deinem Leben? Was willst du?
*Kl.: So wie es war, so soll es wieder sein.*
U.D.: Das ist vorbei.
*Kl.: Scheiße, scheiße, scheiße! (weint lange)*
U.D.: Nimm einige tiefe, lichtvolle Atemzüge ... Geh weiter.
*Kl.: Ich sehe ein Ei in einem Nest, daraus pickt sich ein junger Vogel ins Freie ... Jetzt sehe ich einen Kokon, aus dem schlüpft ein Falter. (spöttisch) Ja, ja, die Metamorphose ... (lacht bitter) Ich will das nicht! Ich bin Gunther und will Gunther bleiben!*
U.D.: Das geht nicht. Alles ändert sich, auch du.
*Kl.: Da kommt einer in einem dunklen Umhang, mit einer Sense auf dem Rücken, ohne Gesicht.*
U.D.: Der Tod?
*Kl.: (sarkastisch) Tja, das wird wohl der Sensenmann sein. Er streckt mir seine Hände aus dem Umhang entgegen, darin hält er ein gelbes Blatt von irgendeinem Baum. Er dreht es um ... uh, nein, lass ... (schreit entsetzt) wuahhh!*

Der gesamte Körper von Gunther schüttelte sich, Schweiß trat ihm auf die Stirne, er atmete keuchend. Es brauchte Zeit, ihn zu beruhigen.

Die meisten unangenehmen körperlichen Erlebnisse in einer spirituellen Sitzung spürt der Klient nur ganz wenig oder sieht sie aus einer Zuschauerposition. Das regeln die Seele und der Seelenführer von allein, und sonst helfe ich. Es kann jedoch vorkommen, dass dem Klienten, wie hier bei Gunther, auch einmal etwas mehr zugemutet wird, damit eine positive Reaktion in Gang gesetzt werden kann.

U.D.: Was ist geschehen?
*Kl.: Es hat mich richtig elektrisiert, und dann wirbelte mein ganzes Leben um mich herum. Von der Geburt bis heute. (Pause) Jetzt steht der Sensentyp vor einer großen Waage mit zwei Waagschalen und wiegt meine guten und schlechten Taten als Gunther. Ha, wie in einem doofen Film. Das ist doch alles Blödsinn! Also ich breche jetzt ab.*
U.D.: Warte, was zeigt die Waage?
*Kl.: (trotzig) Na, was wohl?*
U.D.: Schau es dir genau an, oder bist du zu feige?
*Kl.: (schroff) Da bleibt nur wenig im Haben. Ich glaube, ich bin der geborene Nehmer. Ich hab zu wenig für andere getan und wenn, dann nur aus Berechnung. (provokant) Aber warum auch nicht? Jeder steht sich selbst am nächsten! Und jetzt starrt der mich an, aus schwarzen Löchern. (keuchend) Ähhh, es zieht mich hinein, Hilfe!*
U.D.: Lass los, lass es geschehen. Atme tief durch und teile mir mit, was als Nächstes geschieht.
*Kl.: … Ich falle durch eine Röhre, es ist fast finster. Die Röhre mündet in eine andere Röhre, rötlich, es geht in Kurven weiter, braun, grün, gelb … gar nicht unangenehm, irgendwie sogar*

vertraut. Plötzlich schieße ich ins Freie, als hätt mich was ausgespuckt ... Vor mir steht ein großes Wesen: Oh no, nicht schon wieder der Sensenmann! Diesmal im blauen Umhang und mit Gesicht ... schaut der streng ... (zögernd) Aber auch gütig. (fassungslos) Das ist mein Schutzengel! Es gibt ihn wirklich.
U.D.: Möchte er dir etwas zeigen?
Kl.: *Er führt mich zu einem Tunnel, darin gehen lauter Fenster ab. Es zieht mich zu einem Fenster weiter hinten, links. Es öffnet sich. Da schau ich durch.*
U.D.: Und?
Kl.: *Da sind wieder die Farbmuster von vorhin.*
U.D.: Lass sie auf dich wirken. Und pinkle diesmal nicht drauf!
Kl.: *Ein Kreis entsteht aus Gelb und Rosa, sehr freundlich und warm ... In einem großen Kessel, der über einer offenen Feuerstelle hängt, kocht blubbernd irgendein Brei. Eine Katze trinkt Milch aus einer Holzschüssel. Sie ist grau getigert. Oh, ich bin eine Frau, trage ein blaues, langes Kleid mit einer weißen Schürze und habe eine komische weiße Haube auf dem Kopf, barfuß, in Holzschuhen.*
U.D.: Wie ist dein Name?
Kl.: *Ich heiße A... Asta. Ich sitze auf einem runden Holzschemel an der Feuerstelle.*
U.D.: Weißt du, wo das ist?
Kl.: *In Skandinavien, vielleicht Dänemark, ich sehe die Zahl 1746.*
U.D.: Was geschieht?
Kl.: *Auf den Knien habe ich einen kleinen Jungen und ein kleines Mädchen sitzen, so zwei, drei Jahre alt. Ich wippe sie auf und ab. Sie tragen auch Hauben. Und graue Kleider. Das Mädchen hat den Daumen im Mund ... Das sind meine Kinder! Ich habe ganz innige Gefühle für sie, drücke sie fest an mich ... Ach, ich bin so gern Mutter!*

U.D.: Und dann?
*Kl.: Ich sehe mich auf einem Bett liegen, bin alt. Meine erwachsenen Kinder sind bei mir und halten meine Hände. Am Fußende vom Bett sehe ich meine Enkel ... fünf Enkel. Ich liebe sie alle. Ich weiß, dass ich in dieser Nacht sterben werde. Es ist in Ordnung, es war ein gutes Leben. Keine offenen Rechnungen.*
U.D.: Geh weiter, teile mir mit, was sich als Nächstes zeigt.
*Kl.: Ich bin wieder in dem Tunnel, schwebe durch ein Fenster, das offen steht. Unter mir ist Nebel, ich schwebe langsam hindurch, sehe das Meer und ein wenig Festland, ich glaube, es ist Portugal. Ein mächtiger Baum steht vor einem Haus, ein Eukalyptusbaum. Hier ist es sehr trocken. Ich hole Wasser aus dem Ziehbrunnen und gieße ihn. Dann lehne ich mich an den Baum und umarme ihn innig ... Er rauscht ganz leise und duftet besonders.*
U.D.: Wer bist du da?
*Kl.: Diogo, 15 Jahre ... aber ich kann nicht sprechen und hinke stark und habe ein entstelltes Gesicht, von Geburt an. Die Leute machen über mich Witze. Das muss im 19. Jahrhundert sein. Sie sagen, man kann mir nicht helfen, es wäre besser gewesen, ich wäre bei der Geburt gestorben, mein Leben sei sinnlos und eine Last für andere ... Ich kann das alles hören, ich bin nicht dumm. Und mein Leben ist nicht sinnlos! ... Ich liebe den Baum. Er gibt mir Stärke, und er freut sich, wenn ich ihm Wasser bringe ... Eines Tages hängen sie einen Mann an seinen Ästen auf, sie sagen, er hätte in der Kirche gestohlen. Mein Baum weint, er will nicht, dass jemand durch ihn stirbt.*
U.D.: Wie nimmst du das wahr?
*Kl.: Das Licht, das ihn umgibt, ist viel gedämpfter. Als sie den Leichnam abgeschnitten haben, bleibe ich die ganze Nacht bei meinem Baum und streichle seine Rinde, das tröstet ihn.*
U.D.: Wie geht dieses Leben zu Ende?
*Kl.: (zitternd) Sie fällen den Baum ... (weint lange schluchzend.*

*Dann mit tonloser Stimme) Das ist mein Ende. Als es Nacht ist, stürze ich mich Kopf voran in den Ziehbrunnen, ein Stein steht heraus, ich falle mit dem Kopf drauf ... bin bewusstlos, ertrinke. (Pause) Ohhh, mein Baum holt mich ab! (ergriffen) Ich darf mich in seine Äste setzen, sie halten mich zärtlich. Er bringt mich himmelwärts, in den Sternenhimmel ... und jetzt in hellblaue Wolken hinein. Da ist wieder der Tunnel.*

U.D.: Zeigt sich noch eine Szene aus einem Vorleben?

*Kl.: Ich schaue durch ein anderes Fenster. Es ist aus Holz und ohne Glas ... Ai, dieses Fenster ist in einem Pferdestall auf einem Gutshof ... Das könnte in Belgien sein. Ich schaufle Mist. (Pause) Ein Pferd wiehert, als ich es sattle, und stupst mich mit dem Maul am Hals. Es ist braun mit schwarzer Mähne und schwarzem Schweif, Filou. Es heißt Filou, er mag mich.*

U.D.: Reitest du aus, mit Filou?

*Kl.: Nein, das darf ich nicht! Ich kann auch gar nicht reiten. Ich bin nur die Stallmagd, Pauline. Aber ich liebe die Pferde und sorge gern für sie. Jeden Tag streichle ich sie nach dem Putzen und drücke mein Gesicht in ihre Mähnen. Sie riechen so gut! Ihre Haare sind dick und weich. Ich flicke mit Pferdehaar meine Kleider und trage eine Halskette aus Pferdehaaren unter dem Mieder. Ich bin immer bei den Pferden, schlafe sogar im Stall. Obwohl ich fast nie aus dem Stall und dem Hof herauskomme, bin ich glücklich.*

U.D.: Wie endet dieses Leben?

*Kl.: Es ist Nacht. Ich wache auf, es riecht nach Feuer, und die Pferde wiehern und stampfen. Der Stall brennt! Ich binde die Pferde los, treibe sie ins Freie. Filou ist noch drin, schreit panisch, es geht mir durch Mark und Bein. Ich haste zurück, ein brennender Balken fällt herunter. (Pause) Jetzt sehe ich mich über dem Stall schweben, das Pferd neben mir. Es ist erstickt. Wir sind beide gestorben ... Aber wir leben trotzdem! Filou stupst*

*mich an. Ich setze mich auf ihn drauf – zum ersten Mal –, halte mich an seiner Mähne fest, und er fliegt mit mir weg. Er galoppiert am Nachthimmel, fantastisch! Es wird immer heller. (längere Pause)*
U.D.: Möchte sich noch etwas zeigen?
*Kl.: Da ist eine Stadtmauer und ein Turm ... verwinkelte Gassen. Das muss Schottland sein, ich höre Dudelsackmusik. Ich schwebe über dieser Szene ... In diesem Turm war ich viele Jahre eingekerkert. Ich glaube, ich bin verhungert. Sie haben mir nichts mehr zu essen gebracht.*
U.D.: Wer bist du da?
*Kl.: Ein Junge, ich wurde vielleicht sieben Jahre alt.*
U.D.: Warum kamst du in den Kerker?
*Kl.: Ich weiß es nicht.*
U.D.: Gab es auch irgendetwas Erfreuliches?
*Kl.: Mäuse. Kleine Mäuse fressen mir aus der Hand! Wir teilen uns mein Essen. Sie sitzen auf den Hinterbeinen und halten die Brocken mit den Pfoten fest. Herzig sieht das aus! Sie lassen sich dabei streicheln, ein ganz weiches Fell haben die Kerlchen. In diesen Momenten geht es mir gut. (Pause) Nun kommt mein Schutzengel. Es geht wieder vor diese Waage der Taten. (seufzt erleichtert) Tja, ja, da komm ich besser weg! Insgesamt wirklich gut in diesen Vorleben!*
U.D.: Was ist passiert, dass es in deinem Leben als Gunther abwärts ging?
*Kl.: Hm ... Mein Schutzengel riet mir zu einem angenehmeren Leben, wo von Anfang an Geld da ist und liebe Eltern, Sorglosigkeit. Er wollte sehen, wie ich mich in solch einer Situation bewähre. Das fand ich natürlich toll. Habe wohl die Herausforderung unterschätzt. (gepresst) Vor allem war ich trotzdem nie glücklich! Dabei hatte ich alles: Geld, Frauen, Gesundheit. Warum dann dieses ständig bohrende Gefühl?*

U.D.: Vielleicht weil das alles war, was dein Leben ausmachte?
*Kl.: (nachdenklich) Ja, das ist wahrhaftig zu wenig! In jedem meiner Vorleben ging es mir besser als im jetzigen, obwohl ich ständig arm war und sogar als Kind im Kerker schmorte. Aber es war immer jemand da, den ich liebte und für den ich da war, und wenn es Mäuse waren ... Wie konnte ich das vergessen? Verrückt, das alles! Ich habe mein Leben als Gunther völlig vergeigt.*
U.D.: Immerhin hast du eine sehr entscheidende Lehre daraus gezogen. Gibt es etwas, das du als Gunther noch zu tun hast?
*Kl.: Bevor ich sterbe?*
U.D.: Solange du noch lebst.
*Kl.: Die Waage ausgleichen ... Genommen habe ich ja genug. (Pause) Jetzt geht's ans Geben, ich meine, dort, wo es wirklich gebraucht wird, keine Luxusgüter ausstreuen. (lächelnd) Wenn wir wieder vor dieser Waage stehen, soll es anders aussehen.*
U.D.: Was ist mit Beziehungen, Lieben? Liebst du jemanden?
*Kl.: Weiß nicht ... Vielleicht Rita ... Aber das müssten wir erst neu probieren ... üben ...*
U.D.: Das halte ich für eine sehr gute Idee, auch für Rita. Wie fühlt sich jetzt der Gedanke an, dass du stirbst und andere genießen weiter das Leben?
*Kl.: Völlig in Ordnung. Was war ich für ein Vollidiot! Das einfache Leben, wie reich es sein kann! Ich hoffe, es nimmt mich wieder auf. (Pause) Die Angst vor dem Tod, das braucht es nicht, aber Sterben kann schrecklich sein ... Und dann wartet dieser Typ an der Waage ... Da ist er auch schon wieder, (gedehnt) mein Schutzengel, tatsächlich ... Er winkt und verschwindet hinter einer Wolke. Der spricht ohne Worte eine sehr klare Sprache!*

Vier Jahre später schrieb mir Gunther, dass er bald sterben werde, aber dass er es geschafft habe, diese Jahre nach der Rückführung zu den besten seines Lebens zu machen. »Ich habe keine Angst mehr vor dem Sterben und auch nicht vor der Waage. Ich habe mehr an andere gedacht als an mich selbst, und es machte mich sehr zufrieden. Ich habe eine Ahnung bekommen, was Liebe ist.« Kurze Zeit später teilte mir Rita mit: »Gunther ist friedlich eingeschlafen, und ich hielt dabei seine Hand … Wir konnten in diesen vier Jahren noch eine tiefe Liebesbeziehung erleben, die für uns beide beglückend war.«

## Wie soll man Karma-Coaching anwenden?

Wie auch in den folgenden Kapiteln finden Sie hier praktische Anregungen, mit deren Hilfe Sie Ihr Karma ausgleichen können. Lesen Sie bitte alle Anleitungen zum Karma-Coaching zuerst sehr aufmerksam durch, um sie zu verinnerlichen. Danach können Sie sie praktizieren. Eine andere hilfreiche und bequemere Möglichkeit wäre, dass Sie meine Doppel-CD »Karma-Coaching. Wege aus der Schicksalsfalle« verwenden, auf der ich alle Übungsanleitungen, mit passender Musik unterlegt, in einer geeigneten Geschwindigkeit und Betonung spreche.

Die folgende Basisübung »Den Energielevel anheben« ist die Grundvoraussetzung für jede weitere geistige und praktische Übung in diesem Buch. Allein schon durch deren tägliche Anwendung kann sich Ihr Leben positiv verändern. Führen Sie bitte unbedingt vor jeder weiteren Übung zuerst achtsam diese Basisübung durch, denn es braucht einen möglichst hohen, lichtvollen Bewusstseinszustand, um Erkenntnisse und Informationen aus höheren Ebenen erhalten und begreifen zu können.

Die auf dieser Übung aufbauenden Anleitungen dienen der zielgerichteten Karma-Auflösung und dem Ansammeln von gutem Karma. Sie ermöglichen es Ihnen, große nachhaltige Erfolge zu erzielen.

Für all diese weiteren Übungen empfehle ich folgendes Vorgehen: Nachdem Sie die Basisübung »Den Energielevel anheben« durchgeführt haben, lesen Sie die gesamte Übungseinheit des jeweiligen Kapitels erst einmal nur durch. Danach lesen Sie die Übungsanweisungen nochmals langsam Schritt für Schritt und führen dabei jeden Abschnitt mit geschlossenen Augen praktisch durch. Schreiben Sie Ihre Erkenntnisse am besten sofort nach jedem Abschnitt zuerst auf, bevor Sie mit dem Üben fortfahren. Ganz zum Abschluss der jeweiligen Übungseinheit, bevor Sie wieder in Ihren Alltag gehen, sollten Sie sich Ihr herzlichstes, innigstes Lächeln schenken, das Akzeptanz und Wertschätzung ausdrückt. Danach rekeln Sie sich, bis Sie sich in Ihrem Körper geschmeidig, frisch und wach fühlen. Dann erst öffnen Sie die Augen, orientieren sich und kommen wieder ganz bewusst im Hier und Jetzt an.

Üben Sie an einem für Sie angenehmen Ort, wo Sie nicht gestört werden können, im Liegen oder Sitzen, aber bitte nicht beim Autofahren. Geben Sie sich geduldig die nötige Zeit, die Sie für jeden einzelnen Übungsabschnitt brauchen. Schließen Sie, wann immer es passt, die Augen, um sich besser konzentrieren zu können, und atmen Sie ruhig und tief ein und aus, so wie Sie sich dabei wohlfühlen. Dies hilft Ihnen, in Trance zu gehen. Sie ziehen dadurch Ihre Aufmerksamkeit vom Außen ab und richten sie nach innen. Atmen Sie in Ihrer Vorstellung gleichzeitig mit der Atemluft göttliches Licht ein, um die Trance zu vertiefen oder beizubehalten und sich auf Licht und Liebe zu fokussieren. Vielleicht fühlen Sie dabei manchmal ein Kribbeln im Körper, oder die Körperproportionen und das Gewicht verändern sich in Ihrer Wahrnehmung, oder es entstehen Magen- und Darmgeräusche. Das alles sind Zeichen der Entspannung.

Einige der Übungen arbeiten mit Fragen, die Sie sich selbst beantworten sollten. Seien Sie dabei ehrlich und bemühen Sie sich, die Dinge möglichst so zu sehen, wie sie sind; machen Sie sie weder besser noch schlechter.

Mit fortschreitendem Training wird sich Ihre Verbindung zur spirituellen Welt stärken, und Sie werden wahrscheinlich wichtige Hinweise und Botschaften Ihrer Seele und Ihres Seelenführers wahrnehmen und noch tiefere und hilfreichere Antworten in sich finden. Wenn Sie möchten, können Sie Ihren Seelenführer bitten, Sie bei all Ihren »Reisen nach innen« mit seiner Weisheit zu unterstützen. Sie können durch Übung und Vertrauen lernen, ihn intuitiv, telepathisch immer besser zu verstehen.

Lernen Sie geduldig und mit Durchhaltevermögen, Karma-Coaching fest in Ihren persönlichen Alltag zu integrieren, damit es Ihnen bestmöglich nützen kann!

## Karma-Coaching-Basisübung
## Den Energielevel anheben

**Setzen oder legen Sie sich** entspannt hin und schließen Sie die Augen. Atmen Sie tief und in langsamem Rhythmus ein und aus, so wie Sie sich dabei wohlfühlen. Stellen Sie sich vor, dass mit jedem Einatmen göttliches Licht und göttliche Liebe in Ihren Körper, Ihre Gefühlswelt und Gedankenwelt strömt. Dieses Licht strahlt weiß oder, je nach Ihrem Bedürfnis, in einer Farbe des Regenbogens. Mit dem Ausatmen strömt alles, was Sie nicht mehr brauchen und was Ihnen nicht guttut, einfach weg. Alles wird dadurch gereinigt, Verbrauchtes aufgelöst, und Sie richten sich insgesamt auf Gesundheit, Wohlgefühl und Vitalität aus. Kommen Sie innerlich mehr und mehr zur Ruhe.
**Atmen Sie tief weiter** und sagen Sie innerlich, einmal oder mehrmals, langsam die positive Affirmation: »Tiefe Ruhe, Frieden,

Liebe und göttliches Licht durchströmen mich. Ich richte mein ganzes Leben danach aus.« Fühlen Sie, was Sie sagen!

**Danach stellen Sie sich vor,** dass Sie göttliches Licht und Liebe einatmen und durch alle Poren Ihres Körpers ausstrahlen. Vielleicht haben Sie den Eindruck, als würden Sie sich im Kern einer Sonne befinden und dass es trotz Ihrer geschlossenen Augenlider heller um Sie herum wird.

**Führen Sie diese Meditation durch,** bis Sie sich wohl und entspannt fühlen, und verweilen Sie einige Minuten lang möglichst ohne Gedanken in diesem harmonischen Zustand. Falls doch Gedanken auftauchen sollten, lassen Sie sie einfach weiterziehen wie kleine Wölkchen am Himmel. Falls Sie währenddessen lichtvolle innere Eingebungen und Botschaften empfangen, schreiben Sie diese auf.

**Vielleicht möchten Sie** zum Abschluss innerlich betend danken oder eine Bitte an Gott oder die spirituelle Welt stellen. Tun Sie das in Ruhe.

Ein aufrichtiges Gebet erreicht immer die höheren Dimensionen, und wir erhalten Hilfe. Auch wenn es manchmal nicht danach aussieht, die spirituelle Welt hat immer unser höchstes Gutes im Sinn. Dabei geht es nicht um die Erfüllung der eher oberflächlichen Wünsche oder das Verhindern unserer karmischen Lektionen – die spirituelle Welt hat den Überblick, was wir wirklich brauchen. Auch in ausweglosen Situationen können wir um Mut, Gelassenheit, rechte Gesinnung, Geduld, Einsicht, Erkenntnis, Mitgefühl und Nächstenliebe bitten, und diese Wünsche werden immer erhört, denn sie dienen unserem spirituellen Wachstum.

Diese Basisübung empfehle ich Ihnen mehrfach am Tag durchzuführen, besonders vor wichtigen Entscheidungen, um aufgewühlte Emotionen zur Ruhe zu bringen, oder wenn Sie merken, dass Sie müde und freudlos sind. Sie hilft auch, wenn Sie sich Sorgen machen, wenn sich Ihre Stimmung in irgendeiner Weise zu trüben beginnt und um insgesamt höhere Bewusstseinsebenen zu erreichen. Mit der Zeit werden Sie es immer schneller registrieren, wenn Ihr Energielevel absinkt, und dadurch frühzeitig gegensteuern können.

Teile dieser Übung lassen sich auch mit offenen Augen und im Beisein anderer Menschen durchführen, zum Beispiel wenn Sie merken, dass Sie in einer Umgebung sind, die Sie in irgendeiner Weise stimmungsmäßig eher nach unten zieht. Lernen Sie, die vorherrschende Grundstimmung zu lenken, und bringen Sie bei Gesprächen höhere Gesichtspunkte ein, die Trost, Hoffnung, gute Laune und Kraft vermitteln, anstatt in negative Kerben wie Jammern, Mobbing oder Schadenfreude zu schlagen. Dadurch können Sie die Energie für sich und alle anderen anheben.

### Karma-Coaching-Übung 1
### Energetische Beeinflussung Ihres Umfelds

#### *Eine positive Stimmung schaffen*

**Nachdem Sie Ihr Energieniveau** mit der Basisübung angehoben haben, nehmen Sie weiterhin ruhige, tiefe, lichtvolle Atemzüge, um Ihre Trance und die höhere Energieebene beizubehalten, und schreiben Sie Ihre Antworten zu folgenden Fragen auf:
**Was ist Ihr täglicher Beitrag** zu dem Sie umgebenden Energielevel? Wirken Sie auf die Gesamtstimmung und das Wohlbefinden aller Wesen um Sie herum eher positiv oder negativ? Heben Sie

durch Ihre Ausstrahlung, Ihre Worte und Handlungen die Energie in Ihrem Umfeld an oder ziehen Sie sie eher runter? Machen Sie sich klar, was alle Menschen, Tiere und Pflanzen in Ihrer Umgebung ehrlich diesbezüglich zu berichten wüssten.

### *Selbstcheck: Karma auf der Waagschale*

**Stellen Sie sich vor,** Ihre guten und schlechten Taten liegen auf zwei Waagschalen. Wie sieht diese Waage aus? Wie viel gutes Karma und wie viel schlechtes Karma haben Sie zu diesem Thema »Beeinflussung der Sie umgebenden Stimmung und der Gedankenmuster« in Ihrem bisherigen Leben bereits angesammelt? Welcher Teil überwiegt, der positive oder der negative? Was könnten Sie konkret tun, um hierin schlechtes Karma abzubauen, gutes zu vermehren und Ihren Energielevel und den Ihrer Umgebung anzuheben? Was ist das Positive, das Sie eine schwierige Situation in diesem Themenbereich lehren möchte? Beispielsweise Geduld, Abgrenzung, Mitgefühl, Beten, Selbstvertrauen, Verzeihen, Zuversicht oder die Fähigkeit, eine gehobene Stimmung beizubehalten. **Schreiben Sie Ihre Erkenntnisse auf** und stellen Sie sich innerlich vor, wie Sie diese freudig und leicht anwenden. Beginnen Sie noch heute mit der Umsetzung!

**Wiederholen Sie** bei Bedarf die Basisübung »Den Energielevel anheben«, bis Sie sich wohl und voller Licht, Ruhe und Frieden fühlen.

# Karma in Bezug auf Gruppenverhalten

*Unsere Bestimmung kann uns niemand nehmen*
*und kein anderer für uns erfüllen.*

Die Wirkung von Karma kann man sich vorstellen wie das Flugverhalten eines Bumerangs: Erst wird er weggeschleudert und dann kehrt er in einem Bogen zu seinem Werfer zurück. Kraft unserer Gedanken, Gefühle und Handlungen schaffen wir eine Art magnetisches Energiefeld. Wir ziehen in der Essenz das an, was wir zuvor ausgesendet haben; sowohl Gutes als auch Schlechtes. Das kann bereits in diesem Leben erfolgen oder erst in einer zukünftigen Inkarnation.

Als Menschen haben wir der Bestimmung zu folgen, die kosmischen Gesetzmäßigkeiten immer besser zu erkennen und das Gelernte anzuwenden. Es erzeugt schlechtes Karma, wenn wir aus Faulheit, Ignoranz oder Verdrängung wider besseren Wissens handeln. Da hilft auch nicht die Ausrede, dass sich andere ebenso verhalten würden.

Ich erinnere mich, dass in einem großen Nachbarhaus in der Stadt, in der wir einmal wohnten, täglich frühmorgens ein kleines Kind erbärmlich schrie, begleitet vom Geschrei und Fluchen eines Mannes. Es war ganz offensichtlich, dass da etwas nicht in Ordnung war. Aber es war meinem Mann und mir nicht möglich herauszufinden, in welcher Wohnung es passierte. Auch das Jugendamt fand es nicht heraus, denn das Schreien passierte außerhalb der Dienstzeit der verantwortlichen Beamtin, und sie war nicht willens, früher aufzustehen, und alle befragten Nachbarn behaupteten, sie hätten nichts gehört. Erst das Einschalten der Polizei brachte endlich Rettung. Das Kind war über einen langen Zeitraum grob vernachlässigt und misshandelt worden. Das konnte nur geschehen, weil viele Menschen zu bequem und zu feige waren und beim Leid dieses Kindes wegschauten.

## Was geht mich das an?

Wegschauen schafft schlechtes Karma. Wir sind auf der Erde, um mit offenen Augen, aber vor allem mit offenem Herzen durchs Leben zu gehen, uns berühren zu lassen, unsere Mitverantwortung zu erkennen und danach helfend zu handeln: der verwirrten Dame aus dem Altersheim, die nicht mehr zurückfindet; dem angefahrenen Feldhasen am Straßenrand; dem Schuljungen, der sich vor anderen Kindern fürchtet, die ihm auflauern; dem hungrigen Streunerhund im Urlaubsland; der verdurstenden Pflanze oder der gemobbten, scheuen Arbeitskollegin.

So vieles auf der Welt ist nicht in Ordnung – und indem wir es verdrängen oder ignorieren, erzeugen wir schlechtes Karma. Unser Wohlstand und unser Konsumdenken beispielsweise haben ihre Schattenseiten. Um die arbeits- und umweltrelevanten Kosten niedrig zu halten, wird immer mehr in Billigstländern produziert, vielfach von Minderjährigen. Laut UNICEF-Report 2014 arbeiten fast 170 Millionen Kinder unter ausbeuterischen Bedingungen – gut die Hälfte von ihnen ist noch im Grundschulalter. Auch die allermeisten Erwachsenen arbeiten dort unter schrecklichen Bedingungen, und in ärmeren Ländern werden Umweltgesetze viel zu selten eingehalten, sofern es überhaupt welche gibt. Eine Verbesserung wird hier wohl nur stattfinden, wenn sich genügend Konsumenten dafür stark machen und auch bereit sind, für Waren etwas mehr zu bezahlen.

Doch der erste Schritt ist es, hinschauen zu wollen. Wer Karma auflösen möchte, muss lernen, die Stimme des eigenen

Gewissens wahrzunehmen. Es ist das Bindeglied zur Seele. Schrittweise kann dann die Wirkung negativer Taten aus der Vergangenheit aufgelöst werden. Dann werden viele wunderbare Fügungen geschehen, und das Leben kann sich so viel schöner, sanfter und sinnreicher entfalten.

## Was bedeutet Gruppenkarma?

Jede kleinere oder größere Gruppe, wie beispielsweise Familien, Partnerschaften, aber auch Firmen oder Staaten, können ein gemeinsames karmisches Thema haben. Das kann bedeuten, dass sie ein Geschehen aus der Vergangenheit auszugleichen haben oder gewisse Schwierigkeiten nun selbst erfahren müssen, aber auch, dass sie »gute Früchte« aus ihrer Vergangenheit ernten dürfen und durch positive Umstände und Vorkommnisse miteinander verbunden sind. Falls Sie mit einer bestimmten Person oder Situation Konflikte haben, sollten Sie versuchen, diese im aktuellen Leben baldmöglichst fair zu bereinigen. Dazu gehört auch, dass man jemanden in seinem Verhalten bremsen darf oder sich von ihm trennt.

Jede Gesellschaft zeichnen bestimmte Denkmuster, Werte, Überzeugungen, Gewohnheiten und Verhaltensweisen aus. Diese entsprechen einer bestimmten Bewusstseinsebene und repräsentieren und erschaffen dadurch auch kollektives Karma. Dieses kann für alle Beteiligten Vorteile mit sich bringen – zum Beispiel Frieden, genug zu essen, Gesundheit und Wohlstand. Je nach den karmischen Ursachen können sich aber auch sehr negative Folgen für alle einstellen, wie wir sie an Beispielen des hemmungslosen Verbrauchs von Ressourcen oder der Umweltzerstörung erkennen können.

Unsere Erde steht kurz vor dem Burnout. Die permanent zunehmende Umweltverschmutzung, die die gesamte Erde massiv bedroht, hat den Lebensraum vieler Tiere zerstört und riesige Flächen durch Erosion unfruchtbar gemacht. Beispielsweise geht aus dem Living Planet Report 2014 des World Wide Fund For Nature (WWF) hervor, dass sich die globalen Tierbestände innerhalb von nur 40 Jahren – von 1970 bis 2010 – halbiert haben; die Anzahl der im Süßwasser lebenden Tiere hat um drei Viertel abgenommen. Ein ganzer Kontinent aus Plastikmüll in der Größe von Mitteleuropa hat sich in den letzten zehn Jahren im Pazifik und auch in anderen Meeren gebildet – mit verheerenden Folgen für alle Lebewesen. An diesen Entwicklungen sind wir alle beteiligt. Diese weltweit stattfindenden Katastrophen gehören zum Gesamtkarma aller Menschen und betreffen direkt oder indirekt jedes Lebewesen. Jeder einzelne Mensch ist durch seine Verhaltensweisen im heutigen Leben und in allen seinen Vorleben für solche großen aktuellen Vorkommnisse mitverantwortlich.

Sich dies bewusst zu machen kann motivieren, wo immer es möglich ist, über eigenes Denken und Handeln für Ausgleich zu sorgen.

## Massenunfälle durch Gruppenkarma?

Auch größere Unfälle lassen auf so etwas wie »Gruppenkarma« schließen. Bei jedem der Beteiligten gab es Voraussetzungen, die die gleiche äußere Erlebensform möglich machten. Darüber hinaus erlebt jeder innerhalb des Gruppenkarmas sein eigenes Schicksal. Nehmen wir zum Beispiel an, es geschieht ein Flugzeugabsturz. Welche Schicksale könnte das verbinden? Ein Ehepaar mit vier Kindern verpasste den Flug vielleicht; sie hatten keine karmische Entsprechung zu diesem Unglück. Sechs Überlebende wurden schwer verletzt und konnten für lange

Zeit ihr gewohntes Leben nicht mehr führen. Zwei Passagiere blieben schwer behindert. Mehrere Flugzeuginsassen starben: Einer war schwer an Krebs erkrankt und ersparte sich dadurch eine lange Leidenszeit. Ein Geschäftsmann hatte gerade lukrative unethische Geschäfte abgeschlossen. Er wies Gedanken an den Tod und die Stimme seines Gewissens vehement von sich und beruhigte sich mit seinem Plan, dann in der Rente Gutes zu tun – dazu würde es jetzt nicht mehr kommen. Zwei begabte 15-jährige Mädchen waren unterwegs zu einem Schüleraustausch. Doch ihre Seelen wollten diesmal nur relativ kurz auf der Erde bleiben. Die Angehörigen der Jugendlichen wurden durch diesen Schicksalsschlag vehement aufgefordert, sich intensiv dem tieferen Sinn des Lebens und der spirituellen Suche zu widmen.

Die äußeren Umstände können gleich ausschauen, doch hat jeder darin sein persönliches Schicksal und beeinflusst damit auch andere. Auch wenn es noch so schwer begreifbar oder akzeptierbar ist: Es geschieht nichts ohne Grund – auch wenn wir diesen manchmal erst sehr spät im Leben oder erst nach dem Tod erfahren.

## Wie viel Macht hat eine Gruppe?

Jeder Mensch tendiert dazu, die Meinungen, Überzeugungen und das Verhalten seines persönlichen Umfelds und der vorherrschenden Gesellschaftsstruktur und Kultur unreflektiert zu übernehmen, auch da, wo sie falsch und negativ sind. So haben Gruppen – wie so vieles – ihre zwei Seiten. Sie sind nötig und wertvoll, können aber auch destruktiv wirken. Gruppen von engagierten Gleichgesinnten, die miteinander »am selben Strang« ziehen, können Enormes bewirken. Wenn genügend Menschen eine Überzeugung teilen und sich gemeinsam dafür einsetzen, wird eine Art kritische Masse erreicht, und dann können große Veränderungen – zum Guten oder Bösen – sogar weltweit stattfinden.

Liebevolle, lichtvolle Energien sind schlussendlich sehr viel kraftvoller und wirkungsvoller als schlechte, denn sie entsprechen der ewig gültigen Wahrheit hinter allen Erscheinungsformen. Es braucht deshalb nicht eine zahlenmäßige Mehrheit spirituell erwachter Menschen, um das gesamte Bewusstsein der Menschheit auf eine höhere Erkenntnisebene anzuheben und sehr viel mehr Harmonie für alle Geschöpfe auf die Erde zu bringen. So viel Wunderbares gibt es miteinander zu entdecken, kennenzulernen, zu erfinden, zu gestalten und zu genießen! Jeder Einzelne zählt und kann helfen, kollektives Karma aufzulösen und gutes Gruppenkarma zu schaffen. Warten Sie nicht darauf, bis andere so weit sind, gehen Sie selbst mit gutem Beispiel voran!

## Welcher Platz entspricht mir?

Die Wirkung des Kollektiven zieht sich durch alle Lebensbereiche. Erstaunlich viele Menschen entschuldigen sich beispielsweise für ihre Figur, ihre Kleidung oder das alte Auto. Es wird uns vorgelebt, dass man alles Mögliche an Äußerlichkeiten erfüllen müsse, um bei den Menschen in seinem Umfeld geachtet zu sein. Wir genieren uns, wenn wir vergessen haben, ein Hosenbein runterzukrempeln, wenn wir ein Trendwort nicht kennen oder nicht das neueste Handy haben. Aber wir nehmen es hin, dass Kinder verhungern!

Viele Menschen ziehen ihren vermeintlichen Selbstwert und das Gefühl, in Ordnung zu sein, hauptsächlich aus Äußerlichkeiten und dem Gefühl der Dazugehörigkeit sowie der Überlegenheit anderen gegenüber. Aber das ist eine Seifenblase, die über kurz oder lang zerplatzen wird, denn diese Dinge haben nichts mit wirklicher Befriedigung oder gar inneren Werten und seelischen Lebensaufgaben zu tun.

Während eines Aufenthaltes an der Universität Shantou, einer Millionenstadt in Südchina, schliefen mein Mann und ich nachts in einem Hotelzimmer, als uns ein ohrenbetäubender Lärm und grässlicher Gestank weckten. Auf dem Platz unten vorm Hotel fuhren jede Menge Autos mehrspurig im Schritttempo immerzu im Kreis herum. Die Luft war erfüllt von nebligen giftigen Abgasen, man konnte kaum atmen. Aus jedem Autofenster lehnten sich Leute, die von Massen von Fußgängern begleitet und bejubelt wurden. Es war ihre Art, ins Wochenende hineinzufeiern, und sie fühlten sich allem Anschein nach modern und dazugehörig.

Fast jeder Mensch möchte zu einer Gemeinschaft gehören und dort anerkannt sein, das ist ein Grundbedürfnis. Und wenn er sich dabei nicht verbiegt und seine Individualität und die eigene Verantwortung behält, kann das eine erfüllende Sache sein. Das gilt auch für die innere Suche, auf der sich viele einer Gruppe oder religiösen Gemeinschaft anschließen. Wird dem Suchenden das »Ergebnis« seiner Suche allerdings genau vorgegeben und nichts darf davon abweichen, ist es Zeit, Stopp zu sagen. Echte innere Suche hält sich nämlich weder an Konventionen noch an Konfessionen noch an Machtstrukturen.

Ob es uns bewusst ist oder nicht: Wir werden ständig von unserer Umgebung beeinflusst und beeinflussen diese auch selbst. Das kann durchaus sehr positiv sein. Es ist deshalb grundlegend wichtig, sich manchmal allein zurückzuziehen, um sich selbst und seine höheren Bedürfnisse und Ziele spüren zu können. Nur dadurch kann man sich ehrlich Rechenschaft darüber ablegen, was einem wirklich wichtig ist, wo man steht und ob es in Ordnung ist, so weiterzumachen wie bisher.

Eine stimmige Gruppe kann in vielerlei Hinsicht sehr hilfreich sein. Der Zusammenschluss von Menschen ist unerlässlich, wichtig und oftmals auch einfach schön. Es kann aber auch nötig sein, eine Gruppe, die einem sehr viel bedeutet, zu verlassen und vorübergehend den Verzicht auf Anerkennung und Zugehörigkeit oder auch finanzielle Verluste in Kauf zu nehmen, um sich und seinen ethischen Werten treu bleiben zu können und echten Selbstwert zu finden.

**Ihr Seelenauftrag**

Schlechte Gewohnheiten sind große Fallen auf dem Entwicklungsweg. Wir Menschen haben uns an so viel Ungerechtes, Falsches, Verzerrtes und Schmerzvolles gewöhnt oder ignorieren es einfach. Aber wir können da jederzeit wieder aussteigen. Verstecken Sie sich nicht hinter dem Verhalten anderer und der Gruppen, denen Sie angehören. Nehmen Sie Ihr Privileg und Ihre Verpflichtung wahr, im Sinne Ihres Gewissens selbst zu denken, zu entscheiden, zu handeln und sich positiv einzubringen! Erinnern Sie sich daran, dass jede Seele, auch Ihre, auf die Erde gekommen ist, um lichtvolle Veränderungen in Gang zu setzen.

## Fallbeispiel 2:
## Mag. Alois P. – Die verkaufte Seele

Vor allem eines wollte Alois nie wieder erleben: das Gefühl, arm und einsam zu sein. Er saß mir in meiner Praxis angespannt und verbittert gegenüber und berichtete stotternd aus seinem Leben. Seine Mutter war kurz nach seiner Geburt gestorben. Als Sohn eines alleinerziehenden Hilfsarbeiters in einem Vorort von Wien war er in seiner Kindheit arm, viel allein und wurde von anderen Kindern wegen seiner altmodischen und oftmals schmutzigen Aufmachung ausgelacht und gemieden. Darunter litt er besonders, denn er sehnte sich nach Freunden und Zugehörigkeit. Alois begann zu stottern. Trotzdem war er ein guter Schüler, dem das Lernen Freude machte.

Als Jugendlicher schloss er sich einer rechtsradikalen Gruppe an und übernahm unreflektiert deren Gedankengut und Parolen. Er beteiligte sich daran, Ausländer zu verprügeln und ihre Habseligkeiten zu zerstören. Er wurde erwischt, kam in Jugendhaft und danach in ein Heim, von wo aus er weiter eine Schule besuchen durfte. Dort verliebte er sich in seine Mitschülerin Isabel. Gleich am ersten Tag lächelte sie ihn an, sprach freundlich mit ihm, und Alois durfte in der Klasse neben ihr sitzen. Sein Stottern wurde weniger. Isabel zuliebe verließ er seine Jugendclique, die ihn dafür verprügelte und zwingen wollte, zurückzukehren. Aber er blieb bei seinem Entschluss. Er lernte noch fleißiger und schaffte es schließlich, Jurist zu werden und eine einträgliche Anstellung bei einer großen Firma zu erhalten. Neue Freunde gesellten sich dazu, und das Stottern legte sich ganz.

Alois heiratete seine Jugendliebe Isabel, sie brachte ihren Hund namens Little Loup mit in die Ehe, der wie ein Wolf jaulen konnte und von beiden verhätschelt wurde. Bald stellte sich Nachwuchs ein, und Alois fühlte sich rundum glücklich und zufrieden. Aber das Glück war nur von kurzer Dauer. Die schwangere Isabel stürzte von einer Leiter. Sterbend versprach sie Alois, dass sie ihm aus dem Jenseits Zeichen schicken würde. Am Tag der Beerdigung starb auch Little Loup, er wurde von einem Auto überfahren.

Alois hatte in den ersten Monaten nach Isabels Tod mehrfach laut und anhaltend das besondere Jaulen von Little Loup vernommen, aber er hielt sich die Ohren zu und verschloss sich gänzlich vor den Zeichen aus der spirituellen Welt. Alois zog sich auch von seinen Freunden zurück und grollte Gott und dem Schicksal. Er schikanierte die Menschen in der Firma, zerstritt sich mit den Vorgesetzten und verlor letztendlich seinen Job. Ab da lebte er von Gelegenheitsarbeiten und immer mehr nur noch von Sozialhilfe. Er verfiel zusehends in Selbstmitleid und Lebenshass. Er vegetierte freudlos vor sich hin, und auch das Stottern kehrte zurück.

Die Jahre verstrichen, und Alois hatte bereits die vierzig überschritten, als er durch eine Dokumentation im Fernsehen von meinen spirituellen Rückführungen erfuhr. Direkt nach der Sendung hörte er plötzlich wieder das laute Wolfsjaulen von Little Loup. Es schreckte ihn auf und ließ ihn nicht mehr los. Alois begann, sich für die Idee der Wiedergeburt zu öffnen und neu über sein Schicksal nachzudenken. Er war begierig, mehr über die Hintergründe seines schlimmen Loses zu erfahren. Das war ihm so wichtig, dass er jobbte, um das Geld für eine Rückführungssitzung aufzubringen, und schließlich reiste er zu unserem Termin an.

Nach einem ausführlichen Vorgespräch machte es sich Alois auf der Couch bequem und folgte meinen Tranceanleitungen. Zunächst führte ich ihn zurück durch markante Stationen seiner Jugend und Kindheit im heutigen Leben, wo er mir stotternd über seine große Einsamkeit, Armut und Traurigkeit berichtete. Es ging weiter in die Zeit im Mutterleib. Plötzlich kamen überraschende Infos, und er hörte völlig auf zu stottern:

*Kl.: Ich kann das Herz meiner Mutter schlagen hören. Das klingt total beruhigend: bumm, bumm, bumm. Ich kann auch aus ihrem Bauch herausschweben und sehe sie von außen. Sie hängt in einem Hinterhof Wäsche auf und trägt eine blau-weiß*

*karierte Kleiderschürze und ein Kopftuch. Wui, hat sie einen dicken Bauch!*
U.D.: Kommt dir die Seele deiner Mutter bekannt vor, oder seid ihr zum ersten Mal zusammen?
*Kl.: (aufgeregt) Schon in einem andern Leben, aber dort war sie mein Freund, und ich ... ich bin ein Mädchen, wir sind ständig zusammen. Es sind auch andere Kinder dabei, eine richtige Gruppe. Mein Freund ist der Anführer. Wir sind Kinder angesehener Eltern, mein Vater ist Stadtrat oder so. (bedrückt) Wir gehen aus Gaudi vor die Stadtmauer ... lassen arme Kinder mit gefalteten Händen vor uns niederknien, für Essensreste. Meist sind die vergammelt. (immer gehässiger) Aber diese Gfraster fressen sie trotzdem, wie Schweine. Wir machen auch ein Wurfspiel mit Krümeln von unseren Leckereien. Denen müssen sie auf den Knien hinterherrobben. Mein Freund und ich wetten, welches Kind als Erstes dort sein wird. (Pause) Ein Mädchen aus unserer Gruppe weint und bittet uns aufzuhören, aber wir lachen sie aus und schicken sie weg. Das ist vorbei, dass die bei uns mitspielen darf!*
U.D.: Geh zurück zur Zeit im Mutterleib. Warum wurde die Seele deines damaligen Freundes im heutigen Leben deine Mutter, und warum ist sie so bald nach deiner Geburt gestorben?
*Kl.: Das weiß ich nicht.*
U.D.: Frage deinen Seelenführer. Kannst du ihn wahrnehmen?
*Kl.: Ja, er ist da. Er trägt einen dunklen Umhang mit einer Kapuze, schaut unheimlich aus ... Er zeigt mir eine andere Szene, da sind Mutter und ich im Himmel, als Seelen! Wir sind Seelengefährten, stehen uns ganz nahe. (seufzt glücklich) Wie schön es hier ist! (ehrfurchtsvoll und sehr leise) Jetzt sind wir an einem ganz besonderen Ort, alles schimmert grün, golden und blau, wie aus Glas. Ganz erhaben ist es hier. Zwei Seelen in leuchtenden Gewändern erscheinen. Sie verändern ständig ihre*

*Größe und die Farben. Manchmal sehen sie aus wie Männer und manchmal wie Frauen, sehr jung, dann wieder uralt. Sie strahlen ungeheure Weisheit aus ... Wir stehen ein Stück entfernt vor ihnen, der Seelenführer dicht hinter uns. Er gibt mir Geborgenheit. Ich fühle mich ganz klein, wie ein Kind. Sie reden über uns ... (schluckt) Sie wissen alles über unsere schrecklichen Taten im vergangenen Leben und auch sonst. Ich wünschte, mich gäbe es nicht ... Aber diese himmlischen Wesen sind voller Güte ... möchten uns helfen, die richtigen Vorkehrungen für unser nächstes Leben auf der Erde zu treffen, damit wir uns besser entwickeln.*

Jede menschliche Seele wird in der spirituellen Welt von ihrem Seelenführer von Zeit zu Zeit zu einem Gremium von sehr weisen, alten Seelen gebracht. Dieser Rat kann aus einer oder auch vielen Seelen bestehen. Je weiter entwickelt eine Seele bereits ist, desto mehr weise Seelen beschäftigen sich mit ihr, um von verschiedenen Gesichtspunkten ihre gesamte Entwicklung als Seele zu betrachten. Die Seele wird dabei nicht abgeurteilt, sondern erfährt bei aller notwendigen Strenge Verständnis, Ermutigung und Liebe für ihren weiteren Weg.

*Kl.: Oje, mein Seelengefährte und ich dürfen künftig gar nicht mehr oder nur noch für kurze Zeit auf der Erde zusammen sein!*
U.D.: Warum das?
*Kl.: Weil wir so ätzend viel falsch gemacht haben ... Wir müssen erst Mitgefühl lernen und das Licht der Seele wahrnehmen.*
U.D.: Wie meinst du das?
*Kl.: (nach längerem Schweigen) Da ist eine hohe graue Mauer, grobe Natursteine, davor ein Kohlfeld. Ich schleppe Wasser in Holzeimern hin.*
U.D.: Wer bist du da? Schau an dir runter.

*Kl.: Sandalen, eine braune Kutte, geht fast bis zum Boden, kaum Haare. Uff, ein Mönch! Ich arbeite im Klostergarten.*
U.D.: Wie geht es dir da?
*Kl.: Sehr gut! Wir sind elf und der Abt. Eine starke Gemeinschaft. Aber alles ganz bescheiden und einfach gehalten. Jeder weiß, was er zu tun hat, und das Gebet steht natürlich im Vordergrund ... Wir gehen auch zu zweit hinunter in die Hütten zu den Kranken, bringen Medizin und Essen. Die sind ganz arm, leiden. Das berührt mich ... Ich helfe, so gut ich nur irgend kann.*
U.D.: Geh zur nächsten wichtigen Szene.
*Kl.: Ich habe Blattern, überall Krusten ... Sterbe beim Gebet ... Gleite ganz sanft aus der Brust heraus. (Pause) Mein Seelenführer ist wieder da ... (voller Freude) Er umarmt mich und ist sehr zufrieden!*
U.D.: Verankere das tief in dir!
*Kl.: Es war eigentlich recht einfach, mitfühlend und hilfsbereit zu sein, unsere ganze Gruppe der Mönche war voller Nächstenliebe. Irgendwie hatte ich gar keine andere Wahl. Nun plane ich ein Leben, wo das schwieriger ist, wo der Charakter stark sein muss. Mein Seelenführer schaut zweifelnd, findet das zu früh für mich, aber ich bin zuversichtlich, will das unbedingt ... Leider.*
U.D.: Warum?
*Kl.: (mit plötzlich abgehackter Sprechweise und tieferer Stimme) Sehe Burg auf einem Hügel, unten Fluss. Bin ein Mann, fesch. Dragutin, Sohn von einem Serben. Aber in Italien, im Mittelalter. Hab eine Art Labor im Keller, wie ein Alchimist. Ha, der Burgherr ist ein schlimmer Weiberer. Macht vor nichts Halt, sogar die eigene Tochter kriegt sein Ding rein. Hab' ich selber gesehen, im Keller unten in der Zelle. Hat einen Buben von ihm. Bin schon lang da, viel zu lang... Er lässt mich nimmer weiterziehen. (lacht roh) Will Potenzmittel und Jugendkraft, hat Angst, alt zu werden. Das ist ihm noch wichtiger als Gold.*

U.D.: Geh weiter zu einer wichtigen Szene in diesem Vorleben als Dragutin.
*Kl.: (zögernd) Leut' kommen, durch einen unterirdischen Gang … Nix Gutes.*
U.D.: Was geschieht?
*Kl.: (langsam) Sie haben ganz kleine Kinder bei sich; einen Buben und ein Mädchen …*
U.D.: Und weiter?
*Kl.: Das ist schrecklich, oh, naaa! (Klient wälzt sich auf der Liege. Ich vertiefe die Trance.) Eine Art heilige Messe der besonderen Art, ha, auch der Priester von der Burg ist dabei. Überall schwarze Tücher, schwarze Kerzen. Streue Kräuter in ein Kohlenbecken, Rauch schärft Sinne. Psalmodieren fortwährend vor uns hin … Schwarzer Altar, ein Kreuz … Das hat der Pfaff alles vorbereitet. Die Kinder werden darauf festgebunden. Flöße ihnen Getränk ein, hören auf mit Schreien, endlich! Dann bring ich sie um.*
U.D.: Wie meinst du das?
*Kl.: Auf dem Altar liegt ein Messer, kostbares Heft mit Edelsteinen. Stoße es ihnen direkt ins Herz. Fange Blut von jedem Kind in einem goldenen Kelch auf. Der Pfaff hilft mir dabei.*
U.D.: Wozu macht ihr das?
*Kl.: Wegen der Potenz. Graf trinkt vom Blut, ich mach für ihn Pulver draus, für später.*
U.D.: Wie fühlst du dich als Dragutin bei alledem?
*Kl.: Hab keine Gefühle. S'gibt eh genug Kinder. Kriege Gold vom Graf und auch Juwelen. Manchmal auch eins der Weiber. Bin angesehen und gefürchtet bei allen auf der Burg! (lacht roh) Mein Wort hat Gewicht.*
U.D.: Geh dorthin, wo du aufgehört hast zu fühlen.
*Kl.: (mit hellerer Stimme und in ganzen Sätzen) Ich bin zehn Jahre alt. Meine Eltern bringen mich auf eine Burg als Gehilfe*

*eines Gelehrten. Er ist ab jetzt mein Herr. Er bewohnt einen ganzen Turm. Bin fürs Feuer zuständig und trage Wasser und solche Dinge. Er hat drei junge Hunde. (freudig) Die darf ich füttern und mit ihnen spazieren gehen. Sie sind ganz lieb und spielen drollig, und sie schlecken mir die Hände und das Gesicht ab. Wir sind Freunde.*

U.D.: Und dann? (wird unruhig, ich vertiefe nochmals die Trance.)

*Kl.: Der Meister macht Experimente mit zweien der Hunde. Er tropft ihnen eine Tinktur in die Schnauzen. Plötzlich fallen sie übereinander her und beißen sich wild, einer stirbt dabei. Der andere hat Schaum vor dem Maul und würgt und spuckt und dann fällt er wie tot um. Aber er atmet noch ein wenig. Der Herr meint, es sei zu viel Mittel gewesen. Ich pflege den Hund gesund.*

U.D.: Geh zur nächsten Szene, die wichtig für dich ist.

*Kl.: Wie ich in den Turm komme, hat er die zwei Hunde an den Pfoten aufgehängt, sie bellen und winseln, als sie mich sehen. Der Meister sagt, ich soll ihnen die Herzen herausschneiden, bei lebendigem Leib. Ich weine und flehe ihn an, aber er lacht mich nur aus. Ich kann es nicht tun. (keuchend) Jetzt prügelt er mich mit einem Stock, bis ich bewusstlos bin. Als ich zu mir komme, hängen die Hunde immer noch dort, sie röcheln. Dann verstümmelt er einen der Hunde mit dem Messer, aber er lebt noch. Es ist grauenvoll. Ich muss mich erbrechen, aber er zwingt mich hinzuschauen. Sobald ich wegschaue, schlägt er auf mich ein. Sagt, Gefühle sind etwas für Schwache, damit erreicht man nichts im Leben. Besitz und Macht, nur das sei wichtig. Schließlich bin ich bereit, den Hunden das Herz rauszuschneiden, so sind sie zumindest erlöst. Später wiederholt er das mit anderen Tieren und auch mit Menschen, für Experimente. Empfinde nichts mehr dabei ... habe aufgehört mit Nachdenken und Mitleid.*

U.D.: Warum läufst du nicht weg?
*Kl.: Eltern sagten, muss dem Meister bedingungslos gehorchen. Er ist sehr angesehen. Alle tun, was er will ... sogar der Burgherr. Und er schenkt mir schöne Kleider und Silberstücke.*
U.D.: Wie geht dein Leben zu Ende?
*Kl.: Ich werd' recht alt, fast vierzig. Eine Seuche. Die Leute haben überall Beulen, grausig. Es erwischt auch mich. Bei mir fängt's am Bauch und an den Füßen an. Ich mach ein End', schmerzlos. Hab ein Kraut dafür.*
U.D.: Fühle, wie du deinen Körper verlässt.
*Kl.: Durch den Mund, es geht schnell.*
U.D.: Wie geht es weiter?
*Kl.: (erstaunt und wieder in anderer Sprechweise) Ich kann mich nicht von der Burg lösen ... bleibe in diesen Verliesen.*
U.D.: Wie lange und warum?
*Kl.: Sicher 300 Jahre (Pause). Uuh, was war ich für ein Mensch als Dragutin ... (schluchzt) Jetzt kann ich's voll fühlen ... Ich bin ein Ungeheuer ... (ächzend) Um mich herum sind lauter Fratzen (schlägt mit den Armen um sich). Entsetzliche Szenen, direkt vor meinem Gesicht, kann sie nicht verscheuchen. Es bedroht mich, umschlingt mich ... (schreit und krampft sich wimmernd zusammen) Wähh! Hab rasende Angst, möchte fliehen. Aber ich kann nicht von hier weg.*
U.D.: Gehe weiter, dorthin, wo es dir gelungen ist.
*Kl.: Etwas zieht mich fort, in grauen Nebel hinauf. Gott sei Dank! (Pause)*
U.D.: Was kannst du für dein aktuelles Leben als Alois aus all diesen Erfahrungen lernen?
*Kl.: So viel! Ich habe eine endlos lange Zeit in diesen Verliesen bereut, das war gut, da habe ich wieder zu mir gefunden ... Aber dann ... Was war ich undankbar als Alois! Dass ich überhaupt nochmals eine Chance bekommen hab ... überhaupt leben darf!*

*Ich möchte Gott um Vergebung anbetteln. (weint wieder schluchzend)*
U.D.: Lass dir Zeit dafür. (Pause) Geh wieder in Kontakt mit deinem Seelenführer. Ist er da?
*Kl.: Ja, jetzt ist er eine goldene riesige Kugel! (überrascht) Er zeigt mir die Leute in der Firma, die ich so fies behandelt hab, (aufgeregt) und meinen Vati!*
U.D.: Was ist mit ihm, lebt er noch?
*Kl.: (schluckt) Ja, schon. Aber in einem Altersheim und ganz arm und vereinsamt. (langsam) Ich soll mich um ihn kümmern und wieder richtig arbeiten gehen, meinen Charakter verbessern ... gerecht zu den Menschen sein ... viel Gutes tun, auch für Tiere und den Umweltschutz. Das hab ich alles damals mit Isabel getan ... Ja, und beten auch.*
U.D.: Das sind doch Erkenntnisse! Lass sie tief auf dich wirken. Nimm ein paar tiefe Atemzüge. (Pause) Was nimmst du wahr?
*Kl.: Mein Seelenführer schwebt zum Himmel hinauf. Ohhh, da kommt die Isabel ... strahlend, wie aus Licht! Sie umarmt mich ... (nach längerem Weinen) Sie sagt mir, ich werd keine Kinder haben in diesem Leben, aber vielleicht später noch einmal eine Frau. Es liegt an mir, wie es weitergeht. Isabel möchte, dass ich glücklich bin. Sie unterstützt mich, kommt in Träumen zu mir und gibt mir Eingebungen ... Aber das funktioniert nur, wenn ich selber heller bin.*
U.D.: Du stotterst nicht mehr. Gibt es etwas, das wir tun können, damit das auch nach der Sitzung so bleibt? Was meint dein Seelenführer dazu?
*Kl.: Ich weiß es auch selber. Das Stottern bleibt weg, wenn ich ein gutes Leben führe. Sonst kommt's wieder ... Mein Seelenführer bringt mich an einen ganz besonderen Ort. Da plätschern lauter Farben von oben in ein großes Becken. Ich stell mich drunter, bin wie ein schwarzer, gestauchter Klotz aus Hartgummi ... Die*

*Farben berühren mich ganz fein, es macht mich weicher! Jetzt gleite ich weg, in ein Rohr hinein, werd lang gezogen.*
U.D.: Wie geht es dir dabei?
*Kl.: Das lässt sich kaum beschreiben ... Am Hals und in der Brust wird's wellig, bis zu den Schultern. Meine Stirn vibriert, wie wenn eine Hummel drin herumsummt.*
U.D.: Lass dir die nötige Zeit für diese wichtige Reinigung und genieße es!
*Kl.: (nach längerer Pause) Ich schau jetzt ein bisserl heller aus.*
U.D.: Kannst du dort bleiben, bis du ganz hell geworden bist?
*Kl.: Das geht nur durch gute Taten! Ich fließe aus dem Rohr heraus in die kühle Luft ... Ein nasser dunkelgrauer Vorhang, der im Wind flattert. Nimmer ganz so schmutzig. (lächelt zaghaft) Der Sonnenschein trocknet mich. Jetzt bin ich noch eine Spur heller.*

Das dunkle, schmutzige Grau weist darauf hin, dass es sich bei Dragutin um eine Seele handelt, die noch nicht viele Erfahrungen auf der Erde gesammelt hat und dabei gegen die Absichten ihrer Seele handelte. Die Farbe einer »Anfängerseele« wäre sonst strahlend weiß oder strahlend grau ohne Verunreinigungen.

*Kl.: Isabel nimmt mich bei der Hand. Wir fliegen in den Farben ganz schnell hinauf ... Da ist ein Tunnel, wie ein Trichter wird er immer breiter. Hinten wird's extrem hell ... Dort warten viele Seelen. Isabel verabschiedet sich von mir und fliegt hinein. Das macht mich traurig, ich würde so gerne mit ihr gehen.*
U.D.: Kannst du sie nicht noch ein Stück begleiten?
*Kl.: Die Energie wäre viel zu intensiv für mich ... vielleicht später mal ... Mein Seelenführer bringt mich auf eine Blumenwiese, da soll ich mich ausruhen. Ich setze mich ins Gras und schaue die vielen bunten Blumen an.*

U.D.: Wie fühlst du dich dabei?
*Kl.: Merkwürdig ... Ich kann die Seelen der Blumen fühlen, habe eine ganz starke Verbindung zu ihnen ... Da ist so viel Liebe ... Die Blumen beginnen zu leuchten und verströmen einen Hauch, und ein lieblicher Klang ertönt ... Das ist der Atem ihrer Seele.*
U.D.: Wie schön! Und du? Wie nimmst du dich wahr?
*Kl.: (ergriffen) Meine Seele ist voller Liebe. Ich gehöre auch zu dieser Liebe. (Pause) Mein Seelenführer ist wieder bei mir, diesmal mit einem hellen Umhang bekleidet, ich glaube, es ist gut. Wir können die Sitzung beenden. (lebhaft) Moment, er öffnet den Umhang und zeigt mir eine Skulptur! Oh, sie wird lebendig, wie eine Filmszene: Ein Mann führt eine Gruppe Menschen und verschiedenste Tiere durch ein ödes Land. Alle sind zerschunden, einige schwer verletzt und werden von anderen getragen oder auf Karren gezogen. Der Mann spricht den Menschen und Tieren unablässig Mut zu ... Er bringt sie zu hellen Hütten, die stehen in bunten Blumenwiesen. Dort sind alle geborgen und können sich endlich ausruhen und gesund werden. (flüstert) Das ist ein Symbol für mich: mich selbst zu heilen und dann anderen dabei zu helfen. Das geht nur durch Liebe.*

Der Seelenführer hat den Überblick, wo die ihm anvertraute Seele in ihrer Entwicklung steht, und lässt bei den Rückführungssitzungen nur das zu, was er für angemessen und hilfreich hält. Da gibt es keinen Irrtum, und da lässt sich auch nichts puschen. Jede Sitzung endet positiv in der heilen, liebevollen spirituellen Welt, und jeder Klient geht daraus getröstet und gestärkt hervor. Das ist besonders wichtig, wenn der Klient in seinem Vorleben – sei es als Täter oder als Opfer – etwas Furchtbares erlebt hat.

Ungute Geschehnisse aus dem Vorleben werden einem Klienten deshalb gezeigt, weil sie ihn in seinem heutigen Leben auf unbewusster Ebene negativ beeinflussen und seine Weiterentwicklung behindern. Somit kann er davon lernen und frei werden.

In der spirituellen Welt erhalten die Klienten gelegentlich ein Symbol, um etwas auf diese Weise noch besser verstehen und verarbeiten zu können. Es kann sehr unterstützend sein, sich in dieses Symbol, auch im Alltag, immer mal wieder innerlich zu vertiefen.

## Karma-Coaching-Übung 2
## Gutes Karma schaffen

### Den eigenen Lebensfilm anschauen

**Führen Sie bitte** zuerst die Basisübung »Den Energielevel anheben« durch.

**Nehmen Sie dann** weiterhin ruhige, tiefe, lichtvolle Atemzüge, um die Trance beizubehalten.

**Lassen Sie vor** Ihren inneren Augen nun eine Leinwand auftauchen. Darauf läuft Ihr Lebensfilm. Vielleicht können Sie ihn genau sehen oder Sie wissen einfach, was geschieht, das ist genauso richtig. Sie sind der Hauptdarsteller und gewinnen einen tiefen Einblick in Ihr ganzes bisheriges Leben – mit Ihren guten und schlechten Gedanken, Gefühlen und Taten gegenüber sich selbst und anderen Menschen, Tieren und der Umwelt. Lassen Sie jeden der folgenden Abschnitte Ihres Lebensfilms in Ruhe auf sich wirken.

**Sie sehen auf** der Leinwand die erfreulichen Szenen mit Menschen und Tieren, die Sie gut behandelt haben. Sie machen die wunderbare Erfahrung, wie gut es anderen und auch Ihnen tut, wenn Sie sich mitfühlend, selbstlos, liebevoll, tröstend, großzügig, mutig, tolerant, verzeihend, dankbar, hilfsbereit und aufbauend verhalten haben.

**Nun zeigen sich** auf der Leinwand Szenen, wo Sie sich in Ihrem bisherigen Leben zu stark anderen Personen und vorherrschenden Gruppenmeinungen und Verhaltensweisen angepasst haben. Was kommen für Bilder? Woran werden Sie erinnert?
**Dann sehen Sie** Menschen, die Sie abgelehnt, ausgenutzt, lieblos behandelt oder verspottet haben: Konkurrenten vielleicht oder Menschen, die in irgendeiner Weise aus der Norm fielen. Wie sind Sie mit früheren Freunden oder Partnern umgegangen, mit denen die Beziehung nicht hielt? Vielleicht waren Sie wütend auf das Baby Ihrer Nachbarn, das nachts laut weinte. Oder Sie redeten schlecht über eine Freundin. Vielleicht kommen Ihnen aber auch Tiere aus der Massentierhaltung in den Sinn, deren Fleisch Sie später gegessen haben.
**Sie erkennen an** Ihren individuellen Bildern und Erinnerungen, wo anderen Menschen, Tieren und der Umwelt direkt oder indirekt durch Sie Leid widerfuhr oder jedenfalls nicht das Gute geschah, was hätte geschehen können, wenn Sie sich anders verhalten hätten.
**Sie wissen:** Auf all diesen Gebieten sollten Sie dazulernen. Was könnten Sie tun, um insgesamt freundlicher, toleranter, offener und liebevoller zu werden? Schreiben Sie Ihre Erkenntnisse diesbezüglich auf!
**Nun wenden Sie sich** wieder Ihrer lichtvollen Seite zu: Wo sind Sie bei Unrecht oder Grausamkeiten eingeschritten, haben Bequemlichkeit, Gewohnheiten, Egoismus und Angstgefühle überwunden und sich für andere Menschen eingesetzt? Wo haben Sie auf die Stimme Ihres Gewissens und Ihres Herzens gehört? Wo haben Sie Tiere und die Umwelt geschützt? Auf welchen Gebieten haben Sie dazugelernt? Wo haben Sie sich gegen liebloses Verhalten eines Menschen oder einer Gruppe, der Sie angehörten, gestellt?
**Schreiben Sie auch** diese Erkenntnisse auf und genießen Sie die wunderbare Gewissheit, Ihr Leben so gut genutzt zu haben!

**Schreiben Sie abschließend** noch Ihre Antworten auf folgende Fragen auf: Woraus beziehen Sie Ihren Selbstwert? Haben Sie eigene ethische Werte in sich gefunden und leben Sie danach oder verhalten Sie sich eher fremdbestimmt? Stehen Sie zu sich und Ihren lichtvollen Überzeugungen und bringen Sie diese in Ihr Umfeld und Ihre Gruppen ein? Oder passen Sie sich zu stark anderen Personen und vorherrschenden Gruppenmeinungen und Verhaltensweisen an?

**Sie können jetzt** die Zusammenhänge und Gründe vieler Geschehnisse und Gegebenheiten Ihres Lebens nachvollziehen. Sie sehen auch, welche Richtung Sie insgesamt eingeschlagen haben und wie es wahrscheinlich weitergehen wird, wenn Sie weitermachen wie bisher. Was möchten Sie beibehalten, was sollten Sie ändern?

**Seien Sie** so achtsam und ehrlich wie möglich und schreiben Sie all Ihre Erkenntnisse auf.

### *Selbstcheck: Karma auf der Waagschale*

**Stellen Sie sich nun vor,** Ihre guten und schlechten Taten liegen auf zwei Waagschalen. Wie viel gutes Karma und wie viel schlechtes Karma haben Sie in Ihrem bisherigen Leben zum Thema »Eigene Werte, Gruppenverhalten und Umgang mit anderen« angesammelt? Welcher Teil überwiegt? Was ist das Positive, das Sie aus einer schwierigen Situation zu diesem Thema lernen können? Was könnten Sie konkret tun, um schlechtes Karma abzubauen und gutes zu vermehren? Beginnen Sie noch heute damit!

**Wiederholen Sie** bei Bedarf die Basisübung »Den Energielevel anheben«, bis Sie sich wieder wohl und voller Licht, Ruhe und Frieden fühlen.

# Heilung von karmischen Wunden

*Damit karmische Wunden heilen können,
müssen wir bereit sein, seelisch zu reifen.*

Jeder Mensch macht auch Erfahrungen, die ihn seelisch verwunden. Damit diese Wunden heilen können, muss er an damit verbundenen wichtigen Erkenntnissen reifen. Stirbt er, bevor er seinen Kummer verarbeiten konnte, muss er diesen Prozess in einem weiteren Leben leisten. Auch die Weigerung, sich konstruktiv mit einer bestimmten schmerzvollen Erfahrung auseinanderzusetzen, bindet ihn karmisch an das Geschehene. Manchmal bleibt jemand emotional in einer schlimmen Erfahrung stecken, sodass er innerlich immer wieder die gleichen schrecklichen Erlebnisse nachempfindet, aber sich nicht tiefer einlassen und sie dadurch auch nicht verarbeiten kann.

Wenn schmerzvolle Erfahrungen nicht verarbeitet werden, wird der Betreffende vielleicht ohne äußeren Grund depressiv oder krank, rastlos und unzufrieden oder er zieht durch sein verschattetes Energiefeld weitere negative Geschehnisse an, die zu zusätzlichen seelischen Verletzungen führen können.

## Was bewirken Liebe und Vergebung?

Das Aufarbeiten alter karmischer Wunden ist sehr wichtig, um voranzukommen. Seelische Verletzungen heilen durch Erkenntnis, Mitgefühl, Verzeihen und Liebe. Es spielt dabei keine Rolle, ob man das Opfer oder der Täter war, denn beide sind seelisch verletzt!

Liebe ist viel stärker als Hass. Sie bringt Verständnis und Verzeihen, denn sie gründet im Einssein. Verzeihen macht frei, dadurch entwickelt man sich aus belastenden Situationen heraus. Dann erst kann man sich von einer damit verbundenen Person lösen, wenn man das wünscht, ohne weiterhin emotional belastet und karmisch an sie gebunden zu sein. Das schlechte Karma der anderen Person bleibt davon unberührt, das kann nur sie selbst abbauen.

Verzeihen bedeutet nicht, dass man sich nicht wehren und nach Möglichkeit andere in ihrem verletzenden Tun stoppen darf und soll. Aber man sieht hinter allen Verirrungen eines Menschen das Licht seiner göttlichen Seele.

## Warum lässt Gott Schmerz zu?

Manch einer wendet sich nach einem Schicksalsschlag oder einem Unrecht, das ihm widerfahren ist, bitter enttäuscht von der spirituellen Welt ab. Er glaubt, die höheren Mächte hätten ihn im Stich gelassen. Aber Gott ist nicht außerhalb von uns und führt auch nichts Böses gegen uns im Schilde. Bedauerlicherweise machen viele Menschen bei schmerzvollen Erfahrungen innerlich dicht. Statt an Weisheit zu gewinnen, verschließen sie sich vor der Liebe und den Erkenntnissen, die ihre Wunden heilen könnten, und vermehren dadurch ihren Kummer und auch ihr schlechtes Karma.

Gott ist nicht für unser Elend verantwortlich. Wir haben einen freien Willen, was uns leider viel zu oft dazu bringt, uns gegen die göttliche Ordnung zu stellen. Seit Urbeginn kommen dadurch die Finsternis der Unbewusstheit, die Getrenntheit, das Böse und das Leid in die Welt – und damit auch das Karma. Dieses Gesetz des Ausgleichs hat zum Ziel, uns Menschen zur Erkenntnis des Einsseins und zur allumfassenden Liebe des göttlichen Lichts zurückzuführen.

**Bringen Sie Ihre heilsamen Gaben in die Welt!**

Schauen Sie sich selbst im Spiegel liebevoll in die Augen, so wie Sie Ihre allerbeste Freundin, Ihren allerbesten Freund in besonderen Momenten aus dem Herzen heraus anschauen und in seiner Seele erkennen. Nehmen Sie das wunderbare Einmalige wahr, das Sie ausmacht. All die Güte, Liebe, Freude, Weisheit, Kreativität, Schönheit und das Licht, die immer in Ihnen sind.

Machen Sie sich bewusst, dass Sie genau das ausstrahlen können und sollten. Leben Sie danach! So können Ihre inneren Wunden heilen.

## Lernen durch Kummer und Leid?

Ohne Zweifel sind Schicksalsschläge und schwere Krankheiten eine sehr große Prüfung. Trotzdem: Alles, was uns widerfährt, passt maßgeschneidert zu uns und möchte uns herausfordern, uns weiterzuentwickeln. Um unsere Lebensaufgaben erfüllen und lichtvoll auf unsere Umgebung einwirken zu können, ist es unumgänglich, dass wir nicht in Leid und Verletzung stecken bleiben. Das gleiche Schicksal kann für jeden Betroffenen eine andere Botschaft enthalten.

Zum Beispiel bei einer schweren Erkrankung: Ein Mensch könnte seinen gesunden Körper zu sehr als Selbstverständlichkeit hingenommen, ihn stark vernachlässigt und überfordert haben – und deshalb wurde er krank. Er sollte lernen, mehr auf seine Gesundheit zu achten und dafür dankbar zu sein. Ein anderer fügte vielleicht anderen Lebewesen aus Gleichgültigkeit oder Grausamkeit Schmerzen zu. Und nun ereilt ihn sein

Karma in Form einer schlimmen Krankheit, sodass er am eigenen Leib erfährt, wie schrecklich sich Schmerzen anfühlen – um auf diese Weise zu mehr Humanität zu finden. Oder jemand war in früheren Leben immer stark körperlich orientiert und möchte nun einmal erleben, dass der Körper nicht so gut funktioniert, um sich auf diese Weise emotional und spirituell weiterzuentwickeln. Jedes Schicksal hat einen tieferen Sinn und will dafür sorgen, dass sich der Mensch mit seinem höheren Lebensplan verbindet.

Es gibt keine Situation, aus der wir nicht auch etwas Positives lernen könnten, und wenn es »nur« das ist, dass wir nun wenigstens wissen, wie sich etwas Schreckliches anfühlt, und überlegen, warum es geschah und wie wir so etwas künftig vermeiden könnten.

Die Vergangenheit lässt sich nicht ändern. Aber wir können lernen, unsere Reaktion auf vergangene Begebenheiten zu verändern. Sobald wir das Positive erkennen, das uns belastende Situationen lehren möchten, und es integrieren, können seelische Wunden und manchmal sogar körperliche Symptome heilen. Wir werden zufriedener, auch wenn das in manchen Fällen viel Zeit in Anspruch nehmen kann.

## Fallbeispiel 3:
## Hua H. – Weiße Lilien in Vietnam

Vor und nach einem Rückführungs-Workshop, an dem die Vietnamesin Hua teilnahm, standen wir in einem intensiven Briefwechsel und führten Telefongespräche, wodurch ich Huas Lebensumstände etwas näher kennenlernte. Sie hatte den Glauben an das Leben und das Gute im Menschen komplett verloren. Hua sehnte sich nach Trost und Heilung, hatte aber furchtbare Angst davor, wieder enttäuscht zu werden.

Die ersten Jahre ihres Lebens verbrachte Hua in Vietnam. Sie hatte aber keinerlei bewusste Erinnerungen mehr an diese Zeit. Leider waren alle Aufzeichnungen, die vielleicht noch dazu vorhanden gewesen wären, bei einem Bombenangriff zerstört worden. Das kleine Mädchen wurde mit fünf Jahren zur Adoption nach Deutschland vermittelt. Als Adoptivkind freundlicher Eltern ging es ihr zuerst gut, aber mit acht Jahren erkrankten die Pflegeeltern und konnten sich über längere Zeit kaum um die Kleine kümmern. Ihr bester Freund und Herzenstrost war eine rote Katze. In dieser Zeit wurde Hua vom älteren Sohn der Pflegeeltern und dessen Freunden mehrfach sexuell missbraucht. Sie sagten dem kleinen Mädchen, dass sie es und auch ihre Katze töten würden, wenn sie zu irgendjemandem auch nur ein Wort darüber verlieren würde. Um ihrer Drohung Nachdruck zu verleihen, verstümmelten sie ihrer Katze eine Pfote und erstickten das Kind mit einem Kissen fast bis zur Bewusstlosigkeit. Hua wurde immer mehr zu einem äußerst verschlossenen, ängstlichen Kind. In der Jugend begann sie, ihre Haut blutig zu ritzen.

Anfang zwanzig folgte sie einem Vietnamesen zurück nach Vietnam. Chu tat ihr gut. Er war ein liebevoller, fürsorglicher Mann, der stets für Hua da war. Er warb um sie, aber die Beziehung ging nie über eine Freundschaft hinaus, denn Hua fand ihn in seiner äußeren Erscheinung zu durchschnittlich und zu wenig männlich. Erst als Chu plötzlich an einem Unfall starb, wurde Hua bewusst, was für ein wundervoller Mann er war. Sie wollte ohne ihn nicht mehr leben, hörte auf zu essen und zu trinken, wurde sehr krank und schließlich als Notfall ins Krankenhaus eingeliefert. Sie erlebte sich als bereits aus dem Körper herausgetreten und schwebte hinauf in Richtung eines gleißenden Lichts, das sie anzog. Darin erschien ihr der verstorbene Chu, und Hua wollte überglücklich zu ihm gehen. Da trat an der Schwelle des Todes eine Lichtgestalt hinzu, die ihr mitteilte, dass der Zeitpunkt, nach Hause zu gehen, noch nicht für sie gekommen sei, und sie sanft in ihren Körper zurückbrachte.

Später vertraute Hua dem Arzt in der Klinik ihr Nahtoderlebnis und ihre Todessehnsucht an, und er berichtete ihr von spirituellen Rückführungen nach Dr. Michael Newton, die er selbst in den USA erlebt hatte. Er ließ sie wissen, dass er dabei innerlich im Jenseits ähnliche Dinge wie Hua bei ihrem Nahtoderlebnis und noch viel mehr Wunderschönes und Wichtiges für sein Leben erfahren habe. Vielleicht sei das auch etwas für sie. Hua recherchierte nach Adressen im Internet und ein halbes Jahr später nahm sie an einem meiner Workshops im Salzburger Seenland teil. Bei der Gruppenrückführung durchs heutige Leben gelang es ihr, sich an Szenen aus ihrer frühen Kindheit zu erinnern, zu denen ihr bislang der Zugang versperrt war. Hua hat mir freundlicherweise für dieses Buch ihre detaillierten persönlichen Aufzeichnungen zukommen lassen, die ich hier auszugsweise zitiere:

»Da scharren Hühner auf einem Hof in Abfällen. An einer Feuerstelle in einem Loch im Boden rührt eine Frau in einem Topf, es duftet fein. Sie ist meine Mama. Sie sieht ganz jung und wunderhübsch aus, mit langen schwarzen Haaren. Ich liebe sie sehr.

Die nächste Szene ist furchtbar traurig: Soldaten kommen, sie nehmen meinen Papa mit, drücken ihm ein Gewehr in die Hand. Er sieht auch ganz jung aus und sehr mager. Meine Mutter weint und klammert sich an Papa, er hält uns lange fest an sich gepresst, dann fährt er mit den Soldaten in einem offenen Auto weg.

Das Nächste, was ich sehe, sind lauter zertrümmerte Häuser. Ich suche Mama, habe wahnsinnige Angst. Frauen kommen, sie bringen mich weg in ein Haus mit ganz vielen Kindern, alle ohne Eltern.

Nachtrag: Ich bin sehr traurig über diese Erinnerungen und sehr froh zugleich. Denn ich habe meine wirklichen Eltern sehen können und weiß, dass sie mich lieb hatten.«

Hua war sehr gespannt, was ihr die Gruppenrückführung in Vorleben zeigen würde. Auch darüber schrieb sie mir:

»Zuerst ist es nur nebelig, ich kann nichts erkennen und auch nichts fühlen. Dann sehe ich mich plötzlich in einem Garten unter einem Baum stehen. Es ist kalt, aber ich bin dick angezogen, sehe aus wie eine Puppe. Ich bin in Japan, mir kommt die Jahreszahl 900 in den Sinn, in einer bergigen Gegend. Ich bin ein Mädchen von neun Jahren. Man nennt mich Wami oder so ähnlich. Ich wurde einem vornehmen, reichen, älteren Herrn zur Frau gegeben. Darauf wurde ich schon, so lange ich lebe, vorbereitet. Es ist eine große Ehre für mich und meine Eltern. Sie sagten, dass ich sehr reich sein werde, wenn der Mann gestorben sei. Aber bis dahin bin ich dafür da, ihm Freude zu bereiten. Ich muss mit ihm schlafen, so gut es geht, denn mein Körper ist noch nicht reif dafür. Es tut mir weh, und ich fürchte mich vor dem Mann, doch das ist unwichtig und darf nicht gezeigt werden. Der Mann hat auch Nebenfrauen, aber diese wohnen an anderen Orten. Ich bin immer froh, wenn er zu ihnen reist. Ich darf in einem kleinen Garten spazieren, dort gibt es rote Fische in einem Teich. Das ist schön.

Als ich dreizehn Jahre alt bin, sagen mir die Dienerinnen, dass der Mann plötzlich gestorben sei. Sie weinen und klagen, aber ich bin nicht traurig, nur verwirrt, weil ich nicht weiß, wie es jetzt mit mir weitergeht. Meine Eltern hatten mir gesagt, dass ich, wenn ich älter bin, darin unterwiesen werden würde, meine eigenen Reisfelder zu verwalten. Ab dann sei ich viel unabhängiger und dürfe auch reisen. Vielleicht geschieht das jetzt.

Nach einigen Tagen werde ich von Dienerinnen in einen wunderschönen Raum gebracht. Dort knien mehrere edle Herren, die Verwandten meines Mannes, um einen niedrigen Tisch. Ich verbeuge mich, werfe mich zu Boden und wage nicht mehr aufzusehen. Ein Herr spricht zu mir, ich schaue auf und sehe, wie er einem Diener ein Zeichen gibt. Der bringt mir eine Schale mit einem heißen Getränk. Ich trinke es, das ist eine Ehre für mich. Plötzlich dreht sich alles um mich herum. Aus weiter Ferne höre ich, wie einer der Herren mir mitteilt, dass mein verstorbener Mann auf mich wartet. Ich müsse ihm folgen … Das wiederholt er ständig … Und ich soll mich meines Mannes würdig erweisen … Er gibt mir ein Zeichen, aufzustehen, und deutet auf ein Messer in einer offenen Lackschatulle. Es liegt auf einem bestickten Kissen. Dann führt mich ein Diener in einen anderen Raum. Er stützt mich, denn ich schwanke. Alles ist wie in Nebel gehüllt.

Ich kann nicht richtig stehen und sinke auf die Knie. Das Kissen mit dem Messer liegt neben mir. Ich habe verstanden … ramme mir das Messer in den Magen und schreie dabei fürchterlich laut, obwohl man mich lehrte, immer nur leise zu sein.

Das Nächste, was ich sehe, ist ein durchsichtiger, schemenhafter Palmenstrand. Es ist warm, und die Meereswellen plätschern sanft. Ich fühle mich sehr wohl. Dann schaue ich herum, ob ich meinen Mann irgendwo sehe, aber es ist niemand da. Ich lege mich in den Sand und schlafe ein. Als ich aufwache, sitzt ein leuchtendes Wesen neben mir. Langsam erinnere ich mich wieder: Das ist Ru, mein Seelenführer! Ich bin so glücklich, ihn wiederzusehen, und umarme ihn stürmisch!

Ru befragt mich zu diesem Vorleben in Japan. Ich erzähle, dass ich mich wie in einem engen goldenen Käfig fühlte. Alles war von Männern bestimmt und genau festgelegt. Im Vergleich dazu bin ich als Hua frei. Aber auch in meinem heutigen Leben hatte ich als Kind Missbrauch durch Männer erleben müssen. Interessanterweise habe ich auf dem Magen ein rotes Mal, solange ich denken kann. Bisher hatte es sich nie bemerkbar gemacht, aber als ich mich als Wami erstechen musste, brannte es in der Rückführung wie Feuer, und auch meine Magenschmerzen waren plötzlich da, obwohl ich nichts Falsches gegessen hatte. An denen leide ich, wenn ich nicht strikte Diät halte.

Nachtrag: Einige Zeit nach dem Workshop registrierte ich, dass mein Magen seither völlig in Ordnung ist, sogar Gurkensalat und Paprika kann ich wieder essen!«

Bei Dr. Michael Newton lernte ich, dass Verletzungen aus einem Vorleben, die damals nicht geheilt wurden oder deren tieferen Sinn der Mensch in seinem Vorleben nicht begriffen hatte, in einem späteren Leben im Körper als Narben, Flecken oder schmerzende Stellen wieder auftauchen können. Es ist möglich, dass sie sich durch die Erkenntnis der Ursachen desensibilisieren. Manchmal bedarf es dafür auch spezieller Techniken.

Einige Zeit nach dem Workshop lernte Hua in Vietnam einen gut aussehenden Mann kennen, mit dem sie sich einließ und ein Kind bekam. Es war keine gute Beziehung; ihr Partner entpuppte sich schon bald als Macho und ziemlich gefühlsarm, auch dem Kind gegenüber. Sie lebten in der Nähe eines Schlachthofes. Hua hörte die Tiere je nach Windrichtung in ihren Qualen schreien und röcheln. Einmal war ihre Verzweiflung darüber so groß, dass sie zum Schlachthof rannte und die Arbeiter anflehte, die Schlachttiere besser zu behandeln. Aber sie jagten sie nur schimpfend davon, und ihr Partner lachte sie daheim aus. Sie begann wieder, sich an Armen und Beinen zu ritzen.

Der Schmerz gab ihr ein Gefühl, »am Leben zu sein und die Kontrolle zu behalten, und gleichzeitig bestrafe ich dadurch mich und die anderen«. Hua überlegte, wie sie den Tieren helfen könnte. Sie beschloss, in ihren eigenen Handlungen konsequenter zu sein, hörte auf Fleisch zu essen und trennte sich von ihrem lieblosen Partner. Das tat ihr gut, und sie schaffte es, mit dem Ritzen wieder aufzuhören.

Dann aber bekam ihr zweijähriger Junge eine gefährliche Krankheit. Er überlebte als einer der wenigen in der Gegend, musste aber, da die Krankheit ansteckend war, zur weiteren Beobachtung in einer Art Ghetto untergebracht werden. Dort befanden sich hauptsächlich an Aids erkrankte Kinder und solche von Prostituierten, um die sich keiner kümmern wollte. Sie lebten unter fürchterlichen Umständen. Hua war erschüttert. Sie beschloss, ehrenamtlich mitzuhelfen, um bei ihrem Sohn bleiben zu können und den Kindern ein wenig Trost und Freude zu bringen. Sie sprach mit den älteren Kindern auch darüber, dass jedes Leben, und sei es noch so kurz, durch Nächstenliebe und Freude einen tieferen Sinn bekommt, der nach dem Tod weiterwirkt und bis ins nächste Erdenleben hineinreicht. Hua ermunterte die Kinder, ihre Hoffnungen und schönsten Träume für ein Zukunftsritual zu zeichnen. Danach verbrannten sie gemeinsam die Zeichnungen und stellten sich vor, dass all diese schönen Träume in einem nächsten Leben für sie Wirklichkeit werden.

Als ihr Sohn nach einem halben Jahr starb, war Hua zutiefst traurig. Aber durch ihren Glauben an das Weiterleben der Seele konnte sie gefasster mit dem Tod ihres Kindes umgehen. Sie legte ihm nach Landessitte weiße Lilien in das sonst öde Grab und tat das von da ab auch bei den vielen anderen Kinderbeerdigungen, die dort stattfanden. Weiße Lilien waren für Hua ein Sinnbild der Schönheit und Reinheit der unsterblichen Seele, trotz aller körperlichen Krankheiten und der Vergänglichkeit.

Fast täglich lagen neue, meist an Aids erkrankte kleine Kinder vor dem Tor. Hua redete mit vielen Prostituierten über diese entsetzliche Situation. Die meisten der Freier sind Touristen und haben zu Hause eine Freundin oder Frau und Kind. Hua drängte die Prostituierten, von den Männern zu verlangen, Kondome zu benutzen. Aber immer bekam sie dieselbe Antwort: »Ein geiler Freier will das nicht.«

Hua beschloss, zurück nach Deutschland zu ziehen, wo sie nach einiger Zeit zu einer Einzelrückführung zu mir kam. Sie wollte noch mehr über ihre eigene Bestimmung und ihre Lebensaufgaben erfahren. Hua erlebte sich in dem Vorleben, auf das wir bei dieser Sitzung stießen, auf einem Zweimaster-Segelschiff Ende des 16. Jahrhunderts in der Nähe der spanischen Küste:

*Kl.: Über mir machen sich viele Männer fieberhaft an den Segeln zu schaffen. Es kam plötzlich ein kleineres Segelschiff auf uns zu, das war in einer Bucht versteckt. Die feuern Kanonen auf uns ab! Wir sind schneller, weichen aus ... Da, ein Treffer voll in die Seite! Sie kippen um, sinken ... eine riesige Wasserfontäne!*
U.D.: Wer bist du?
*Kl.: Engländer, William. Wir plündern Schiffe im Auftrag der Krone. Der Krieg ist vorbei, hat enorm viel Geld gekostet; England braucht dringend Geld! (lacht) Aber wir geben denen nicht alles ab.*
U.D.: Wie siehst du aus?
*Kl.: Groß, kräftig, trage weite helle Hosen, Gürtel, einen dunklen Rock darüber, und ich habe einen schwarzen Hut auf dem Kopf. Heute Nacht wird gefeiert, wir gehen an Land. Da ist ein Dorf. Die Männer haben wir ja versenkt. (lacht dröhnend)*
U.D.: Geh dorthin und sage mir, wie ihr feiert.
*Kl.: Man empfängt uns ehrerbietig, ein paar alte Männer und*

*Frauen. Die wissen, dass wir sonst alles anzünden. Es gibt Ochsen am Spieß, Brot, Wein, Äpfel, Frauen.*
U.D.: Frauen?
*Kl.: Klar. Die machen das freiwillig, sonst überlebt keine. Aber ich sehe nur ältere. Wo sind die jungen? (brüllt) Ganz die Jungen will ich haben! (Pause)*
U.D.: Weiter! Was geschieht?
*Kl.: Ich pfeife ein paar Männer zu mir, wir gehen auf die Suche, treffen ein kleines Mädchen. Das verrät uns den Weg.*
U.D.: Einfach so?
*Kl.: Müssen ein wenig nachhelfen. Paar Schläge genügen, sie schreit: »Madre, Madre, Madre.« Die stürmt mit einer Hacke in der Hand aus einer Scheune, einer meiner Männer sticht sie nieder. (genüsslich) Ah so, die frischen Blumen haben sich im Heu versteckt. Ich gehe pfeifend hinein, erwische eine an den Haaren, ziehe sie zu mir … Das Luder tritt mir unten rein! Poh, tut das höllisch weh! Ich falle zu Boden, wälze mich vor Schmerz. (Pause) Das lass ich mir nicht gefallen! Ich gebe Befehl, die Scheune zu verschließen. Meine Männer stecken sie in Brand.*
U.D.: Wie geht es dir dabei? Nimm deine Gefühle wahr!
*Kl.: Bin total wütend. Die Eier tun noch immer weh. Die Dorfleute stürmen herbei, mit Äxten und Knüppeln. Diese Narren! Wir schlagen alle tot.*
U.D.: Wie geht dein Leben als William zu Ende? Geh zur letzten Stunde.
*Kl.: Ein paar Monate später. Ich komme aus einer Spelunke, bin stockbesoffen. Es ist Nacht, an einem Hafen. Stolpere über was, falle ins Wasser, zapple … Dann sehe ich mich von außen. Treibe im Wasser wie ein armseliger Lumpensack. Ich will da weg!*
U.D.: Was geschieht weiter?
*Kl.: Ich weiß nicht so recht, wohin, bin etwas orientierungslos. (Pause) Oh, Ru ist wieder an meiner Seite! Wir schweben über*

dem Dorf, da, wo ich alle umbringen ließ ... Ich fühle mich entsetzlich und zutiefst beschämt. Es tut mir unendlich leid, was ich als William getan habe ... Ru fragt mich nach meiner Lebensaufgabe. (schluchzend) Ich sollte mehr über Frauen lernen, eine Familie gründen ... Ich hätte auch nicht in den Kampf ziehen müssen, meine Eltern waren absolut dagegen und warnten mich vor der Gewalt, ich ging freiwillig.

U.D.: Ist das das erste Mal, dass du so gewalttätig warst?

*Kl.: Mein Seelenführer bringt mich in einen Raum, wo auf einer Seite Bilder von Frauen und auf der anderen Seite Bilder von Männern hängen. Es zieht mich sofort zur Männerseite, aber Ru führt mich zu den Frauen. Dort sehe ich ein Bild, das mich als die kleine Japanerin Wami zeigt, und auf einem anderen sehe ich mich selbst im heutigen Leben als Hua ... Ja, jetzt erinnere ich mich: Ich habe das Leben in Japan und mein heutiges Leben als Frau gewählt, weil ich leider selber schon oft zu den Männern gehörte, die Frauen schlimm behandelt haben ... Und das, obwohl ich mir als Seele jedes Mal vornahm, Frauen als gleichberechtigte Mitmenschen zu achten! Durch meine Sturheit und Brutalität in männlichen Körpern geht das anscheinend nur, indem ich es am eigenen Leib erfahre. (atmet tief) Ru schaut mich gütig an. Ich verstehe ihn telepathisch. Er meint, ich soll verzeihen, auch mir ... Jetzt hüllt er mich liebevoll in seine feine Energie ein. (überrascht) Er ist sehr mit mir als Hua zufrieden und lobt mich sogar! Ru weiß, wie sehr ich mich im heutigen Leben bemühe. (weint ergriffen)*

U.D.: Atme tief! Nimm dieses schöne Lob an! (Pause)

*Kl.: Aber es bringt nichts, weiterhin mit den Prostituierten über Kondome zu reden und mit den Arbeitern auf dem Schlachthof ... Wie das Ritzen ... Schmerz, der nichts bringt, alles so trostlos sein lässt, wie es ist.*

U.D.: Was würde etwas bringen?

*Kl.: (nach längerem Nachdenken) Weiterhin tatkräftig helfen ... Vielleicht auch Artikel über diese furchtbaren Dinge schreiben, im Internet oder für Zeitungen ... Ru meint, ich solle auch mir selbst mehr Gutes vergönnen und mich anerkennen. Dann finde ich Lebensfreude ... Hu! Das fällt mir schwer! (plötzlich freudig aufgeregt) Da kommt Chu, mein geliebter Chu! Er schließt mich in seine Arme ... (schluchzend) Ich frage ihn, warum er so bald sterben musste und mich alleine ließ ... Er durfte mir zeigen, dass es auch wunderbare, liebevolle Männer gibt. Männer sind nicht grundlegend schlechter als Frauen.*
U.D.: Das ist auch eine wichtige Botschaft. Nimm einen tiefen Atemzug und verankere sie fest in dir! (Pause)
*Kl.: Chu schwebt wieder weg ... Ru steht vor mir und hält mir einen großen Spiegel hin. Ich kann darin meine Seele sehen. (bedrückt) Wie eine blutbespritzte, bräunlich gelbe Kugel, voller Narben ... So bin ich aus meinem Vorleben als William zurückgekommen. Ich habe andere zerstört und damit meine Seele schwer verletzt. (freudig) Oh, jetzt wird sie heller und schöner.*
U.D.: Warum das?
*Kl.: (berührt) Weil ich als Hua vieles gelernt und besser gemacht habe.*
U.D.: Das ist wundervoll! Kann deine Seele noch mehr heilen? Gibt es etwas, das wir jetzt tun könnten?
*Kl.: Ru nimmt mich bei der Hand und lässt sich mit mir frei ins All hinausfallen! Immer schneller geht es hinaus, hui, was für ein Gefühl! Gigantisch! Jetzt lässt er mich los, ich falle weiter und weiter in den Sternenhimmel hinein ... Eine breite Silberschicht, sie fließt durch mich durch, so kühlend, es kühlt meine Wunden, lindert den Schmerz ... Langsam gleite ich jetzt dahin, in eine andere Richtung, etwas mehr seitlich ... Mein Körper dreht sich, vielleicht um ein Achtel. (atmet wohlig) Ahh, das tut unendlich gut!*

Manchmal berichten Klienten in ihrer Sitzung, dass sie eine leichte Drehung des Körpers registrieren oder eine Richtungsänderung wahrnehmen. Das kann ein Zeichen dafür sein, dass auf der Seelenebene wichtige Veränderungen stattgefunden haben, die auch segensreich ins aktuelle Leben hineinwirken.

U.D.: Fasse nochmals die Erkenntnisse zusammen, die für dein weiteres Leben wichtig sind.
*Kl.: (nach längerer Pause) Mein Seelenführer meint, dass ich auf einem guten Weg sei. Aber ich sollte mich mehr auf Schönes und Heiles konzentrieren. Und wenn ich anderen helfe, es noch mehr aus Liebe tun, nicht aus Verzweiflung ... Dann kann ich sogar noch eine glückliche Liebesbeziehung bekommen. Das wäre eine wichtige Erfahrung, um mich in späteren Leben dann endlich auch als Mann zu beweisen; einer, der Frauen mit Achtung und Respekt behandelt und sie versteht ... So wie Chu.*
U.D.: Bitte Ru um ein Symbol, das dir helfen könnte, diese Erkenntnisse zu verinnerlichen.
*Kl.: Er zeigt mir ein Bild von Chu. Er trägt einen silbrigen Anhänger ... ein Yin-Yang-Zeichen. Die Verschmelzung der Gegensätze. Das Männliche ist auch im Weiblichen, und das Weibliche ist auch im Männlichen. Kein Teil ist wichtiger oder wertvoller als der andere. Sie gehören zusammen.*

## Karma-Coaching-Übung 3
## Mit dem Seelenführer Leid auflösen

### *Heilung durch Verzeihen*

**Beginnen Sie** mit der Basisübung »Den Energielevel anheben«.
**Fahren Sie dann** weiter damit fort, tief Licht einzuatmen, und stellen Sie sich vor, dass Sie in einem wunderschönen Lichtstrahl im-

mer höher hinaufschweben, er zieht Sie nach oben. Es wird immer heller, und die Sie umgebende Energie wird noch feiner und intensiver. Sobald Sie bemerken, dass Sie nicht mehr weiter hochsteigen, bitten Sie Ihren Seelenführer, zu Ihnen zu kommen. Zählen Sie bis drei, und bei drei hält er Sie an der Hand. Sie wissen intuitiv, welche Ihrer Hände er genommen hat. Vielleicht können Sie Ihren Seelenführer fühlen oder sehen – in welcher Gestalt auch immer – oder Sie nehmen ihn als Licht wahr. Vielleicht bemerken Sie auch gar nichts. Vertrauen Sie einfach darauf, dass er bei Ihnen ist und Sie liebt und führt. Ihr Seelenführer hält Sie sicher an der Hand und schwebt mit Ihnen durch den Sternenhimmel. Genießen Sie die Schönheit um Sie herum und auch die wunderbare Ausstrahlung Ihres himmlischen Begleiters.

**Ihr Seenführer** bringt Sie jetzt zu einem Haus mit vielen Stockwerken und Zimmern. Es entspricht Ihren gesamten bisherigen Erlebnissen aus Ihrem heutigen Leben. Wie sieht dieses Gebäude aus? Wie fühlen Sie sich dort? Vielleicht können Sie es genau sehen oder Sie wissen es einfach, das ist genauso richtig. Nehmen Sie immer spontan das Erste, was in Ihnen zum jeweiligen Thema aufsteigt, als gültigen Impuls.

**Zusammen mit** Ihrem Seelenführer schweben Sie in das Dachgeschoss dieses Gebäudes und gleiten in einem Fahrstuhl nach unten und gleichzeitig zurück durch die Zeit Ihres heutigen Lebens. Sie zählen innerlich bis drei, und von allein hält der Fahrstuhl bei einer bestimmten Altersstufe, wo Sie eine für Sie wichtige Situation zum Thema »Seelische Wunden« nochmals erfahren können. Diese kann aus dem Erwachsenenalter, der Jugend oder der Kindheit stammen. Lassen Sie die entsprechenden Erinnerungen auf sich wirken und nehmen Sie dabei auch alle Ihre Gefühle, ob angenehm oder unangenehm, wahr. Ebenso alle Meinungen, Überzeugungen und Verhaltensweisen, die Sie infolge dieses Ereignisses in sich tragen. Sind Sie der Täter oder das Opfer? Hat es zu heutigen Verhaltensweisen und Meinungen geführt, die überholt sind und Sie und andere behindern? Sind Dinge geschehen, die Sie anderen verzeihen sollten?

**Und gibt es etwas**, das Sie sich selbst verzeihen sollten und das Sie auszugleichen und an anderen Lebewesen wiedergutzumachen haben? Suchen Sie so lange, bis Sie fündig geworden sind.

**Schreiben Sie dann** Ihre Erkenntnisse auf.

**Jetzt konzentrieren Sie sich** wieder auf Ihren Seelenführer. Er nimmt Sie behutsam in seine Arme und umhüllt Sie zart mit seiner wohltuenden, göttlichen Energie. Genießen Sie diese wunderbare Unterstützung. Sie hilft Ihnen, sich geliebt und geborgen zu fühlen und mit neuer Zuversicht und Stärke aufzuladen.

**Dies unterstützt** die Heilung Ihrer seelischen Wunden und hilft Ihnen dabei, anderen und sich selbst tief zu verzeihen. Tun Sie das jetzt! Schließen Sie Frieden mit sich selbst, mit anderen und mit Ihrem Leben! Das macht Sie frei. Ihr Seelenführer unterstützt Sie bei dieser wichtigen Heilung.

### *Selbstcheck: Karma auf der Waagschale*

**Stellen Sie sich vor,** Ihre guten und schlechten Taten liegen auf zwei Waagschalen. Wie viel gutes Karma und wie viel schlechtes Karma haben Sie in Ihrem bisherigen Leben zum Thema »Seelische Wunden« angesammelt? Welcher Teil überwiegt? Sind Sie vorwiegend das Opfer oder der Täter? Was ist das Positive, das Sie eine schwierige oder schmerzliche Situation zu diesem Thema lehren möchte? Was könnten Sie konkret tun, um schlechtes Karma abzubauen und gutes zu vermehren? Beginnen Sie noch heute damit!

**Wiederholen Sie** bei Bedarf die Basisübung »Den Energielevel anheben«, bis Sie sich wohl und voller Licht, Ruhe und Frieden fühlen.

# Karmische Lebensaufgaben

*Freude und Begeisterung zeigen uns
den Weg zu unseren Lebensaufgaben
und verleihen uns die Kraft, diese zu erfüllen.*

Je weiter sich ein Mensch spirituell entwickelt, desto mehr erkennt er seine höheren Ziele und Aufgaben im Leben. Durch sein Gewissen und das, was ihm Freude macht, spürt er, was richtig für ihn ist. Anleitungen, Gebote und Verbote von außen verlieren zusehends an Bedeutung. Er geht intuitiv und freudig aus sich selbst heraus den für ihn bestimmten Weg. Gleichzeitig entfalten sich meist auch seine innere Heiterkeit und ein Humor, der vielem die Spitze nimmt und das Leben leichter macht.

## Hat jeder Mensch Lebensaufgaben?

Jeder Mensch hat seine eigenen wichtigen Lebensaufgaben. Sie entsprechen den Zielen seiner Seele für das Erdendasein, um reifer zu werden und das Leben karmisch zu nutzen. Das Erfüllen der Lebensaufgaben ist beglückend und bringt uns bewusst oder unbewusst der Seele näher. Wir sind darin auffallend leistungsfähig, fühlen uns inspiriert und begeistert und handeln mit Herzblut. Dabei geht es viel weniger um die Form als um den Inhalt von dem, was wir tun, und darum, wie wir es tun. Je nach Alters- und Entwicklungsstufe sind das natürlich unterschiedliche Dinge. Lebensaufgaben gehen nie auf Kosten anderer. Manchmal erkennt man seine Lebensaufgaben erst im Nachhinein oder auch nie ganz deutlich; vielleicht weil man sich erst einmal über mehrere Leben darauf vorbereiten muss.

Alle Lebensaufgaben haben einen gemeinsamen Nenner, so unterschiedlich die einzelnen auch aussehen mögen, und dies gilt bis zum letzten Atemzug: Wir wollen damit schlechtes Karma abbauen, gutes Karma schaffen und uns spirituell weiterentwickeln. Aus seelischer Sicht sind das die Hauptziele jedes Menschenlebens.

### Reichlicher Segen

Eine ältere Dame wollte bei der Rückführung ins Leben zwischen den Leben von ihrem Seelenführer wissen, ob sie ihre Lebensaufgaben erfüllt habe. Sie blickte auf ein intensives, gutes Leben zurück und fühlte sich bereit zu sterben, obwohl sie noch gesund und rüstig war. Ihr Seelenführer schenkte ihr als Antwort das Symbol einer Gießkanne. Da, wo sie das Wasser ausgoss, begannen bunte Blumen zu blühen. Die Klientin deutete das so, dass durch sie noch viel Schönes auf die Erde kommen solle. Sie verkaufte ihren Besitz und wanderte nach Guatemala aus, was sie sich schon immer erträumt hatte. Dort schloss sie sich einer Organisation an, die sich um Straßenkinder kümmerte, und arbeitete ehrenamtlich mit. Sie schrieb mir, dass ihr Leben einen ganz neuen Sinn bekommen habe und sie mit Freude erfülle, und sie hoffe, noch lange zu leben.

## Welcher Platz ist angemessen?

Der geistige Reifegrad und das Karma eines jeden Menschen sind unterschiedlich. Man muss nicht in jedem Leben in seiner seelischen Entwicklung wieder bei null beginnen. Vieles wurde bereits in früheren Leben gelernt oder angelegt. Es ist wichtig, dass man das, was man ist und kann, auch wertschätzt. Etliche Menschen entwickeln sich leider aus falscher Bescheidenheit und Mangel an Selbstwert viel langsamer weiter, als es ihnen eigentlich entsprechen würde. Sie getrauen sich nicht, ihre Lebensaufgaben zu erfüllen, oder tun es nur eingeschränkt.

Umgekehrt muss man sich vor Selbstüberschätzung und Überheblichkeit hüten. Viele Menschen glauben, einfach alles zu können, und nehmen sich dadurch die Chance, von erfahrenen Menschen zu lernen und sich geduldig Wissen und Fähigkeiten anzueignen. Es ist wichtig, selbstkritisch zu sein und gute Ratschläge anzunehmen. Genauso wichtig ist es aber auch, zu seinen eigenen Überzeugungen und seinem Können zu stehen. Dann braucht man nicht mehr neidisch auf andere zu blicken.

Um in Richtung seiner Lebensaufgaben zu reifen, gilt es das, was man bereits hat, wertzuschätzen, dort, wo man gerade ist, sein Bestes zu geben und nichts zu tun, was gegen das eigene Gewissen verstößt. Gleichzeitig muss man bereit sein, immer weiterzulernen und offen zu bleiben. Unsere Lebensaufgaben können nämlich im Laufe des Lebens variieren, auch wenn es meist so etwas wie einen roten Faden gibt.

## Was sind Bewusstseinsebenen?

Gemäß der persönlichen Gesamtentwicklung als Seele und auch als Mensch im aktuellen Leben befindet sich jeder auf der ihm entsprechenden Bewusstseinsebene. Der Grad unserer spirituellen Entwicklung und unser Karma bestimmen zu einem großen Teil, wie wir die Welt erleben. Der Einzelne kann nur das und nur so viel wahrnehmen und verstehen, wie es seiner momentanen Bewusstseinsebene entspricht. Was sich »über ihm« befindet, kann er bestenfalls ahnen.

Das Ziel ist Vollkommenheit, also lichtwärts in immer höhere Gefilde aufzusteigen. Es ist aber auch möglich, von lichteren Höhen wieder zurückzufallen. Die Erde ist ein polarer Ort, doch man muss nicht grenzenlos tief fallen, um das zu erfahren und entsprechend aufsteigen zu können.

Stellen Sie sich die unterschiedlichen Entwicklungsebenen des Menschen anhand der Form einer riesigen Pyramide vor, die endlos nach unten und oben weiterzugehen scheint. Nach unten wird es immer dunkler, und die Energie verdichtet sich, nach oben wird es immer lichtvoller, und die Energie wird intensiver, fließend und fein. Der Großteil der Menschheit scheint sich noch in den eher unteren Ebenen zu befinden; nach oben, in Richtung Spitze, werden es immer weniger.

Den dunklen tieferen, unbewussteren Bereichen entsprechen Unbewusstheit, Intoleranz, Egoismus, Ausbeutung, Streit, Krieg, Geiz, Falschheit, Gewalt, aber auch Lärm und Gestank. Auf diesen unteren Ebenen sucht der Mensch starke, aufwühlende Emotionen und Leidenschaften und ist stark von den Trieben abhängig oder abgestumpft. Verzerrte Wahrnehmung und die Unfähigkeit, größere Zusammenhänge zu begreifen, sind die Folge. Das Gewissen und die Hemmschwellen schwinden immer mehr. Die eigenen persönlichen Wünsche und Belange geraten absolut in den Vordergrund.

Den hellen, höheren Bewusstseinsebenen kann man spirituelles Erwachen, Humanität, Frieden, Liebe, Mitgefühl, Offenheit, Hilfsbereitschaft, Großzügigkeit, Freude, Teamgeist, Harmonie, Schönheit, Wahrheit, Echtheit, Ruhe, Klarheit und Weisheit zuordnen. Hier werden Auseinandersetzungen friedlich, fair und in gegenseitiger Achtung geführt im Bestreben, eine gute Lösung für alle Beteiligten zu finden. Auf diesen Ebenen sind wir in der Lage, uns selbst und anderen zu verzeihen. Wir suchen sanfte, ausgeglichene Emotionen und sind unseren Leidenschaften und Trieben nicht mehr ausgeliefert. Wir spüren unser Gewissen und handeln danach. Das Wohlergehen aller Wesen ist uns ein Hauptanliegen.

Jeder Mensch entscheidet fortwährend durch seine Gedanken, Gefühle und Handlungen, ob er tiefer fällt oder sich nach oben entwickelt. Ein seelisch und geistig gesunder Mensch hat ein natürliches Bedürfnis nach Schönheit und Harmonie, um sich wohlzufühlen und entfalten zu können.

Je weiter wir aufsteigen, desto freier werden wir von karmischen Belastungen. Unser Verständnis wächst, wir können negative Vorkommnisse und Schicksalsschläge besser und schneller meistern, erkennen und erfüllen unsere Lebensaufgaben und ziehen vermehrt positive Erlebnisse in unser Leben.

## Fallbeispiel 4:
### Dr. Marike S. – Ich bin nicht nur mein Körper

Marike, eine 57-jährige plastische Chirurgin, arbeitete erfolgreich in einem großen deutschen Krankenhaus. Ihre Aufgabe war es, Entstellungen im Gesicht – entstanden durch Unfälle oder infolge von Krebs – wieder möglichst ansehnlich herzurichten. Sie lebte in einer intimen Beziehung mit einer anderen Ärztin, Agnes, einer Internistin, die auf der Onkologie tätig war. Marike wirkte nüchtern und bezeichnete sich als atheistisch. Sie behauptete, Religion und Glauben seien etwas für Realitätsfremde und Versager. Ganz anders Agnes, die an meinem Workshop »Spirituelle Rückführungen und Ethik im Alltag« teilgenommen hatte und tief an die Unsterblichkeit der Seele und die Wiedergeburt glaubte. Agnes sprach darüber auch mit ihren Patienten und deren Angehörigen, um ihnen Trost zu spenden und ihre Angst vor dem Tod ein wenig lindern zu helfen. Es kam darüber vor Ärztekollegen und Pflegepersonal zum Streit zwischen den beiden Frauen, und Marike schrie Agnes wütend an: »Ich bin ganz sicher nur mein Körper und damit basta! Andernfalls soll diesen anderen Teil der Teufel holen!«

Bald darauf berichtete ein Patient Marike von einem Nahtoderlebnis, das er erlebt hatte, während sie ihn operierte. Er konnte genau beschreiben, was im OP-Raum geschehen war und dass er dann einem Engel begegnet sei. Marike hatte solche Geschichten schon mehrfach gehört und sie mit irgendwelchen Hormonen, Endorphinen und Gehirnvorgängen als Folge der Narkose erklärt. Aber dieser Patient konnte erstaunliche Details beschreiben. Auch ließ er sie wissen, der Engel habe ihm aufgetragen, ihr mitzuteilen, dass sie schon bald ihrer eigenen Seele begegnen würde und sich dann entscheiden müsse. Sie solle sich dafür bereit machen. Marike überlegte kurz, ob sie bald zu sterben habe, wischte dann aber lachend diese Gedanken als Spinnereien weg. Tags darauf brach sie plötzlich auf dem Krankenhausflur zusammen: Hirninfarkt.

Während ihrer Bewusstlosigkeit hatte nun Marike selbst ein ganz besonderes Erlebnis: Sie nahm sich oben an der Zimmerdecke schwebend wahr und sah ihren Körper unten auf einem Transportbett liegen. Ärzte und Schwestern bemühten sich hektisch um sie. Dann kam ein Lichtwesen auf sie zu und setzte sich mit ihr auf eine Wolke dicht über der Stadt. Sie konnte die Häuser und den Abendverkehr unter sich bestens erkennen. Es gab einen Unfall. Ein Mopedfahrer fuhr bei Rot über eine Ampel und erwischte eine alte Frau, die einen kleinen Hund an der Leine führte. Die Frau fiel zu Boden, und der Hund leckte ihr aufgeregt das Gesicht. Ein Krankenwagen brachte sie unter Sirenengeheul in die Klinik, der Mopedfahrer nahm den kleinen Hund mit. Dann sah sie Agnes, die im Krankenhauspark meditierte und sie, Marike, in göttliches Licht einhüllte! Das fühlte sich sehr wohl an. Marike lächelte auf ihrer Wolke, aber plötzlich reagierte sie empört: Nun war ihre Freundin auch noch dabei, diesen Eso-Blödsinn auf sie auszudehnen, anstatt sie in Ruhe sterben zu lassen!

Das Lichtwesen an ihrer Seite fragte sie sanft, welcher Teil von ihr denn nun sterben würde? Erst jetzt registrierte Marike das Ungeheuerliche: Das war nicht ihr Körper, der da auf einer Wolke saß. Demzufolge hatte sie also tatsächlich eine Seele! Das Lichtwesen lächelte und fragte sie: »Erinnerst du dich wieder?« Und als sie nickte, setzte es nach: »Und soll dich nun der Teufel holen?« Und als Marike verneinte, fragte das Lichtwesen: »Bist du denn jetzt bereit?« Marike antwortete: »Ja, jetzt bin ich bereit.« »Gut«, sprach das Lichtwesen, »dann geh zurück in deinen Körper und erfülle deine Aufgaben. Allzu viel Zeit hast du nicht mehr.«

Als Marike wieder gesund war, erkundigte sie sich nach dem Unfall der alten Frau mit Hund und erfuhr, dass er sich exakt so zugetragen hatte. Auch das Pflegeteam war genau das, das sie während ihrer Bewusstlosigkeit gesehen hatte. Daraufhin meldete sich Marike zu spirituellen Rückführungssitzungen in Vorleben und ins Zwischenleben als Seele bei mir an. Sie wollte nun unbedingt so viel wie möglich über ihre Lebensaufgaben und die spirituelle Welt erfahren.

Es dauerte lange, bis Marike die Kontrolle abgeben und sich in tiefe Entspannung sinken lassen konnte, aber schließlich befand sie sich innerlich um etwa 1870 in Nordamerika. Sie war nun ein zwölfjähriger Junge namens Sitanka, der auf einem Pferd galoppierte. Weiße Siedler schossen mit Gewehren hinter ihm her.

*Kl.: Puh, das war knapp!*
U.D.: Was ist da los? Warum schießen die auf dich?
*Kl.: Ich bin ein Indianer. Sie töten uns alle, wenn sie uns kriegen.*
U.D.: Geh weiter zu einer anderen wichtigen Szene in deinem Leben als Sitanka.
*Kl.: Ich bin acht Jahre alt. Die Zelte werden gerade aufgebaut,*

*an einem Fluss, bei einem Wäldchen. Die Sonne leuchtet golden in den Blättern, und ein sanfter Wind weht. Es ist herrlich hier. Meine Mutter zaust mir durch die Haare und lacht. Sie ist glücklich, dass wir endlich angekommen sind. Sie legt mir meine kleine Schwester in die Arme, noch ein Baby, ich darf auf sie aufpassen. Sie lächelt mich an, so süß!*
U.D.: Geh zur nächsten wichtigen Szene.
Kl.: *Jetzt bin ich mit meinem Vater zusammen. Wir wandern an einem Bach entlang, und er zeigt mir bestimmte Pflanzen, die man auf Wunden legt. Mein Vater weiß viel über solche Dinge! Wir sitzen auch still beisammen und lauschen auf das Wasser und den Wind oder das Summen und Zirpen der Insekten. Wenn ich mit den Kräutern spreche, beginnen sie stärker zu duften. Das mag ich am liebsten.*
U.D.: Wie machst du das genau?
Kl.: *Ich konzentriere mich auf die Liebe zu ihnen. Mein Vater sagt, man muss alles mit Achtung und Liebe behandeln, dann bringt man das Beste hervor. Denn alles ist lebendig, selbst die Steine. Und jedes Wesen hat seinen Schutzgeist. Bei ihm bedanken wir uns, bevor wir etwas von der Natur nehmen, sonst richtet sich der Geist gegen uns.* (plötzlich laut) *Mein Gott, mein Vater ist heute Agnes!*

Die Seelen sind vom Anbeginn ihrer Erschaffung in der spirituellen Welt in Gruppen zusammen und lernen dort gemeinsam weiter. Sehr oft inkarnieren sie auch zu zweit oder zu mehreren, um sich gegenseitig auf der Erde zu unterstützen. Das geschieht in immer wieder anders verteilten Rollen. Das Wiedererkennen einer nahen Seele geschieht spontan auf der Seelenebene. Der Mensch von damals kann im aktuellen Leben völlig anders aussehen – auch die Ausstrahlung seiner Augen – und ein ganz anderes Temperament und andere Charaktereigenschaften haben.

U.D.: Geh weiter zur nächsten wichtigen Szene.
*Kl.: Ich bin etwas jünger. Es ist Nacht. Wir sitzen alle am Feuer, es ist fast heruntergebrannt, und man kann viele Sterne sehen. Ein alter Mann erzählt eine Geschichte von den Sternen am Himmel und dass jeder Stern seinen vorgezeichneten Weg gehen muss. Er sagt zu uns Kindern: »Sonst stoßen sie zusammen und fallen herunter.« Ein Kind schreit: »Oh ja, ich hätte gerne einen Stern!« Alle lachen. Der alte Mann sagt, der persönliche vorgegebene Weg weist auch jedem Menschen den Platz, den er in seiner Gemeinschaft einnehmen soll. Jeder hat seine Aufgaben zu erledigen, zum Wohle aller, so ist es bestimmt. Aber es gibt noch zusätzliche, verborgene Pfade, die findet nur derjenige, der mutig seinem Herzen folgt. Diese Pfade beginnen schon vor dem Leben und führen auch nach dem Tod immer weiter. Wer diese Pfade entschlossen geht, wird ein großer Stern, der hell leuchtet. So hell, dass auch andere Sterne ihren Weg in der Nacht besser finden können. Ich nehme mir ganz fest vor, nach den Pfaden meines Herzens zu suchen und sie mutig zu gehen, um so ein heller Stern zu werden.*
U.D.: Das ist eine wunderschöne Geschichte. Hast du den Pfad deines Herzens finden können?
*Kl.: (kleine Pause) Es ist Frühling. Wir sind unterwegs, um uns mit dem ganzen Stamm zu vereinen. Den Winter über haben wir in kleinen Gruppen verbracht. So findet man leichter ein paar Wurzeln zum Essen und Tiere zum Jagen. Wir haben uns verspätet. Durch einen Erdrutsch mussten wir einen langen Umweg gehen. Jetzt kommen wir zu einem Hügel, von oben kann man ins Tal sehen. Dort unten muss das große Zeltdorf am Fluss stehen. Vielleicht kann ich meine Freunde erkennen. Wir Jugendlichen und die Kinder rennen durch den Wald, um als Erste hinuntersehen zu können ... (Plötzlich verkrampft sich der Körper der Klientin, und sie atmet gepresst.) Ein entsetz-*

*licher Anblick! Alle Zelte sind niedergebrannt. Die Pferde sind weg.*

U.D.: Was ist mit den Menschen?

*Kl.: Die Männer und wir älteren Jungen gehen ins Tal. Überall liegen Leichen, auch von Kindern und Frauen, verstümmelt, aufgedunsen. Es stinkt entsetzlich. Niemand hat überlebt. Es wurden alle umgebracht ... (weint schluchzend) Warum tun die das? Warum? (Pause)*

U.D.: Wie geht dein Leben weiter?

*Kl.: Ich reite durch den Schnee zu einem Fort. Ich will den Eindringlingen Frieden anbieten. Alle im Dorf hungern und frieren, viele kleine Kinder sind gestorben, meine Schwester ist sehr krank. Es ist ein harter Winter, er begann früh. Wir haben keine Vorräte wie sonst, durch den Krieg ist alles anders. (Pause) Wir haben diesen Menschen nichts Böses getan, aber wir wollen auch leben. Deshalb müssen wir sie bekämpfen. Sie wollen alles für sich allein, die Büffel, alle Tiere, das ganze Land. Aber auch sie sind erschöpft und hungern. Sobald sie zum Fort herauskommen, um zu jagen, versuchen wir sie umzubringen. Wenn wir Frieden schließen, könnten alle überleben.*

U.D.: Wie alt bist du da?

*Kl.: 17.*

U.D.: Wissen deine Leute, was du vorhast?

*Kl.: Niemand weiß von meinem Entschluss.*

U.D.: Was geschieht weiter?

*Kl.: Ich komme zum Fort, ohne Waffen, bringe mein Pferd zum Stehen, strecke den Soldaten auf dem Wachturm meine leeren Handflächen zum Zeichen des Friedens entgegen. Schüsse fallen, ich werde in die Stirn getroffen, stürze vom Pferd. Etwas zieht mich aus dem Kopf heraus, es geht schnell nach oben ... (voller Freude) So schöne Sterne ... Oh, und das Lichtwesen ist wieder da!*

U.D.: Ist das dein Seelenführer? Wie sieht er aus?

*Kl.:* (zögernd) Lilan ... eine Sie, in einem hell leuchtenden grünen Kleid, mit goldenen, langen Haaren. Sie nennt mich Luria, das ist mein Seelenname ... (enttäuscht) Also, ich fühle mich jetzt absolut trostlos: Warum ließ sie zu, dass ich erschossen wurde? Dass mein ganzes Volk umgebracht wurde? Es kommt keine Antwort!

*U.D.:* Nimm ein paar tiefe, lichtvolle Atemzüge, bis du dich wieder beruhigt hast, sonst kannst du Lilan nicht wahrnehmen.

*Kl.:* Lilan deutet zu den Sternen auf ihren Bahnen. Sie erzeugen einen wunderbaren Klang ... Dann die Erde. Wuah, was für ein tosender Lärm und irres Geschrei! Das kommt von den vielen Menschen, die aus der Bahn sind ... Aha, so ist das also: Niemand wird gezwungen, seiner Bahn zu folgen. Das kann jeder Mensch nur freiwillig tun. Aber alles hängt trotzdem zusammen.

*U.D.:* Und wie ist das bei dir, im Leben als Marike? Warum hat dir Lilan gerade dieses Vorleben gezeigt?

*Kl.:* (langsam) Wenn ich mein Wissen, das ich als Sitanka hatte, mit meinem Wissen als Marike verbinden könnte, das wär ein Ding! Und es geht natürlich um die »Pfade des Herzens«. Als Sitanka war ich ihnen so viel näher, war der Natur so nahe. Ich sollte viel mehr in die Natur gehen. Jesses, und jetzt sehe ich die alte Nachbarskatze!

*U.D.:* Was ist mit der?

*Kl.:* Die ist im letzten Winter erfroren, als es so schneite. Die Nachbarn ließen sie nicht rein. Ich auch nicht, leider.

*U.D.:* Warum nicht?

*Kl.:* (zuckt die Schultern) Es war ja nicht mein Tier. Ich wollte auch keine Auseinandersetzung mit den Nachbarn ... Die arme Katze! Das macht mich total traurig über mich selbst ... (Pause) Damals als Sitanka war ich mutig, hab sogar versucht, mein Volk zu retten, und mein Leben dafür riskiert. Das war der Pfad meines Herzens, auch wenn es nichts nützte ... Heute war ich *mutig, als ich mich outete mit meiner lesbischen Beziehung. Das war nicht einfach. Lange Zeit war ich gehemmt und voller Angst, wie die anderen darauf reagieren würden. Ru zeigt mir einen männlichen Körper ... Stimmt, ich hätte auch als Mann auf die Welt kommen können. Das war Absicht mit dem weiblichen Körper und der homosexuellen Neigung. Damit wollte ich gegen Vorurteile angehen. Alle Achtung!*

U.D.: Und was ist mit deinem Beruf als Ärztin?

*Kl.: Auch mein Beruf ist okay, sozusagen die vorgezeichnete Sternenbahn, mein Platz in der Gesellschaft, der anderen hilft. Nur sonst ...*

U.D.: Was sonst?

*Kl.: Ich behandle nur die Körper der Patienten.*

U.D.: Ist das nicht deine Aufgabe als Chirurgin?

*Kl.: Schon. Aber ich bekämpfe alle, die sich Gedanken darüber machen, was nach dem Tod geschieht, die an ein Weiterleben glauben. Solche Dinge dulde ich nicht. Das bring ich meinen Studenten, Assistenten und Krankenpflegern unmissverständlich bei, ansonsten mach ich ihnen das Leben sauer. Selbst Agnes ... und dabei liebe ich sie. Von ihr hätte ich so viel lernen können ... Ich glaube, das tat ich aus Zorn, weil mein liebevolles Volk von den gierigen Weißen umgebracht wurde.*

U.D.: Es ist nicht zu spät.

*Kl.: Lilan zeigt mir eine Weggabelung, meine mögliche Zukunft: Ein Weg ist kurz und endet vor einer dunklen Mauer ... Ich habe einen Brief in der Hand, sehe nur wenig älter aus. Ich zittere, und Tränen laufen mir übers Gesicht. Oh je, Agnes hat mich verlassen! ... Ich reiße mich zusammen und gehe zur Arbeit, niemand soll meinen Schmerz erfahren. Aber ich krepiere fast ...*

U.D.: Was zeigt der andere Weg?

*Kl.: Er führt über Wiesen an einem Bach entlang.*

U.D.: Wie lang ist er?

*Kl.: Das kann ich nicht sehen, er verschwindet in einem Wald. Dort wartet Agnes, sie strahlt und winkt mir zu. Wir tragen beide Rucksäcke und wandern dahin, halten uns an den Händen, lachen ... Okay, ich werde das ändern; mich ändern.*
U.D.: Wie? Wie konkret?
*Kl.: Mich bei Agnes entschuldigen, bei allen Mitarbeitern ... und allen von meinen inneren Erlebnissen berichten. Viele werden mich für verrückt halten!*
U.D.: Und viele auch nicht.
*Kl.: (grinst) Stimmt! Auf jeden Fall werde ich die Patienten nicht mehr nur als Körper sehen. (verschmitzt) Wer weiß, wo überall ein Indianer drinsteckt! Denen, die sich so sehr vor dem Sterben fürchten, werde ich vom Jenseits erzählen; wie Agnes. (Pause, dann zögernd) Und vielleicht melde ich mich doch noch in ein armes Land? Es wäre sogar denkbar, für einige Zeit in eine Indianerreservation zu gehen, an einen Ort, wo es dringend Ärzte braucht – zusammen mit Agnes. So was war immer ihr Wunsch.*
U.D.: Ist das auch dein Wunsch? Der Pfad deines Herzens? Spüre dem genau nach.
*Kl.: Ich weiß es nicht sicher, aber es fühlt sich gut an. Vielleicht ist es der Weg zum Pfad meines Herzens.*

## Karma-Coaching-Übung 4
## Unterwegs zu seinen Lebensaufgaben

### *Den richtigen Weg finden*

**Führen Sie zuerst** wieder die Basisübung »Den Energielevel anheben« wie beschrieben durch.
**Nehmen Sie dann** weiterhin immer wieder einen tiefen, lichtvollen Atemzug und schreiben Sie mindestens 50 Dinge oder Situ-

ationen auf, die Ihnen mit gutem Gewissen Freude machten; es können große oder auch kleinere Dinge sein.

**Schreiben Sie dann** mindestens 30 Dinge oder Situationen auf, die Ihrer Meinung nach auf der Welt insgesamt oder im Einzelnen verbessert werden sollten.

**Notieren Sie nun** mindestens zehn positive und danach zehn negative Dinge oder Situationen, die Sie in Ihrem Leben persönlich tief berührten. Lassen Sie sich die nötige Zeit, ganz in diese Erinnerungen einzutauchen, und registrieren Sie genau Ihre unterschiedlichen Gefühle und Gefühlsstärken dazu.

**Vollenden Sie** die vier Listen, auch wenn Sie Geduld und Zeit dafür brauchen und Sie es vielleicht erst nach mehreren Tagen geschafft haben werden. Setzen Sie erst dann die Übung fort.

**Lesen Sie nun** die vier vollständigen Listen ganz langsam durch. Lassen Sie dabei Bilder, Erinnerungen, Gefühle und Assoziationen so intensiv wie möglich in sich aufsteigen.

**Beantworten Sie danach** schriftlich folgende Fragen: Womit verbringen Sie beruflich Ihre Lebenszeit? Womit verbringen Sie privat Ihre Lebenszeit? Wie erfüllend sind Ihre persönlichen Beziehungen? Gehen Sie Ihren persönlichen Weg der Freude und Erfüllung in Richtung Ihrer ethischen Ideale und positiven Zukunftsvisionen? Nehmen Sie sich und Ihre tiefen Wünsche wichtig und bringen Sie Ihre Ideen für eine bessere Welt mit Herzblut und Begeisterung in Ihr Leben ein? Oder sind Sie eher in eine Sackgasse geraten, treten auf der Stelle, verlieren sich in Nebensächlichkeiten, Langeweile oder negativem Denken, Schuldzuweisungen und Selbstmitleid? Was sollten Sie beibehalten und was sollten Sie ändern, um den Weg Ihrer Seele zu finden und zu gehen?

Es liegt in Ihrer eigenen Verantwortung, ob Sie Ihre Lebensaufgaben erfüllen oder nicht. Verschwenden Sie Ihre kostbare Lebenszeit nicht an Dinge, für die Sie nicht auf die Erde gekommen sind – und vor allem nicht auf Kosten anderer Lebewesen! Das würde Sie über kurz oder lang nach unten ziehen. Es ist der Weg des Herzens, des Mitgefühls und der Freude, der Sie zu den Aufgaben führt, die Sie sich als Seele für Ihr Leben vorgenommen haben.

### *Selbstcheck: Karma auf der Waagschale*

**Stellen Sie sich vor,** die guten und die schlechten Taten liegen auf zwei Waagschalen. Wie viel gutes Karma und wie viel schlechtes Karma haben Sie in Ihrem bisherigen Leben zum Thema »Herzblut und Lebensaufgaben« angesammelt? Welcher Teil überwiegt? Was ist das Positive, das Sie eine schwierige Situation zu diesem Thema lehren möchte? Was könnten Sie konkret tun, um schlechtes Karma abzubauen und gutes zu vermehren, während Sie den Weg Ihrer Seele gehen? Beginnen Sie noch heute damit!

**Wiederholen Sie** bei Bedarf die Basisübung »Den Energielevel anheben«, bis Sie sich wohl und voller Licht, Ruhe und Frieden fühlen.

# Karma und Kinder

*Jedes Kind wächst in die Zukunft hinein*
*und gestaltet sie mit.*
*Es wird der Erde und ihren Geschöpfen*
*entweder Heilung oder Zerstörung bringen.*

Wir können nicht nur uns, sondern auch unseren Kindern viel schlechtes Karma ersparen, wenn wir sie nachdrücklich zu einem mitfühlenden, verantwortungsvollen Verhalten anderer Lebewesen gegenüber anleiten. Daher lautet mein wesentlicher

Rat: Vermitteln Sie Kindern, so wie es ihrem Alter angemessen ist, ethische und spirituelle Werte. Erzählen Sie ihnen von der Macht der Gedanken und Gefühle und klären Sie sie über die karmischen Gesetze auf, damit sie einen wirklich guten Start ins Leben haben und ihre höheren Ziele zum Wohle aller erreichen können. Vermitteln Sie Kindern tiefere Werte als Konsumgüter. Die besten Resultate erzielen Sie dabei durch Ihr eigenes gutes Vorbild und Erlebnisse, die Freude machen.

Gleichzeitig können wir von Kindern sehr viel lernen. So frisch und offen, wie sie die Welt entdecken, ihr vielseitiges Interesse, ihre unkonventionellen Fragen – Kinder können für uns grandiose Vorbilder und Quellen der Inspiration sein!

Nicht zuletzt helfen auch sie uns, unseren Karma-Stand zu verbessern – denn auch durch sie lernen wir Liebe, Mitgefühl und verantwortungsvolle Sorge für andere.

## Welche Werte helfen Kindern?

Kinder sind die Zukunft der Erde und brauchen echte Werte. Wir sollten sie und natürlich auch uns selbst unbedingt zu Achtung, Respekt, Einfühlungsvermögen und Mitgefühl allen sogenannten Schwächeren und der gesamten Schöpfung gegenüber ermuntern. Vermitteln Sie ihnen von Anfang an ethische Werte, die gutes Karma hervorbringen. Goethes Worte »Edel sei der Mensch, hilfreich und gut« können auch heute noch als Orientierung dienen.

Statt die Kinder vor dem Fernseher mit gewaltvollen Filmen und allen möglichen Werbebotschaften der Industrie allein zu lassen – wie wäre es, mit ihnen gemeinsam Altersheime, Hospize, Kinderheime, Gnadenhöfe für Tiere, Krankenhäuser oder Behindertenheime zu besuchen und mit ihnen über Mitgefühl, Rücksichtnahme und Umweltschutz zu sprechen? Sie können

Kinder motivieren, je nach Alter und Möglichkeiten regelmäßig ein wenig mitzuhelfen. Kinder tun das liebend gern, und es beeinflusst sie nachhaltig positiv!

Als ich etwa sechs Jahre alt war, arbeitete meine Mutter in einem Heim für geistig und körperlich behinderte Menschen und nahm mich manchmal dorthin mit. Anfangs reagierte ich ein wenig ängstlich bei diesen mir so ungewohnten Menschen, aber schon bald war ich sehr gern dort. Ich durfte mitturnen, singen und basteln, half beim Tischdecken und Essenauftragen und gab und bekam jede Menge Streicheleinheiten und Liebe.

## Gibt es karmische Belastungen bei Kindern?

Seien Sie sich bewusst, dass Kinder meistens schon sehr viele Vorleben hatten und oftmals seelisch reifer sind als ihre Erzieher, auch wenn sich das erst im Erwachsenenalter deutlicher zeigen wird.

Schon bei kleinen Kindern können sich aber auch karmische Belastungen aus Vorleben zeigen, zum Beispiel in der Form, dass sie ohne ersichtlichen Grund aggressiv oder sehr ängstlich sind, als Baby ständig weinen oder von Albträumen gequält werden. Um zu helfen, können Eltern das Kind liebevoll in den Arm nehmen und längere Zeit an sich drücken, um ihm ein Gefühl der Geborgenheit zu vermitteln. Sie können dem Kind auch verbal sagen, dass alles Schlimme, was aus seinen Vorleben stammt, heilen wird, und es ein glückliches, erfülltes Leben führen kann. Auch wenn das Kind zu klein ist, um den Sinn dieser Worte zu verstehen, nimmt es ihn dennoch über die Seelenebene wahr. Auch Gebete und die intensive Vorstellung, wie das Kind in göttliches Licht eingehüllt ist, können trösten und stärken.

Wenn das Kind älter ist, könnten Sie ihm erklären, wie es sich selbst in einen schützenden Lichtkokon hüllen kann. Es könnte sich auch mit der Vorstellung helfen, dass seine Hände mit göttlichem Licht aufgeladen werden, und dann real mit den Handflächen über jeden Bereich seines Körpers streifen im Gefühl, dass es sich eine schützende »Lichthaut« anzieht. Das ist übrigens auch eine wirksame Übung für Erwachsene.

Kinder tragen viel altes Wissen in sich. Achten Sie daher darauf, was Ihnen Kinder erzählen, und schreiben Sie Wichtiges zur späteren Erinnerung auf. Viele sogenannte Fantasien könnten Erinnerungen aus Vorleben sein oder aus der spirituellen Welt stammen. Relativ oft nehmen Kinder ihren Seelenführer und andere Seelen und Wesenheiten wahr.

Ich selbst führe keine Rückführungen mit Kindern durch. Falls Ihr Kind Probleme hat und Sie diese Methode in Erwägung ziehen, empfehle ich Ihnen, sich an einen speziell auf diesem Gebiet erfahrenen, seriösen und liebevollen Rückführungstherapeuten zu wenden; bitte aber nur in Absprache und Zusammenarbeit mit einem guten Kinderpsychologen oder Psychiater.

## Was braucht das innere Kind?

Vieles, was man über den Umgang mit Kindern sagen kann, lässt sich auf den Umgang mit dem »inneren Kind« übertragen. Ein Teil in uns bleibt immer verspielt, neugierig und voller Leichtigkeit. Dieser Teil wird nie erwachsen werden, er verkörpert unser inneres Kind. Wenn wir uns bei einer spirituellen Rückführung als Seele im Jenseits erleben, sind es genau diese Eigenschaften, die dann hervortreten. Ich staune immer wieder, wie auch sehr ernsthafte Klienten, denen die Leichtigkeit des Lebens völlig abhandengekommen zu sein schien, dann plötzlich lachen, zu Späßen aufgelegt sind und neugierig, voller Vertrauen, Leichtigkeit und Freude ihr Dasein erforschen.

Sehr oft ist aber in unserem Inneren ein Teil unseres Selbst in seiner Entwicklung stecken geblieben, der nicht zum inneren Kind gehört und deshalb unbedingt erwachsen werden sollte. Dieser Teil fühlt sich durch negative Erlebnisse, zu viel Verantwortung oder durch ein Gefühl des Mangels an Aufmerksamkeit, Geborgenheit, Liebe und Spaß in der Kindheit verletzt. Viele unserer unangemessenen Verhaltensweisen als Erwachsene entstammen der Zeit, als wir Kinder waren. Wenn wir uns als Erwachsene liebevoll um diesen Teil in uns kümmern, kann er Trost und Stärke finden und den Mut fassen, erwachsen zu werden. Erst dann kann sich das innere Kind in uns frei entfalten, denn es wird nun behütet von unserem starken Erwachsenen-Selbst.

Durch spirituelle Rückführungen in die Kindheit, in den Mutterleib und in die spirituelle Welt kann es uns gelingen, uns mehr oder weniger detailliert daran zu erinnern, was in welcher Altersstufe unseres heutigen Lebens passiert ist. Wir erkennen unsere damalige Verletztheit, welche Gefühle, Meinungen und Verhaltensweisen wir daraufhin entwickelt haben und wie belastend diese ins Erwachsenenalter hineinwirken. Dadurch können wir aus den damaligen Geschehnissen lernen und die alten Wunden heilen. Wir finden zu einem adäquateren Verhalten und fühlen uns insgesamt wohler.

### Tiefere Gründe auf der Seelenebene finden

Mein Klient Emil wuchs als uneheliches Kind auf. Er litt noch als Erwachsener darunter, nicht zu wissen, wer sein Vater ist, doch seine Mutter weigerte sich, es ihm zu sagen.

Emil beschlich manchmal ein Gefühl tiefer Eifersucht auf seine eigenen kleinen Kinder, die von ihm so viel Zuwendung bekamen.

Bei der Rückführung leitete ich ihn zunächst zurück durch seine Kindheit bis in den Mutterleib und dann beschloss ich, ihn noch weiter in die Vergangenheit, zur Zeugung seines Körpers zu führen. Emil beschrieb sich dabei zuerst als Seele, die in Form eines Energienebels über einer Stadt schwebte. Dann sah er von oben, wie seine Mutter, noch ganz jung, in einem geblümten Minikleid und mit einer Zigarette in der Hand zusammen mit einem langhaarigen jungen Mann aus einem schönen Haus kam und in einer Seitenstraße in einen Kleinbus stieg. »Dort drin, auf dem Rücksitz, wird mein Körper gezeugt. Ich kann fühlen, wie es mich in einem Wirbel in den Schoß meiner Mutter hineinzieht«, berichtete er mir aufgeregt. Emil fühlte sich im Leib seiner Mutter wohl und wusste bereits, dass er ohne seinen Vater aufwachsen würde: »Ich traf diese Entscheidung als Seele, auf den Rat meines Seelenführers und der weisen Seelen hin, um selbstständiger zu werden und ein anderes Gefühl von Männlichkeit zu bekommen.«

Die Mutter war zuerst entsetzt, als sie merkte, dass sie schwanger war. Emil konnte ihre Stimmung spüren, und es bedrückte ihn arg. Aber sobald er als Baby auf der Welt war, freute sie sich über ihn und bemühte sich, ihm eine schöne Kindheit und Jugend zu ermöglichen, auch ohne den dazugehörigen Vater.

Emil erkannte das große Haus und auch den jungen Mann. Es war die Villa seiner Großeltern, und sein Vater war der Mann der älteren Schwester seiner Mutter, ein

Musiker, der damals schon verheiratet und mittlerweile verstorben war. Emil fühlte sich nie zu seinem Onkel hingezogen – der in Wirklichkeit sein Vater war.

Als Emil seine Mutter später mit den Fakten seiner Zeugung konfrontierte, bestätigte sie alles und war fassungslos, dass ihm das in einer Rückführungssitzung offenbart wurde. Er konnte nun die Ziele seiner Seele besser verstehen und mit seiner Kindheit Frieden schließen. Er wurde damit auch ein viel liebevollerer und großzügigerer Vater für seine Kinder.

Unser inneres Kind beziehungsweise die kindlichen Anteile in uns brauchen wie ein »richtiges« Kind regelmäßig Liebe, Aufmerksamkeit, Geborgenheit, Lob, Spaß, interessante Erlebnisse und Zeit. Das können Sie ihnen jederzeit geben, insbesondere auch mit der Übung aus diesem Kapitel. Was auch immer in Ihrer Vergangenheit passierte, jetzt können Sie gut für sich sorgen.

## Wer ist »schuld«?

Erwachsen sein heißt auch, mit Schuldzuweisungen aufzuhören und die Verantwortung für sein Wohlbefinden selbst zu übernehmen. Wenn wir in Anklage und Selbstmitleid über die uns zugefügten Kränkungen und Verletzungen verharren, schaden wir uns damit selbst am meisten. Wir blockieren die Möglichkeit auf Heilung und verhindern, dass wir aus der Situation lernen und dadurch weiser werden. Für unsere Entfaltung ist es von essenzieller Bedeutung, dass wir mit unserer Kindheit ins Reine kommen; andernfalls wirkt sie wie ein Hemmschuh.

**Alte Muster abstreifen**

Doris war als Kind von ihrem Vater, einem angesehenen Religionslehrer, über Jahre hinweg geschlagen und insgesamt lieblos behandelt worden. Trotzdem liebte sie ihn von Herzen und versuchte, ihm stets alles recht zu machen, was ihr aber nie gelang. Als Jugendliche war sie für viele Jahre magersüchtig und als Erwachsene bekam sie Depressionen. Sie brauchte nicht zu arbeiten, denn sie hatte von einem Onkel viel Geld geerbt. Als ihr Vater starb, wollte sie in ein Kloster eintreten, aber die massenweisen Sexskandale der katholischen Kirche, deren Umgang mit den Betroffenen sowie der lieblose, desinteressierte Umgang der Kirche mit Tieren hielten sie davon ab. Etwas später lernte Doris einen Mann kennen, der schon bald bei ihr einzog und den sie vergötterte, der aber allem Anschein nach sadistische Befriedigung dabei empfand, sie zu erniedrigen und damit zu drohen, sie sitzen zu lassen. Als sie überglücklich von einer ehemaligen Schulkameradin zwei Kaninchen geschenkt bekam, verlangte er, dass sie diese sofort wieder zurückbrachte. Auch verbot er ihr jegliche Freundschaften zu anderen Menschen. Er wolle sie ganz für sich allein haben. Sie deutete das als Liebesbeweise. Als Doris ohne sein Wissen zu mir in die Praxis kam, war ihr großer Wunsch, zu erfahren, was sie an sich ändern könne, damit ihr Freund sie endlich heiraten und für immer bei ihr bleiben würde, denn er sei ihr ganzer Lebensinhalt.

Im Vorleben erlebte sie sich als schöner junger Hilfsknecht in Polen auf einer Burg, auf der er als Waisenkind aufgewachsen war. Es war fast an der Tagesordnung, dass der Jüngling vom Burgherrn und seinen Freunden vergewaltigt und verprügelt wurde. Sosehr er darunter litt, gab es ihm auch das Gefühl, gebraucht zu werden und wichtig zu sein.

Mithilfe ihres Seelenführers, der Doris sehr deutlich auf die Schlüsselszenen im Vorleben und ihrem heutigen Leben hinwies, erkannte sie ansatzweise ihr aktuelles Thema. Sie besuchte noch meinen Rückführungs-Workshop, der ihr erneut das innere Muster zeigte, um das es ging. Sie begriff allmählich, und die Schönheit und das Licht ihrer Seele kamen immer mehr zum Vorschein. Doris kräftigte und entfaltete sich wie eine ausgedorrte Blume, die endlich Wasser bekam, und setzte ihre Erkenntnisse in die Tat um. Sie wurde selbstbewusster und fröhlicher, begann gegen den Willen ihres Partners eine Ausbildung als Schmuckdesignerin, schloss neue Freundschaften, und schließlich war es so weit: »Ich packte zwei Koffer mit seinen Sachen und stellte sie ihm kommentarlos vor die Haustür. Es war ein sehr befreiendes, erhebendes Gefühl. Danach übernahm ich vier ältere Kaninchen aus einem Tierheim. Sie sehen so putzig aus und haben bereits Zutrauen zu mir gefasst. Es macht mich selig, Tiere zu haben!« Doris begann nun endlich, ein eigenständiges Leben zu führen, frei von den karmischen Mustern ihrer Vergangenheit.

Wenn Sie sich selbst von der Kindheit über die Jugend bis ins heutige Erwachsenenalter betrachten: Können Sie ohne Bitterkeit in Ihre Kindheit zurückschauen? Sind Sie im Laufe der Zeit zufriedener oder unzufriedener geworden? Was haben Sie aus Ihren Talenten und Fähigkeiten gemacht? Sind Sie charakterlich positiv gereift oder nicht? Haben Sie die Verantwortung für

Ihr Leben übernommen oder schieben Sie anderen die Schuld für Unzulänglichkeiten und Misserfolge zu?

Lernen Sie, das Schöne aus Ihrer Kindheit mitzunehmen und Unschönes und selbst Schreckliches als Lernchancen und Antrieb für Ihre spirituelle Bewusstwerdung zu nutzen. So können Sie die Vergangenheit friedlich loslassen. Seien Sie sich bewusst, dass sowohl angenehme als auch unangenehme Erlebnisse aus der Kindheit karmische Auswirkungen aus einem Ihrer Vorleben sein könnten.

## Wie erzieht man sich selbst?

Volljährigkeit bedeutet aus höherer Sicht nicht, dass damit die eigene Erziehung abgeschlossen wäre, sondern dass man ab da seine weitere Erziehung selbst in die Hand nehmen darf und für deren Ergebnisse die Verantwortung übernehmen muss. Dafür ist es notwendig, sich seiner Ziele und Lebensaufgaben wenigstens so weit bewusst zu sein, dass man ethische Werte und Mitgefühl anderen Lebewesen gegenüber als wichtig erachtet. Es ist unerlässlich, auf sein Gewissen zu hören, um sich gemäß den Plänen seiner Seele zu entwickeln. Um sich selbst führen zu können, ist es ebenfalls wichtig, seine inneren Möglichkeiten besser kennenzulernen und nach und nach auszuloten. Diese umspannen das gesamte Spektrum des Menschseins, nicht nur das, womit man sich im Alltag als »Ich« identifiziert. Erst dadurch kann man sich entscheiden, welche Eigenschaften und Ziele man stärken und verwirklichen möchte und welche besser nicht.

In meiner Jugendzeit machte es mir Freude, mich immer wieder spielerisch in unterschiedlichste Charaktere der in einem Film oder Buch verkörperten Menschen hineinzuversetzen, bis mir die jeweilige Persönlichkeit mit ihren Emotionen und Intentionen völlig vertraut war. Das führte zu einer sehr fruchtbaren Auseinandersetzung mit der Frage, wer ich selbst im Leben sein möchte, denn ich hatte erfasst, dass uns Menschen charakterlich alle Richtungen offenstehen. Ein lichtvoller Mensch handelt nicht deshalb edel, weil er keine Gelegenheit hat, böse zu sein, sondern weil das seine freie Entscheidung ist. Auch spirituelle Rückführungen eignen sich exzellent, die Vielschichtigkeit seines Wesens kennenzulernen, um dadurch die Weichen in die richtige Richtung stellen zu können.

## Fallbeispiel 5:
## Roché D. – Du sollst die Kinder lieben

Manchmal spielt das Leben noch viel verrückter als ein Kinofilm! Roché hatte das Antiquitätengeschäft seines Onkels in Zürich geerbt, das er sehr erfolgreich weiterführte. Er lebte ein zufriedenes Singledasein, aber dann ereilte ihn plötzlich ein Schicksalsschlag. Er hatte Hals über Kopf Kalina, eine bildhübsche Frau aus Russland, geheiratet, in die er sich auf einer Geschäftsreise wahnsinnig verliebt hatte. Sie stammte aus sehr armen Verhältnissen, bald aber wurde sie auffallend kapriziös und anspruchsvoll und gab jede Menge von Rochés Geld für Kleider und teuren Schmuck aus. Er ließ es ihr durchgehen, denn er fühlte sich stolz, ihr Mann zu sein, und dachte, dass sie mit der Zeit schon etwas vernünftiger werden würde.

Auf ihr Drängen hin adoptierte er ihre Zwillinge, zwei dreijährige Jungs, obwohl er sich aus Kindern nichts machte. Deren Vater war unbekannt. Kalina liebte Musik und nahm begeistert Klavierunterricht. Meist besorgte eine Hilfskraft den Haushalt, und ein liebes russisches Au-pair-Mädchen kümmerte sich um die Kinder. Roché bekam nicht viel von den Zwillingen mit.

Mit Kaviar und Sekt wurde sein 35. Geburtstag gefeiert, und am späten Abend setzte sich Kalina noch ans Klavier und spielte hingebungsvoll ein russisches Abschiedslied. Danach teilte sie Roché mit, dass sie ihn nun für immer verlassen würde. Er hielt es für einen schlechten Witz, denn sie war angetrunken. Als er aber tags darauf von der Arbeit nach Hause kam, war sie mit vielen Wertsachen verschwunden und sein Konto, zu dem sie Zugang hatte, leer geplündert. Nur die zwei kleinen Kinder waren noch da. Er ließ Kalina polizeilich und später auch von einem Privatdetektiv suchen, und man fand heraus, dass sie über verschiedene Länder wieder nach Russland zurückgekehrt sei, aber dort verlor sich jegliche Spur. Roché gab zutiefst verletzt die Zwillinge in ein Heim und wollte sie nie wieder sehen.

Im Warteraum seines Zahnarztes las er einige Monate danach in einer Zeitschrift einen Artikel über meine spirituelle Arbeit und kam zu einer spirituellen Rückführung. Er fragte sich, ob er Kalina in einem Vorleben schlecht behandelt habe und das Schicksal nun karmisch zurückgeschlagen hatte. Roché berichtete mir, dass ihn auch erneut ein Albtraum heimsuchte, der ihn schon in seiner Kindheit gequält hatte: »Ein Mädchen trägt einen kleinen Jungen auf der Schulter. Beide lachen und strecken mir die Arme entgegen. Ich habe ein ganz warmes Gefühl zu ihnen, aber sobald ich hingehen will, werden sie durchsichtig und lösen sich auf. Ich suche sie verzweifelt und rufe laut nach ihnen – und davon wache ich auf.«

Mit dunklen Schatten unter den Augen lag Roché auf der Couch und setzte sich traurig die Augenbinde auf. Zuerst, so beschrieb er es mir, war innerlich alles dunkel um ihn herum, dann fühlte er sich längere Zeit am Himmel kreisen. Schließlich sank er langsam in Spiralen Richtung Erde und fand sich im Vorleben als Karl-Friedrich in Deutschland wieder. Er war der uneheliche Sohn eines Dienstmädchens, das ihn unmittelbar nach seiner Geburt in ein Heim gegeben hatte. Sie besuchte ihn hin und wieder und jammerte dann ständig, er sei der Grund, dass sie es zu nichts im Leben bringen konnte. Mit acht Jahren verdingte sie ihn zur Kinderarbeit auf einem Bauernhof, wo er jahrelang ein liebloses, mühsames Dasein fristete. Als der Bauer starb, nahm sich die Bäuerin einen freundlicheren Mann, bei dem es Karl-Friedrich viel besser erging. Er brachte ihm sogar ein wenig Rechnen, Lesen und Schreiben bei. Im Ersten Weltkrieg wurde Karl-Friedrich zum Militär eingezogen, was für ihn furchtbar war, denn er war ein sehr friedliebender Mensch. Bereits auf dem Weg an die Front geriet er in Gefangenschaft.

*Kl.: Wir sind viele deutsche Gefangene, wir tragen unsere Uniformen … und ein großes PG auf der Brust. Wir arbeiten mit Pflastersteinen, müssen eine große Straße bauen.*
U.D.: Wo ist das?
*Kl.: Frankreich, nördlich von Lyon. Extrem harte Arbeit und kaum was zu essen, wir schleppen uns dahin.*
U.D.: Was geschieht weiter?
*Kl.: Kinder kommen vorbei, sehen auch mager aus. Ein größeres Mädchen trägt einen kleinen Jungen auf dem Rücken. Dem fehlen die Beine unten, die Stümpfe stecken in schmutzigen, blutigen Bandagen. Das passierte wohl erst kürzlich, im Krieg, wie schrecklich! (plötzlich aufgeregt) Die erinnern mich an die Kinder aus meinem Traum! Aber die sind nicht lieb! Sie verspotten uns, bewerfen uns mit Dreck, einem Kameraden voll in die Augen. He, und mir an den Kopf, ich blute! Hätte große Lust, einen Stein zurückzuwerfen. Was kann ich für diesen verdammten Krieg? War selber immer arm, hab keinem was getan.*

Es kommt vor, dass sich Szenen oder Bilder aus einem Vorleben, das für das aktuelle Leben wichtig ist, als Traumsequenzen zeigen. Manchmal geschieht das direkt in der Nacht vor der Rückführungssitzung, da sich das Unterbewusstsein des Klienten bereits auf ein Vorleben einzustellen beginnt. Solche Träume hinterlassen einen tiefen emotionalen Eindruck. Sie fühlen sich außergewöhnlich und wichtig an, nicht wie übliche Träume.

U.D.: Geh weiter zur nächsten wichtigen Szene.
Kl.: *Ein paar Tage später. Es regnet. Wir sitzen am Straßenrand, die Steine sind aus, warten auf Nachschub. Die verfluchten Kinder sind wieder da. Eines isst eine Birne. Lieber Himmel, dafür würde ich alles geben! Jetzt bewerfen uns die Blagen wieder mit Dreck ... Der Wagen kommt mit den Steinen, beim Abladen geht was schief, er rutscht, fällt um. Die Kinder – passt auf! Ich springe los, stoße sie weg. Ahhhh! (Er krümmt sich zusammen.) Ich komme unter die Steine!*

Die Steine quetschten ihm das rechte Knie und die Schulter, aber den Kindern war nichts geschehen. Karl-Friedrich wurde in einem Lazarett notdürftig versorgt und durfte längere Zeit dort bleiben, es wurde jedoch nicht mehr wie zuvor. Er hinkte ab da und konnte die Hand nicht mehr richtig bewegen. Eines Tages besuchte ihn Sophie, die Mutter der Kinder, denen er das Leben gerettet hatte. Sie nahm ihn mit auf ihren Hof als Hilfsknecht, ihr Mann war im Krieg. Nachts musste sich Karl-Friedrich immer in den Baracken bei den Kameraden vom Straßenbau einfinden, wo er mühselig hinhumpelte. Als die Kameraden weiterzogen, musste ihn Sophie nach Anordnung nachts im Keller einsperren, aber sie war sonst gut zu ihm. Er war ihr trotz seiner Behinderungen eine große Hilfe, und es entstand eine scheue Freundschaft zwischen ihm und der Frau und auch den Kindern.

*Kl.: Die Kinder wurden mir richtig lieb. Caroline schenkte mir getrocknete Birnen, und ich brachte ihr Rechnen bei. Marcel, der Junge ohne Beine, hat heilerische Gaben. Er massiert mir jeden Tag die verletzte Schulter und die Hand, sie wird deutlich besser. Sophie hat sogar ein Fahrrad. Damit fährt sie manchmal zum Bahndamm. Dort wachsen Brombeeren. Die holt sie für uns alle. (nachdenklich) Sophie ist nicht besonders hübsch nach üblichen Kriterien, eher unscheinbar, und doch finde ich sie wunderschön. Ich könnte sie stundenlang einfach nur anschauen.*

Als der Krieg zu Ende ging, kam auch der Bauer zurück nach Hause. Er behandelte Karl-Friedrich wie ein Stück Dreck und verbot seiner Frau und den Kindern, mit ihm zu sprechen.

U.D.: Wie geht es weiter mit dir? Der Krieg ist doch zu Ende.
*Kl.: Ja, aber ich muss dableiben. Es geht mir schlecht. Der Bauer ist schlimmer als der alte Bauer in meiner Kindheit, total geizig, auch zu seiner Familie. Ich sorge mich um sie. Marcel bekommt nur sehr wenig zu essen. Der Bauer sagt, ein Krüppel bringt nichts ein. Ich glaube, der Bauer ist krank im Kopf. Er lacht manchmal so komisch und ist sehr faul. Vielleicht kommt das auch vom Saufen im Wirtshaus ... Ich glaube, es geschieht nichts mehr Neues.*
U.D.: Wie geht dein Leben zu Ende?
*Kl.: Es ist Herbst. Eines Tages kommt der Bauer nicht mehr vom Wirtshaus zurück. Man sucht nach ihm und findet ihn nackt im Fluss liegen, mit dem Gesicht nach unten. Vermutlich wurde er überfallen und ausgeraubt.*
U.D.: Und dann?
*Kl.: Sophie und den Kindern geht es jetzt wieder viel besser. Gott sei Dank!*
U.D.: Und du? Was machst du?

*Kl.: (überrascht) Ich sehe das alles von oben, aus der Vogelperspektive ... Ich bin bereits vorher gestorben, an einem Fieber. Aber ich wollte noch wissen, wie es mit den Kindern und Sophie weitergeht, bevor ich die Erde verlasse.*
U.D.: Geh dorthin, wo dein Seelenführer auf dich wartet.
*Kl.: Er ist schon da, und wir fliegen ... Ach nein, das gibt's ja nicht, ins Kinderheim zu den Zwillingen! Warum das denn?*
U.D.: Bleib dran! Schau genau hin!
*Kl.: (verwirrt) Nun geht es zurück zu Marcel und Caroline. Hä? Und wieder zu den Zwillingen. Was soll denn das? (Pause, dann sehr bewegt) Jetzt verstehe ich. Das sind ja auch sie, dieselben Seelen! (lange Pause)*
U.D.: Schaue dir auch die anderen Leute aus deinem Vorleben als Karl-Friedrich an. Gibt es noch jemanden, den du ebenfalls in deinem heutigen Leben kennst?
*Kl.: Nein, da ist keiner.*
U.D.: Was ist mit Kalina?
*Kl.: Nein. Sie war nicht dort. Ist auch unwichtig ... Sie ist mir nicht mehr wichtig.*
U.D.: Gibt es etwas Spezielles, was du durch sie lernen kannst?
*Kl.: Mich nie mehr von einer schönen Hülle blenden lassen! Aber jetzt geht es um die Kinder. Die stehen mir ganz nahe ... Wir waren schon oft gemeinsam auf der Erde, in den unterschiedlichsten Verbindungen. (ergriffen) Wir gehören zur selben Seelengemeinschaft!*

Seine Rückführung lag drei Jahre zurück, als ich wieder von Roché hörte. Er hatte kurz nach der Sitzung die Zwillinge aus dem Heim zu sich zurückgeholt und wurde ihnen ein liebevoller Adoptivvater. Wenn er arbeiten musste, schaute eine Kinderfrau nach ihnen. Er beschrieb sein Leben wieder als glücklich, aber auf eine neue Art: »Ich bin gelassener geworden, und

Äußerlichkeiten sind mir nicht mehr so wichtig, aber dafür die Kinder. Ich fühle mich unendlich reich beschenkt, dass ich diese Seelen wiederfinden durfte. Das verdanke ich wohl meinem guten Karma aus dem Vorleben! Ich liebe es, mit meinen Buben zünftig zu spielen und einfach Zeit mit ihnen zu verbringen. Wir gehen viel zusammen hinaus. Ich kann die Natur jetzt ganz anders wahrnehmen; so unsagbar schön und jeden Augenblick anders und doch von einer gleichbleibenden Urkraft. Ich spüre, wie mich diese Kraft durchdringt. Sie tut mir in der Seele gut! Mein Leben hat jetzt viel mehr Sinn.«

Roché verbrachte mehrfach einige Urlaubstage mit seinen beiden Jungs in jener Region in Frankreich aus seinem Vorleben und erkannte viele Details aus seiner Rückführung wieder. Er konnte sogar die Ruine des Bauernhofs ausfindig machen. »Und vielleicht«, meinte er schelmisch lächelnd, »treffe ich dort in der Gegend eines Tages auch eine Frau, die so natürlich und lieb ist wie damals Sophie.«

## Karma-Coaching-Übung 5
## Seine Kindheit positiv nutzen

### *Reise zum inneren Kind*

**Führen Sie zuerst** wieder die Basisübung »Den Energielevel anheben« durch.
**Nehmen Sie** tiefe, lichtvolle Atemzüge und lassen Sie vor Ihren inneren Augen einen wunderschönen Ort auftauchen, an dem Sie sich sehr wohl und geborgen fühlen. Es könnte ein Ort sein, den Sie kennen, oder auch ein Fantasieort. Wie sieht es dort aus? Vielleicht können Sie ihn innerlich deutlich sehen oder Sie wissen einfach, wie es da ist, das ist genauso richtig und gut. Wichtig ist, dass Sie spüren, dass Sie sich an diesem Ort wohlfühlen.

**Jetzt kommt** Ihr Seelenführer zu Ihnen, legt den Arm um Ihre Schultern und führt Sie zu einem großen Schrank. Darauf steht Ihr Name geschrieben und »Das innere Kind«. Ihr Seelenführer erklärt Ihnen, dass in diesem Schrank alle wichtigen Geschehnisse aus Ihrer Kindheit für Sie aufbewahrt sind. Er öffnet langsam die Türen des Schranks, und Sie können hineinsehen. Lassen Sie den Inhalt als Gesamtes eine Weile auf sich wirken und beachten Sie dabei alle Ihre Gefühle.

**Es steigt jetzt** eine bestimmte Erinnerung in Ihnen auf. Um welche Erinnerung handelt es sich? Wie alt sind Sie da? Wie sehen Sie aus? Wer ist bei Ihnen und wo befinden Sie sich? Was genau geschieht und wie fühlen Sie sich dabei?

**Nehmen Sie alles wahr,** ob angenehm oder unangenehm. Lassen Sie sich ganz in Ihre Kindheit hineinsinken!

**Falls keine** spezielle Erinnerung kommen sollte, lassen Sie einfach den Gesamtinhalt »Kindheit« weiter auf sich wirken und nehmen alle Ihre Gefühle wahr und welche Gedanken und Assoziationen in Ihnen dazu aufsteigen.

**Wenden Sie sich nun** wieder Ihrem Seelenführer zu und teilen Sie ihm innerlich mit, was Sie aus diesen Erinnerungen Wichtiges lernen könnten, um Ihr heutiges Leben noch lichtvoller zu führen. Zum Beispiel das innere Kind trösten und ihm Geborgenheit, Spaß und Freude schenken; sich und anderen verzeihen; jemandem danken; Schluss machen mit Selbstmitleid, Schuldzuweisungen und negativem Denken; aufhören, andere zu provozieren, bis ihnen »der Kragen platzt«; sich in bestimmten Situationen nicht mehr so verhalten, als sei man ein kleines, hilfloses Kind, sondern selbst die Verantwortung für sein Leben übernehmen; sich Achtung und Respekt verschaffen; sich von gewissen Menschen und Orten abgrenzen; sich mehr Zeit nehmen für sich selbst, nahestehende Menschen und Tiere; sich mehr loben, verwöhnen und anerkennen; sich bewusst um andere Kinder kümmern.

**Was meint** Ihr Seelenführer dazu? Vielleicht möchte er Ihre Einsichten bejahen oder etwas korrigieren, ergänzen? Vertrauen Sie darauf, dass Sie ihn intuitiv, telepathisch verstehen.

**Danach schließt** der Seelenführer die Schranktüren wieder und bringt Sie nochmals an Ihren schönen inneren Ort der Harmonie.

**Verweilen Sie dort so lange,** bis Sie sich ausgeglichen und wohlfühlen.

**Schreiben Sie** Ihre Erlebnisse auf.

### *Selbstcheck: Karma auf der Waagschale*

**Nun stellen Sie sich wieder vor,** dass die guten und die schlechten Taten auf zwei Waagschalen liegen. Wie viel gutes Karma und wie viel schlechtes Karma haben Sie in Ihrem bisherigen Leben zum Thema »Umgang mit der Kindheit und dem inneren Kind« angesammelt? Welcher Teil überwiegt? Was ist das Positive, das Sie eine schwierige Situation zu diesem Thema lehren möchte? Was könnten Sie konkret tun, um Ihr schlechtes Karma abzubauen und das gute Karma zu vermehren? Beginnen Sie noch heute damit!

**Wiederholen Sie** bei Bedarf die Basisübung »Den Energielevel anheben«, bis Sie sich wohl und voller Licht, Ruhe und Frieden fühlen.

# Karma und der Umgang mit Tieren

*Auch wenn es gelänge, die Tiere vor uns zu schützen,
hätten wir nichts erreicht. Erst wenn es gelingt,
die Tiere nicht mehr schützen zu müssen, sind wir am Ziel.
Dann haben wir etwas verändert: uns.*

*Michael Aufhauser* [2]

Tiere haben schon immer mein Herz und meine Seele tief berührt. Ich liebe sie ganz besonders und verdanke ihnen enorm viel an Liebe, Freude und wichtigen Erkenntnissen. Sie gehören zu meinen besten und wunderbarsten Lehrern und Freunden.

Sehr viele Menschen lieben ihre Haustiere, behandeln sie gut und mögen Tiere ganz allgemein. Aber die meisten Menschen schauen weg, wenn es um die Situation der Nutztiere geht, die man fast immer erst in totem, verarbeitetem Zustand zu Gesicht bekommt. Wir nehmen diese Tiere nicht als Lebewesen wahr, sondern als Schnitzel, Handtaschen oder Lederschuhe. Oder wir sehen Milch, Eier, Käse und Daunendecken. Produkte, Dinge ohne Gefühle. Dadurch geschieht so viel Grauenvolles! Ich bin davon überzeugt: Fast jeder Mensch, der sehen würde, was alles mit einem Tier passiert, bis es als Nahrungsmittel oder Gegenstand bei uns landet, würde vor Entsetzen schreien, weinen, ohnmächtig werden oder sich übergeben müssen. Und er würde keine tierischen Produkte mehr konsumieren wollen. Mit den Worten von Paul McCartney: »Wenn Schlachthäuser Glaswände hätten, wären alle Menschen Vegetarier.«[3]

In dem großen Bereich, wie wir mit Tieren umgehen, liegt eine immense Quelle für schwärzestes Karma. Aber auch die große Chance, die karmische Bilanz zu verbessern und für alle auf der Erde das Leben schöner und lebenswerter zu machen.

## Haben auch Tiere eine Seele?

Ein Mensch, der glaubt, dass ein Tier keine Seele haben würde, ist von seiner eigenen Seele sehr weit entfernt. Er hat mein tiefstes Bedauern. Tiere haben selbstverständlich göttliche Seelen, und diese kommen nach ihrem Tod ebenfalls in die spirituelle Welt. Oftmals sind die Seelen der Tiere derart verletzt von dem, was ihnen Menschen auf der Erde angetan haben, dass sie zunächst einmal nichts anderes als Heilung brauchen.

Mensch und Tier haben unterschiedliche Aufgabenfelder. Ein wesentlicher Unterschied zwischen beiden liegt darin, dass ein Mensch bewusst wählen kann. Wir haben die Freiheit der Entscheidung und tragen damit auch die Verantwortung für alles, was wir denken, sagen und tun. Tiere haben diese Form der Intelligenz nicht. Dafür zeichnen sie eine Wahrnehmungsfähigkeit und ein Können in anderen Bereichen aus, deren Ausmaß wir zum Großteil nicht einmal erahnen. Tiere sind wie wir ein wesentlicher Aspekt der gottgewollten Schöpfung.

Leben im biologischen Sinne gibt es auf der Erde bereits seit mindestens 3,5 Milliarden Jahren. In der kurzen Zeitspanne seit dem Auftauchen des modernen Menschen änderte sich jedoch vieles rapide zum Schlechten. Der Mensch begann, sich die Erde »untertan« zu machen: sie zu zerstören und auszubeuten. Und das Leid der Tiere hat sich in den letzten Jahrzehnten noch entsetzlich gesteigert. All die abscheulichen Gräuel, die Menschen Tieren tagtäglich antun, Massentierhaltung, Tierversuche, Tiertransporte über weite Strecken, Jagd und Treibjagd, Pelztierfarmen, Qualzüchtungen, Zirkusnummern – all das ist unnötig und höchst unethisch. Hinter all diesen Begriffen verbirgt sich unermessliches Elend und Qual. Ich rate jedem, sich selbst ein Bild davon zu machen und sich durch Literatur und Internetberichte weiter zu informieren.

Der Dichter Manfred Kyber stellte in den ersten Jahrzehnten des 20. Jahrhunderts als einer der Ersten das Wohl der Tiere in den Mittelpunkt seiner Werke. Er setzte sich dafür ein, dass der Mensch das Tier in geschwisterlicher Verbundenheit sieht. Seine Tiergeschichten berühren enorm. Aus der Sicht des Tieres beschrieb er schon 1926, wie ihm zumute ist, wenn es zum Schlachter kommt, und klagte gegen Tierversuche, die er als »abendländische Kulturschande« bezeichnete.[4] Ans Herz legen möchte ich Ihnen auch das wichtige Buch von Manfred Karremann: »Sie haben uns behandelt wie Tiere«.[5]

Einer der Hauptgründe für die Entstehung von schlechtem Karma liegt heute tatsächlich im gnadenlosen Umgang mit Tieren, sowohl bei denjenigen, die daran direkt beteiligt sind, als auch bei denen, die davon profitieren oder solche tierische Produkte konsumieren. Die Ausrede, das alles nicht gewusst zu haben, zählt nicht. Jeder kann sich gründlich informieren und ehrlich hinschauen, anstatt vor diesen Themen den Kopf in den Sand zu stecken. Und er hat aus meiner Sicht auch die ethische Pflicht dazu.

## Spirituelle Entwicklung auf Kosten Schwächerer?

Tiere haben Gefühle wie wir und ein Nervensystem, das sie Schmerz empfinden lässt. Ein Hummer leidet, wenn er in kochendes Wasser geworfen wird, und Fische, wenn sie ersticken müssen, ebenso halb verdurstete Rinder, die von einem Land ins andere gekarrt werden – die Kühe dabei meist noch trächtig, damit sie mehr wiegen, denn der Verkaufspreis ergibt sich aus den Kilos.

Allein die Idee, dass Tiere weniger wert seien als Menschen und man sie deshalb quälen und martern dürfe, zeigt, dass der Mensch sein Gewissen ausgeschaltet und sein Mitgefühl verloren hat. Schlimm genug, dass der Großteil dieses Grauens gesetzlich erlaubt ist oder zumindest geduldet wird und vieles sogar durch Steuergelder gefördert und bezahlt wird. Egal, welche Ausreden Menschen für ihre Verbrechen an Tieren vorbringen mögen, Tatsache ist, dass der Mensch karmisch verstrickt bleibt und Kriege und Gräuel auf der Erde nicht weniger werden können, solange die Menschheit sich gegen die Tiere versündigt.

Wer bereit ist, seinem Gewissen zuzuhören, wird mit Tieren selbstverständlich, sei es direkt oder indirekt, gut umgehen und ihnen mit Achtung, Liebe und Barmherzigkeit begegnen. Doch Menschen, die Tiere lieben und sich für deren Rechte einsetzen, werden gern belächelt oder aufgefordert, stattdessen lieber Menschen zu unterstützen. Tiere zu lieben und ihnen zu helfen ist aber außerordentlich wichtig, auch im höchsten Sinne! Und damit darf nicht erst begonnen werden, wenn es irgendwann in ferner Zukunft allen Menschen weltweit gut gehen sollte. Tiere sind unsere Mitgeschöpfe, sie sind wie wir fühlend und beseelt, ein Teil der göttlichen Schöpfung. Sie müssen uns nicht gefallen oder etwas für uns leisten, um ein Recht auf ein gutes, artgerechtes Leben zu haben. Sie sind zum Teil anders als wir, aber ganz sicher nicht schlechter oder weniger wert. Es sind Lebewesen, die sich mit uns einen Planeten teilen mit allen Rechten, die dazugehören.

Sehr oft habe ich folgende Erfahrung gemacht: Wer kein Herz für Tiere hat, hat es meist auch nicht für Kinder, Alte, Behinderte oder Arme. Für viele Menschen ist es beglückend, mit einem Haustier zu leben. Aber in vielen Mietshäusern und sogar Altersheimen sind Tiere verboten. Wie brutal und lieblos ist das! Alte Menschen sind oft in großer Sorge, was nach ihrem Dahinscheiden oder wenn sie in ein Heim ziehen müssen, mit ihrem Haustier geschieht. Sie möchten für ihr Tier über den Tod hinaus sorgen, und das ist sicher auch richtig im Sinne von gutem Karma. Es schenkt zudem dem Sterbenden innerlich einen ruhigen Übergang. Erben übernehmen gern den Besitz, aber leider selten das Tier. Da hilft eine Tierabsicherung, wie man sie beispielsweise bei der »Gut Aiderbichl Stiftung« abschließen kann.[6] Wichtig ist, die Versorgung seiner Haustiere testamentarisch mit dem Vermerk »unwiderruflich« zu verfügen, am besten notariell beglaubigt. Wenn wir gutes Karma schaffen und uns verantwortungsvoll gegenüber anderen verhalten wollen, ist es sehr wichtig, dass wir auch die irdischen Gesetze und Möglichkeiten dazu beachten und ausschöpfen.

## Kann veganes Essen den Welthunger beenden?

Sich karmisch und ethisch mit den Tieren zu beschäftigen ist untrennbar mit dem Thema Ernährung verbunden – und das betrifft jeden von uns täglich. Ein Raubtier frisst Fleisch, weil es das braucht und keine andere Wahl hat. Der Mensch aber braucht kein Fleisch und kann heutzutage bewusst wählen, was er isst. Die blutigen Kapitel »Schlachten von Tieren« und »Schlachten von Menschen im Krieg« gehören zusammen, und die Menschheit wird sie beide abschließen müssen, wenn sie sich weiterentwickeln und nicht insgesamt zugrunde gehen will. Wenn sie das schafft, wird sie überall auf der Welt Frieden erleben und einen entscheidenden Entwicklungssprung auf eine höhere Bewusstseinsebene gemacht haben. Überaus viel negatives Gruppenkarma wird dann aufgelöst sein. Wie lange es bis dahin dauert und was alles passieren muss, um die nötige Anzahl Menschen zum Umdenken zu bewegen, hängt von der Bemühung jedes Einzelnen ab.

Wie sieht es denn mit den Ernährungsgewohnheiten im Allgemeinen aus? Noch vor wenigen Jahrzehnten gab es Fleisch und Wurst nur zu besonderen Anlässen, mittlerweile fast täglich. Von unterschiedlichen Seiten redet man Menschen auf der ganzen Welt ein, dass tierische Produkte für die Gesundheit wichtig seien – mit oft grotesken Folgen. Wir haben beispielsweise einen Freund in Peking, dessen Frau jeden Tag ein Schälchen Milch trinkt, weil sie meint, dass das heute »in« sei für die moderne Frau von Welt. Wie der Großteil der Chinesen verträgt sie aber gar keine Milchprodukte, doch sie nimmt Tabletten ein, damit es dennoch ohne direkt spürbare Folgen geht.

Ich möchte Ihnen einige Fakten mit auf den Weg geben, die Ihnen den Umstieg auf eine vegetarische oder vegane Ernährung leichter machen können. Sie werden schon beim Lesen merken, wie viel Gutes Sie damit für sich, für die Tiere und für die gesamte Welt tun.

Alles, was wir an Nahrung zu uns nehmen, prägt uns nicht nur körperlich, sondern auch seelisch und hat weitreichende karmische Auswirkungen. Wenn wir Produkte von misshandelten Tieren essen, laden wir Schuld auf uns, und die leidvolle Energie dieser Tiere zieht unseren Energielevel zusätzlich nach unten. Einfach ausgedrückt: Jeder Bissen Fleisch vermehrt unser schlechtes Karma. Wenn wir uns spirituell entwickeln wollen, ist es unumgänglich, unser Essverhalten ethisch und lichtvoll umzugestalten.

Es gibt viele köstliche Ersatzprodukte für Fleisch, Wurst und Milchprodukte, und veganes Essen kann sich jeder leisten. Viele vegane »Fleischersatz«-Produkte schmecken sehr ähnlich wie ihr tierisches Pendant, kosten oft weniger und sind weitaus gesünder. Von Verzicht kann da wirklich nicht die Rede sein. Im Naturkostladen und selbst im Supermarkt finden Sie viele entsprechende Angebote, denn vegane Ernährung setzt sich erfreulicherweise immer mehr durch. Empfehlen möchte ich auch die veganen Kochbücher von Attila Hildmann mit vielen leckeren Rezepten, Einkaufs- und Gesundheitstipps.

Die gesundheitlichen Vorteile liegen ebenfalls auf der Hand: Vegetarier leben länger als Fleischesser. Das Deutsche Krebsforschungsinstitut in Heidelberg errechnete beispielsweise, dass von 100 in der Altersgruppe der Studienteilnehmer statistisch zu erwartenden Todesfälle unter den Vegetariern nur 59 eintraten.[7] Veganer und Vegetarier sind zudem meist schlanker. Eine ausgewogene, gesunde, vegane Ernährung verursacht üblicherweise nur sehr selten Mangelerscheinungen. Eine der Ausnahmen könnten Vitamine der B-Gruppe – vor allem Vitamin B12 – sein, die sich falls nötig einfach als Nahrungsergänzungsmittel zuführen lassen.

Die Art der Haltung spielt ebenfalls eine Rolle, denn alles, was die Tiere an Medikamenten und Zusatzstoffen in ihr Futter bekommen, geht in die Erde, in den Wasserkreislauf, aber auch in die Körper derer, die sie essen. Allein in Deutschland betrug der offiziell angegebene jährliche Verbrauch von Antibiotika für die Massentierzucht 2011 mehr als 1700 Tonnen[8], in China waren es sogar rund 100 000 Tonnen.[9] Sehr viele Menschen können mittlerweile auch bei schlimmsten Infektionskrankheiten nicht mehr mit Antibiotika behandelt werden, da die bakteriellen Krankheitserreger dagegen resistent geworden sind. Ein Hauptgrund dafür ist eben dieser exzessive Einsatz von Antibiotika in der Massentierzucht. Damit sich die Tiere infolge ihres qualvoll engen Lebensraumes nicht gegenseitig töten oder verletzen, gibt man ihnen zusätzlich zu anderen Medikamenten außerdem oft Valium. All dies bleibt den Tieren, uns und der Umwelt erspart, wenn wir keine tierischen Produkte mehr kaufen.

Ebenso ein Großteil der Treibhausgase: Berechnungen des Worldwatch-Instituts zufolge stammt etwa die Hälfte des vom Menschen verursachten Treibhausgasausstoßes auf der Erde aus der Nutztierhaltung und der Verarbeitung von Tierprodukten.[10]

Die Produktion von Fleisch bedeutet nicht zuletzt eine riesige Verschwendung von Ressourcen. Um ein Kilogramm Fleisch zu erzeugen, werden rund 15 Kilogramm Getreide benötigt! Der Agrarwissenschaftler Dr. Edmund Haferbeck bringt es auf den Punkt: Hinter diesem Vernichtungsprozess stehen nicht nur die maßlose Vergeudung von 15 Kilo Getreide und 15 000 Litern Trinkwasser pro Kilogramm Fleisch, sondern auch großflächige Rodungen von Regenwäldern und die unheilvolle Produktion von Unmengen von Klima- und Umweltkillern.

Würden die Menschen einer Großstadt auch nur einen Tag auf tierische Produkte verzichten, würde das Hunderttausenden Tieren das Leben retten, Millionen Liter an wertvollem Trinkwasser sparen und zigtausende Tonnen klimaschädlicher Emissionen verhindern – und es würde der Gesundheit der Menschen auch ganz direkt dienen, so Haferbeck.[11]

Während wir über den Fleischkonsum also Ressourcen vergeuden, fast ein Drittel der Menschheit Übergewicht mit sich herumschleppt[12] und ein Drittel aller weltweit produzierten Nahrungsmittel weggeworfen wird, sind 800 Millionen Menschen auf der Welt unterernährt und zwei Milliarden Menschen mangelernährt.[13] Fast ein Viertel aller Kinder unter fünf Jahren ist untergewichtig. Alle fünf Sekunden stirbt ein Kind an den Folgen von Hunger und Unterernährung![14] Wenn sich alle Menschen vegan oder vegetarisch ernähren würden, wäre das Welthungerproblem gelöst!

Wer jetzt glaubt, Fisch sei die Alternative: leider nein. Abgesehen von der Verschmutzung der Meere und Binnengewässer, die in die Fische übergeht, haben die modernen Fangmethoden die globalen Fischbestände um bis zu 80 Prozent dezimiert. Mit gigantischen Schleppnetzen sind vor allem die Fischgründe des Nordatlantiks und des Mittelmeeres praktisch leer gefischt.[15]

Diese kleine Auswahl an belegbaren Fakten spricht für sich.

Wer den Menschen, den Tieren und der Umwelt helfen und schlechtes Karma abbauen möchte, sollte, so weit es ihm möglich ist, auf tierische Produkte verzichten. Zumindest sollte er den Verbrauch stark reduzieren und nur tierische Erzeugnisse aus artgerechter Tierhaltung konsumieren; am besten von einem Bauernhof, den er selbst kennt. Vegan ist aus meiner Sicht einer »nur« vegetarischen Ernährung unbedingt vorzuziehen. Nicht zuletzt, weil die Tiere, die man vorwiegend für Eier oder Milchprodukte hält – auch solche aus Freiland- und Biohaltung –, meist ebenso auf dem Tiertransporter enden und geschlachtet werden, sobald sie für den Menschen nicht mehr genügend Leistung erbringen.

Es liegt in unserer eigenen Verantwortung, Körper und Geist, aber auch Umwelt und Erde möglichst gesund zu erhalten.

Viele weitere Tipps und praktische Anleitungen finden Sie auch in unserem Buch »Trotz allem gesund: Die neue Dimension der Gesundheit. Ein Ratgeber aus wissenschaftlicher und spiritueller Sicht«[16].

## Frieden und Einklang mit den Tieren – keine Utopie?

Die Erde ist ein so wunderschöner, faszinierender Planet! Es ist ein Geschenk, hier leben zu dürfen! Es gibt unendlich viel Wunderbares zu entdecken, zu genießen, zu hegen und zu pflegen. Vielleicht beobachten Sie auch gern in Ruhe frei lebende Tiere in der Natur. Oder Sie streicheln, umsorgen und pflegen zahme Tiere, die das mögen. Das können wunderschöne, tief gehende Erlebnisse sein, die enorm viel Liebe, Freude und Kraft schenken.

Es ist ganz besonders erholsam und aufbauend, mit glücklichen Tieren in schöner Umgebung zusammen sein zu dürfen.

Mein Mann und ich leben in der Nähe des Tierparadieses »Gut Aiderbichl« und sind dort oft zu Besuch. Der Gründer Michael Aufhauser, der seine Zeit, sein Geld, seine Liebe und seinen ganzen Einsatz den Tieren, aber auch hilfsbedürftigen Menschen widmet, lebt uns allen hohe ethische Werte in der Mensch-Tier-Beziehung vor. Auf 26 Höfen, verteilt über mehrere Länder, leben bereits über 6000 gerettete Tiere; es ist der größte Gnadenhof Europas, vielleicht sogar weltweit. »Gut Aiderbichl« ist ein wunderschöner Ort, auch die Ställe und Gebäude zeigen, dass Zweckmäßigkeit und Ästhetik sehr wohl Hand in Hand gehen können. Die Ausstrahlung der vielen geretteten Tiere, die dort erstklassig versorgt glücklich und zufrieden leben, tut unendlich gut. Ein Stück Himmel auf Erden! Viele meiner besten Ideen sind mir dort eingefallen.

Besonders schön ist es auch zu beobachten, wenn sich gestresste oder verhärmt wirkende Besucher aller Altersgruppen beim Anblick dieser Tiere allmählich entspannen und glücklich lächeln. Sicher werden auch bei Kindern, die sich dort aufhalten dürfen, sehr positiv die Weichen gestellt.

Es ist höchst erfreulich, wie viele Menschen weltweit durch Spenden und ehrenamtliche Mitarbeit helfen, dass schlecht behandelte Tiere überhaupt gerettet werden und Tierheime und Gnadenhöfe existieren und überleben können. Immer mehr Menschen setzen sich für ethische Rechte und ein artgerechtes Leben der Tiere ein. Da wird viel gutes Karma geschaffen. Ein harmonisches Miteinander ist keine Utopie; das Umdenken hat längst begonnen. Machen Sie mit!

## Fallbeispiel 6:
## Mitgel F. – Seelenfreunde

Mitgel, ein Schweizer aus dem Kanton Graubünden, war Ende zwanzig, als er sich leidenschaftlich in Adelina verliebte, eine junge Referendarin an der Schule, wo er als Lehrer tätig war. Adelina wohnte noch bei ihren Eltern, und als Mitgel sie dort besuchen kam, sah er sich bereits im Garten von zwei großen Hunden, einer Ziege, zwei Ponys, drei Katzen und einem Hängebauchschwein umringt, die ihm fröhlich als Familienmitglieder vorgestellt wurden. Stocksteif und blass stand Mitgel dort, bis Adelina und ihre Eltern seine Pein endlich registrierten und ihn von den Tieren wegführten. Er gestand ihnen, dass er seit der Kindheit eine irrationale Angst vor Tieren habe, ebenso vor sehr großen Männern. Er unterließ es aber, über den Auslöser zu sprechen, da er diese Erinnerung möglichst wegdrängte.

Adelinas und Mitgels Beziehung wurde sehr innig und tief und sie planten, nach Adelinas Examen zusammenzuziehen und eine Familie zu gründen. Allerdings wollte Adelina dann auch Haustiere haben, denn sie liebte Tiere und war es von zu Hause gewohnt, mit ihnen zusammen zu sein. Sie fand es unnatürlich und freudlos, ohne Tiere zu leben und Kinder ohne Tiere aufwachsen zu lassen. Mitgel, ein herzensguter Mensch, war bei seinen Schülern sehr beliebt und wurde von seinen Kollegen geschätzt, aber er brauchte ständig Ausreden und Tricks, um seine Probleme geheim halten zu können. Vor Elternabenden nahm er Valium aus Angst vor großen Vätern und verbot es mit Nachdruck, Tiere mit in die Schule zu bringen. Adelina ermutigte Mitgel deshalb zu einer Psychoanalyse. Er machte es ihr zuliebe, aber als sich nach siebzehn Monaten Behandlung immer noch nichts tat, zog sich Adelina mehr und mehr von ihm zurück. Zu dieser Zeit erfuhr Mitgel durch einen Freund von »spirituellen Rückführungen in die Kindheit« und kam zu einer solchen Sitzung zu mir: »Ich möchte meine Probleme aus meiner Kindheit lösen, aber es geht einfach nicht. Bitte helfen Sie mir. Wenn ich Adelina verliere, hat mein Leben keinen Sinn mehr, dann weiß ich nicht, was ich tue«, vertraute Mitgel mir verzweifelt an.

Wenn ich Menschen rückführe, nehme ich einen möglichst neutralen Standpunkt ein. Ich höre mir ihre Lebensgeschichten aus einer übergeordneten, seelischen Warte an. Das ist sehr wichtig, denn dadurch kann ich mich von meiner Seele und den Seelenführern inspirieren lassen und meine Klienten optimal auf ihren inneren Reisen begleiten, ohne Gefahr zu laufen, mich mit persönlichen Emotionen in die oft sehr ergreifenden Schicksale hineinziehen zu lassen. So war es auch bei Mitgel, als er mir in tiefer Entspannung von einem einschneidenden Erlebnis aus seiner Kindheit im heutigen Leben berichtete:

*Kl.: Wir leben in Australien, in der Nähe der Küste, am Rand von einem Dorf. Ich bin sieben Jahre alt, spiele mit einem Wallaby, einem kleinen Känguru. Es lief meiner Mama ins Auto, als sie von der Stadt zurückfuhr. Das linke Hinterbein ist verletzt. Wir pflegen es gesund. Es ist ganz zahm und noch ein Kind wie ich. Mama freut sich auch, sie weint seitdem nicht mehr.*
U.D.: Warum weinte sie?
*Kl.: Papa und sie streiten immer. Er schlägt sie oft, damit sie zu Hause bleibt, aber sie möchte lieber in die Stadt. Er ist sehr groß und schaut meistens finster drein. Er will im Dorf bleiben, aber Mama möchte das nicht. Papa ist oft sehr lange weg. Er fährt mit dem Lastwagen in viele Städte und bringt Sachen hin.*
U.D.: Gibt es noch etwas anderes Wichtiges, das sich aus deiner Kindheit zeigen möchte? (Klient schweigt und atmet schwer)

Dein Seelenführer nimmt dich jetzt bei der Hand, und ich zähle bis drei. Dann zeigt sich eine sehr wichtige Szene: Eins, zwei, drei, jetzt!

*Kl.: Papa kommt nach Hause. Er merkt, dass Mama in der Stadt war. Er sieht es an der Benzinuhr vom Auto. Er schreit, nennt sie »verdammte Schlampe«. Mama nimmt mich an der Hand und läuft aus dem Haus. Wir gehen zu Wallysun. Er kann schon stehen, ist aber noch wackelig. Papa kommt nach. Er reißt Mama an den Haaren, sie schreit. Ich versuche, Papa am Arm festzuhalten. Da sieht er das Känguru. Er fragt, was das soll. Ich erzähle es ihm. Papa sagt, er will keine Tiere, er hat es uns verboten. Er gibt mir eine Ohrfeige. Mama sagt, dass sie Papa verlassen wird, sofort. Es sei jetzt endgültig genug. Sie dreht sich weg.*

U.D.: Und dann? Schau dir alles an, was damals war, und gleichzeitig weißt du, dass du hier sicher und geborgen liegst.

*Kl.: (windet sich auf der Liege) Papa schreit: »Vergiss dein Tier nicht.« (schluchzend) Er nimmt das Känguru und schlägt damit Mama, immer wieder. Es schreit entsetzlich und Mama auch. Ich renne dazwischen, aber er tritt mich weg. Mama kriecht auf dem Boden, sie blutet am Kopf. Er schlägt weiter auf sie ein, bis sie sich kaum mehr bewegt. Dann wirft er das Känguru neben sie. Es ist blutig und zermatscht und bewegt sich auch nicht mehr.*

Nachbarn eilten herbei, die das Geschrei gehört hatten. Die Mutter kam schwer verletzt ins Krankenhaus, der Vater ins Gefängnis, die Ehe wurde geschieden, und die Mutter ging nach ihrer Genesung mit dem kleinen Mitgel zurück in die Schweiz. Mitgel erzählte weiter, dass er ab da jahrelang Bettnässer war und bis heute Panik vor fremden, sehr großen Männern und vor jedem Tier hat, das größer ist als eine Maus.

U.D.: Gehe nochmals dorthin, wo deine Mutter das Känguru nach Hause bringt. Wie ist das für dich?
*Kl.: Es ist dunkel draußen, nur das Hoflicht brennt. Mama steigt aus dem Auto und legt einen Finger an die Lippen, damit ich ganz leise bin. Dann zeigt sie mir das Wallaby. Es liegt in einer Decke auf dem Rücksitz und schaut mich verschreckt an. Aber schon nach zwei Tagen leckt es mir die Hand. Es ist sooo lieb und schnuusig!*
U.D.: Wie fühlst du dich dabei?
*Kl.: (selig) Es kitzelt ein wenig und ist nass. Es ist lustig. Ich darf ihm einen Namen geben: Wallysun. Ich bin total happy.*
U.D.: Fühle das, nimm es tief in dich hinein. Tief atmen. (Pause) Ist das Tier gefährlich? Könnte dir etwas geschehen?
*Kl.: Nein, Wallysun ist mein bester Freund.*
U.D.: Nimm auch das tief in dir auf ... Und nun halte dieses Bild, wo du mit deinem Kängurufreund zusammen bist, innerlich fest, und gleichzeitig nimmst du wahr, wie du hier als erwachsener Mann auf dem Bett liegst. Geht das?
*Kl.: Ja.*
U.D.: Wie geht es dir dabei?
*Kl.: Gut.*
U.D.: Bitte deinen Seelenführer, zu dir zu kommen, und sage mir, wenn er da ist.
*Kl.: Ja, jetzt.*
U.D.: Kann er dir die Seele von Wallysun zeigen?
*Kl.: (flüstert) Ist schon da. Wallysun ... mein kleiner Wallysun! (mit vor Tränen erstickter Stimme) Er ist gesund und leuchtet ganz weiß! Jetzt hopst er mir auf die Arme und leckt mir über das Gesicht.*

Nachdem es geglückt war, den Klienten und sein geliebtes Tier auf der Seelenebene wieder zu vereinen, beschloss ich, einen

Schritt weiterzugehen und eine spirituelle Desensibilisierung der belastenden Kindheitserinnerung vorzunehmen.

U.D.: Genieße das Zusammensein mit deinem Freund! Du weißt jetzt, dass es ihm wunderbar geht, obwohl sein kleiner Körper so schlimm ermordet wurde. Schau nochmals dahin, wo er tot neben deiner Mutter liegt.
*Kl.: (stoßweise) Das tut so weh, als würde ich innerlich zerrissen. Ich kann kaum schnaufen.*
U.D.: Und jetzt nimmst du Wallysun wieder auf die Arme, da, wo ihr beide Seelen seid.
*Kl.: (aufatmend) Er schmiegt sich an mich.*
U.D.: Verankere diese Erkenntnis, dass er gesund und munter ist, mit ein paar tiefen Atemzügen fest in dir. (Pause) Ich möchte deinen Seelenführer bitten, dass die Seele von deinem Vater zu dir kommt. Bist du einverstanden?
*Kl.: (langsam) Er steht ganz weit weg. Mein Seelenführer hält mich an der Hand und geht mit mir näher hin ... Papa weint, es tut ihm schuurig leid. Mein Seelenführer fragt mich, ob ich seiner Seele verzeihen kann. (seufzt schwer, dann nach längerer Pause) Das kann ich machen, aber ich will ihn niemals im Leben wiedersehen. (Pause)*
U.D.: Was geschieht jetzt?
*Kl.: Wallysun leckt mir wieder über das Gesicht, bis ich lache.*

Mitgel hatte ab da etwas weniger Angst vor Tieren, aber die Angst vor großen Männern war ungemindert vorhanden. Er kam zu einer weiteren Sitzung, denn vielleicht war in einem seiner vorherigen Leben der Grund dafür zu finden. Bald fand er sich in einem Vorleben in Nordafrika als Nomade wieder. Er war ein älterer, dunkelhäutiger, großer Mann namens Khalid, unterwegs mit drei jüngeren Männern.

U.D.: Was siehst du?

*Kl.: Ein wunderschönes braunes Auge mit langen seidigen Wimpern.*

U.D.: Wer ist das? Ein Mädchen?

*Kl.: Mein Kamel. Es schreitet neben mir her durch den Sand. Ich führe es am Zügel, rieche seinen Duft, höre das Knirschen des Sandes beim Wandern. Das ist mein Leben: Schritt, Schritt, Schritt.*

U.D.: Wovon lebt ihr?

*Kl.: Wir trinken Wasser und essen getrocknete Früchte; nichts von Tieren.*

U.D.: Warum nicht?

*Kl.: Das ist so. Es würde gegen die innere Ordnung verstoßen. Menschen sollen keine Tiere essen und nur reife Pflanzen.*

U.D.: Wer sagt das?

*Kl.: Das weiß ich einfach.*

U.D.: Was arbeitet ihr?

*Kl.: Wir befördern getrocknete Früchte und bestickte Kamelhaardecken durch die Wüste. Auf Kamelen, von einer Oase zur anderen. Am Tag ist es sehr heiß. Manchmal wandern wir bis spät in die Nacht hinein.*

U.D.: Das ist sicher sehr anstrengend.

*Kl.: Nein, schön ... Ein Sandsturm kommt. Wir müssen schleunigst in Deckung gehen. Die Kamele kauern sich nieder, wir nehmen ihnen die Lasten und Sättel ab und werfen Decken über uns. Höla, wie es braust ... Es wird ganz dunkel! Wir werden total vom Sand begraben.*

U.D.: Das klingt furchtbar.

*Kl.: Es ist in Ordnung, alle haben überlebt. Wir graben uns aus und schütteln den Sand so gut es geht ab.*

U.D.: Geh zur nächsten wichtigen Szene in deinem Leben als Khalid.

*Kl.: Ich wandere neben meinem Kamel unter dem Sternenhimmel, es ist Nacht.*
U.D.: Wie fühlst du dich?
*Kl.: Friedvoll.*

Es zeigte sich nichts Neues mehr aus diesem Vorleben, und ich wagte den Versuch, Mitgels Problem mit großen Männern direkt anzugehen.

U.D.: Was wurde dir in diesem Leben als Khalid Schlimmes angetan?
*Kl.: Nichts.*
U.D.: Was hast du dir Schlimmes anderen gegenüber zuschulden kommen lassen?
*Kl.: Nichts.*
U.D.: Was haben diese Erlebnisse als Khalid mit deiner Angst vor großen Männern zu tun?
*Kl.: Nichts.*
U.D.: Geh weiter zur nächsten wichtigen Szene. Was geschieht?
*Kl.: Ich gehe neben meinem Kamel im Sand. Es ist heiß, die Luft flimmert. Das sieht wunderbar aus.*

Es war nicht möglich, mehr Informationen zu erhalten. Ich war etwas ratlos. Zwar überlasse ich es immer der spirituellen Welt, dem Klienten das Vorleben zu zeigen, das am segensreichsten für sein heutiges Leben ist, und gebe kein Thema vor, aber hier sah ich nun keine Hilfe für Mitgels Probleme, denn die Sitzung »drehte sich im Kreis«. Ich wandte mich deshalb innerlich an meinen Seelenführer und den des Klienten mit der Bitte um Rat. Und da kam mir folgende Frage in den Sinn:

U.D.: Was hat dein Vater mit diesem Leben als Khalid zu tun?

*Kl.: (plötzlich traurig) Die Zeiten haben sich geändert. Sie haben eine Straße gebaut, Lastwagen transportieren jetzt die Güter. Es gibt keine Arbeit mehr für mein Kamel.*

Damals haben die Lastwagen den Gütertransport mit Kamelen überflüssig gemacht. Ich konnte keinen direkteren Bezug aus dieser Antwort ausmachen, als dass der Angst einflößende Vater des Klienten heute auch Lastwagenfahrer war. Jedenfalls half meine Frage, dass die Sitzung weiterlief.

U.D.: Wovon lebst du jetzt?
*Kl.: Meine Gefährten sind weg. Manchmal gibt es eine Gelegenheitsarbeit für mich zu tun. Ich bin alt, aber mein Kamel ist noch da. Es ist wie ein Teil meiner Seele. Eine solch tiefe Liebe, ich kann das nicht beschreiben ... Wenn ich mit ihm durch die Wüste gehe, ist alles wie ... wie eine Wanderung im Himmel!*
U.D.: Wie geht dein Leben zu Ende?
*Kl.: Wir gehen durch die Wüste, jetzt bin ich sehr alt. Auch mein Kamel ist sehr alt, zotteliges Fell und ganz staubig, so wie ich. Einmal lege ich mich nieder, schlafe ein bisschen. Mein Kamel stupst mich an der Schulter, und ich wache wieder auf. (überrascht) Aber ... das ist nicht mehr die Wüste. Wir sind in einem hellen Licht! Das Kamel springt in der Luft herum! Es sieht so jung aus, wie damals, als ich es kaufte. Auch ich bin wieder jung. (glücklich) Wir fliegen umeinander herum und schlagen Purzelbäume. Jetzt kommt auch mein Känguru! Es springt mir in die Arme. Mein Wallysun! (Pause) Viele andere Tiere schweben herbei (voller Freude): drei Zebras, ein Leu, eine Schlange, Enten, Schweine, Esel, Eidechsen, Schäflein, Vögel und Rösser. Und es kommen immer noch mehr, sogar Käfer ... Wie viele Freunde ich hier habe! Wir kennen uns aus vielen Vorleben. Sie begrüßen mich und springen im Kreis um*

*mich herum. (schluchzt ergriffen) Das ist Glückseligkeit! (längere Pause) Nun kommt mein Seelenführer. Er lacht herzlich und heißt mich zu Hause willkommen.*
U.D.: Wie schön! Hast du in der spirituellen Welt Aufgaben, die speziell mit Tieren zu tun haben?
*Kl.: Wir laden die Seelen von Menschen zu uns ein, die Tiere auf der Erde besonders geliebt haben. Gemeinsam arbeiten wir an einem Projekt mit dem Ziel, dass alle Tiere auf der Welt von den Menschen gut behandelt werden. Das betrifft vorwiegend junge Seelen. Sie sollen von Anfang an mit den Tieren freundschaftlich umgehen und das nicht erst im Laufe ihrer Leben auf der Erde lernen müssen.*
U.D.: Könntest du dieses Projekt auch als Mitgel in deinen Schulunterricht einbeziehen?
*Kl.: Das mache ich bereits. Nur bisher leider ohne Tiere! Aber ich habe vegan belegte Pausenweggli an der Schule eingeführt statt Wurst und Käse. Das schmeckt Kindern und Lehrern ... Nun bewegen sich die Tiere wieder um mich herum, auch die Seelen von einigen Menschen sind dabei. (freudig) Oh, da ist Adelina! Wir tanzen alle zusammen, herrlich ... Das hinterlässt feine geometrische Bahnen, die rosa, grün und golden schimmern. Wir verdichten auf diese Weise unsere Zusammengehörigkeit und Freundschaft.*
U.D.: Dient das einem bestimmten Zweck?
*Kl.: Wir gestalten energetische Verbindungsbrücken durch diese nonverbale Kommunikation. Die Strukturen der entstandenen Formungen zeigen unsere verschiedenen Ideen zu unserem Projekt. Das hilft auch anderen, diese Ziele zu erfassen. Und gewisse Muster und Farben heilen die Seelen von Tieren, die auf der Erde durch Menschen gequält wurden und verletzt zurückkamen.*

Vor allem höher entwickelte Seelen arbeiten im Jenseits an unterschiedlichen Aufgaben und Projekten mit dem Sinn, andere Seelen anzuleiten und in ihrem spirituellen Fortschritt zu unterstützen. Auch sogenannte Vergnügungen, wie hier zum Beispiel das gemeinsame Kreisen und Tanzen, dienen in der spirituellen Welt einem höheren Zweck.

U.D.: Es freut mich sehr, dass du als Seele mit den Tieren so glücklich bist. Spüre tief in dich hinein und schlage den Bogen zu deinem Problem auf der Erde: Was hat das alles, was sich heute gezeigt hat, mit deiner Angst vor großen Männern und Tieren zu tun?
*Kl.: (lachend) Keine Ahnung, und es ist mir auch egal. Ich habe keine Angst vor großen Männern und schon gar nicht vor Tieren! Ich habe Seelenfreunde! Hier ist so viel Liebe, für immer! Das kann mir niemand jemals nehmen oder zerstören. Das weiß ich jetzt sicher.*

Von diesem Zeitpunkt an war Mitgels Angst vor großen Männern und vor Tieren völlig weg und blieb weg. Inzwischen hat er mit Adelina zwei Kinder, und viele gerettete Tiere leben bei ihnen. Eines davon ist ein »ausrangiertes« Kamel von einem Zirkus, das sonst getötet worden wäre. Als Lehrer hat Mitgel ein neues Konzept, »Ethischer Umgang mit Tieren«, in seinen Schulunterricht integriert.

# Karma-Coaching-Übung 6
# Vom Egoismus zum Mitgefühl

## Essverhalten karmisch nutzen

**Führen Sie zuerst** die Basisübung »Den Energielevel anheben« durch.
**Nehmen Sie dann** weitere tiefe, lichtvolle Atemzüge und gehen Sie innerlich Ihre Essgewohnheiten durch. Fragen Sie sich: Wie gehe ich mit Essen um? Wie viele Nahrungsmittel werfe ich weg? Wie oft und in welchen Mengen konsumiere ich tierische Produkte. Stammen diese aus artgerechter Tierhaltung (Freilandhaltung, ökologisch, bio) oder von Tieren aus der Massentierhaltung (konventionelle Haltung)? Oder ernähre ich mich vegetarisch, vegan? Bin ich bereit, auf vegetarische oder vegane Ernährung umzustellen? Zumindest für ein paar Tage pro Woche?
**Schreiben Sie** alle Ergebnisse Ihrer Selbstbefragung auf.

Wenn Sie zur vegetarischen oder sogar veganen Ernährung wechseln wollen, könnten Sie mit einem vegetarischen – zum Beispiel wie bei »MeatFree Mondays« empfohlen[17] – und einem veganen Tag pro Woche beginnen und sich allmählich steigern. Tragen Sie diese Tage am besten fest in Ihren Terminkalender ein. Greifen Sie auch außerhalb dieser Tage zu Käsebrötchen anstatt zu Wurstbrötchen; schon das ist ein wesentlicher erster Schritt. Bevor Sie einkaufen und bevor Sie eine bestimmte Speise auswählen, könnten Sie mit ein paar lichtvollen Atemzügen Ihren Energielevel anheben und sich auf Ihre Liebe und Ihr Mitgefühl für die Tiere konzentrieren.

Fühlen Sie Ihre Verbundenheit mit der Schöpfung! Lassen Sie ein Gefühl der Dankbarkeit in sich dazu aufsteigen, dass Sie frei wählen können, Dinge zu essen, die Ihnen auch aus karmischer Sicht guttun.

Wenn es Ihnen trotz Ihres Wunsches nach einer vegetarischen oder veganen Ernährung schwerfällt, auf tierische Produkte zu verzichten, dann können Sie sich mit Ihrer Vorstellungskraft helfen: Sehen Sie sich innerlich immer wieder von einem höheren Standpunkt aus dabei zu, wie Sie Ihr rein pflanzliches Essen genießen und wie hervorragend es Ihnen bekommt. Sobald das gut geht, fällt es Ihnen viel leichter, diese inneren Bilder Schritt für Schritt in die Tat umzusetzen.

Das Loslassen überholter Gewohnheiten ist unerlässlich, um sich weiterentwickeln zu können. Der Mensch ist ein Gewohnheitstier. Also: Helfen Sie sich mit neuen guten Gewohnheiten, Ihr Essverhalten vermehrt ethisch auszurichten!

### *Selbstcheck: Karma auf der Waagschale*

**Stellen Sie sich nun wieder vor,** Ihre guten und schlechten Taten liegen auf zwei Waagschalen. Wie viel gutes Karma und wie viel schlechtes Karma haben Sie in Ihrem bisherigen Leben zum Thema »Essverhalten und Tiere« angesammelt? Welcher Teil überwiegt? Was ist das Positive, das Sie eine schwierige Situation zu diesem Thema lehren möchte? Was könnten Sie konkret tun, um schlechtes Karma abzubauen und gutes zu vermehren?
**Beginnen Sie** noch heute damit!

**Wiederholen Sie** bei Bedarf die Basisübung »Den Energielevel anheben«, bis Sie sich wohl und voller Licht, Ruhe und Frieden fühlen.

# Geben und Nehmen aus karmischer Sicht

*Schlechtes Karma kann sich nur so weit auflösen, wie wir bereit sind, auf unser Gewissen zu hören und Gutes zu tun.*

Man gewöhnt sich so schnell an das, was man hat. Kaum ist ein sehnlicher Wunsch in Erfüllung gegangen – ob es sich dabei um Gegenstände handelt oder um eine Beziehung –, hat das Objekt der Begierde seinen Reiz meist auch schon wieder verloren, und ein neuer Wunsch entsteht. Wünsche sind ein starker Antrieb und können unsere Entwicklung vorantreiben, aber nur wenn wir das, was wir erhalten haben, auch zu schätzen wissen und mit Dankbarkeit genießen. Dann lassen wir uns darauf ein, und es kann uns lehren und innerlich berühren.

Jeder Mensch ist manchmal unzufrieden oder fühlt sich als Opfer und jammert. Versinken wir aber in solchen Emotionen, verzerrt es unsere Wahrnehmung, raubt uns die Kraft und zieht noch mehr Negatives an. Viele Menschen unserer sogenannten Wohlstandsgesellschaft, darunter auch sehr wohlhabende, bilden sich ein, nicht genug an Gutem zu bekommen, und hoffen auf eine bessere Zukunft. Dadurch können sie das viele Positive in ihrem Leben gar nicht oder nur für kurze Zeit würdigen. Sie suchen vergeblich im Außen, was sie nur im eigenen Inneren finden könnten: wahre Erfüllung. So kann das ganze Leben verstreichen, ohne dass bei all den Ersatz- und Scheinbefriedigungen jemals echte Zufriedenheit erreicht würde.

## Genießen, was man hat?

Ein Wunsch, der in Erfüllung geht, kann eine Aufwärtsspirale an Positivem auslösen. Das entfaltet sich vor allem dann, wenn

Sie den erfüllten Wunsch und das viele Gute, was Sie bereits umgibt, wertschätzen und dankbar genießen. Verschieben Sie das Genießen nicht auf später: Das Leben findet im Jetzt statt und nicht irgendwann! Sie brauchen dabei kein schlechtes Gewissen zu haben, denn Sie nehmen damit niemandem etwas weg und verhindern auch nicht, dass Ihnen dadurch weiterhin Schönes wiederfährt. Im Gegenteil: Wenn Sie sich an dem freuen, was Sie haben, macht Sie das dankbarer und bescheidener, und Ihre helle Energie zieht noch mehr Positives an.

Unser Kater Tamuuki lebt uns das sehr eindrücklich vor. Er schaut sich jeden Tag aufs Neue das gesamte Zuhause total interessiert und achtsam an und danach ruht er sich zufrieden und wohlig an seinen diversen Lieblingsplätzen aus. Man sieht ihm an, wie freudig er sich auf seine Umgebung einlässt und sie auf unterschiedliche Art genießt. Ein Tier lebt ganz präsent im Hier und Jetzt. Es beachtet und nutzt die jeweiligen Gegebenheiten, um sich wohlzufühlen; Eigenschaften, an denen wir Menschen zeitlebens arbeiten müssen. Wir nehmen so viel Gutes als selbstverständlich hin, ohne es richtig wahrzunehmen und uns daran zu erfreuen. Die Gefahr ist groß, dass wir allen möglichen neuen Wünschen hinterherrennen und dabei vergessen, uns auf das Wesentliche zu konzentrieren.

## Was ist das Wesentliche?

Sicher sieht das Wesentliche für jeden ein wenig anders aus, aber jedes Lebewesen möchte seine Grundbedürfnisse erfüllt wissen. Dafür brauchen wir gar nicht so viele materielle Güter, wie uns die Werbung vorgaukelt. Wenn wir ausreichend Essen, Trinken, warme Kleidung, medizinische Versorgung und ein Dach über dem Kopf haben, dann sind es Bedürfnisse wie Lieben und Geliebtwerden, das Erfüllen der Lebensaufgaben und spirituelles Wachstum, die wesentlich für ein sinnvolles Leben sind. Fehlt das, wird das Leben immer leerer und der Versuch, diesen inneren Mangel mit Äußerlichkeiten zu füllen, immer anstrengender und grotesker.

Sicher können uns schöne neue Gegenstände erfreuen, dagegen ist nichts einzuwenden, aber man sollte sie keinesfalls überbewerten und es damit nicht übertreiben. In unserer modernen Konsum- und Wegwerfgesellschaft schmeißen wir zahllose gute Dinge einfach weg. Vieles wird von den Herstellern von vornherein so konzipiert, dass es kurz nach Ablauf der Garantiezeit kaputtgeht und sich eine Reparatur nicht lohnen würde. Das ist ein schlimmes Vergehen an den Ressourcen der Erde! Den schier unglaublichen Überfluss in der westlichen Welt gibt es erst sehr kurze Zeit und er wird wohl kaum lange anhalten. Karmisch betrachtet, sollte uns klar sein, dass Maßlosigkeit und Egoismus zu Armut führen, damit man gezwungen wird, sich mit Bescheidenheit, Dankbarkeit und Mitgefühl auseinanderzusetzen.

Es gibt so viele Möglichkeiten, diese Qualitäten gleich jetzt zu leben und sich zu entwickeln. Um Ressourcen zu sparen, habe ich es mir beispielsweise zur Gewohnheit gemacht, meine Kleider fast nur noch secondhand zu kaufen. Da findet man beste Dinge in tadellosem Zustand. Das Geld, das ich dadurch einspare, spende ich für wohltätige Zwecke. Dinge, die ich nicht mehr brauche, gebe ich weiter für Flohmärkte, deren Erlös Notleidenden zugutekommt.

Fühlen Sie sich bedürftig oder in der Lage, gut für sich zu sorgen und darüber hinaus auch andere zu unterstützen? Viel persönlicher Kummer und so manche Probleme vergehen schnell, wenn man anderen tatkräftig hilft, denn es zieht die Aufmerksamkeit von sich selbst ab, und man fühlt sich nicht mehr schwach und als Opfer. Ich erinnere mich an eine Zeit in meinem Leben, in der ich total arm war, keinen passenden Job fand und mich große Existenzängste plagten. Ich kränkelte damals auch ständig und litt zusätzlich an Liebeskummer. Da riet mir eine Freundin, diese Abwärtsspirale umzudrehen, indem ich jeden Tag für einen anderen Menschen, ein Tier oder eine Pflanze ein gutes Werk tue, ganz selbstverständlich und ohne mit jemandem darüber zu reden. Diesen Ratschlag hatte ich nicht erwartet, aber ich wendete ihn konsequent an. Schon nach einigen Wochen ging es wieder aufwärts, und bald fühlte ich mich besser denn je.

Helfen und Gutes tun hat viele Gesichter und beschenkt beide Seiten. Dem Gebenden gibt es vor allem inneren Reichtum. Wahre Zufriedenheit kommt aus dem Inneren und ist weitgehend unabhängig von materiellen Gütern.

### Mehr König als Bettler

Auf einer kleinen Verkehrsinsel inmitten einer riesigen, mehrspurigen Straße in Südindien sah ich einen Bettler in der glühenden Sonne sitzen. Er hatte weder Arme noch Beine. Rundum toste der Verkehr, die Abgase waren zum Schneiden, es war kaum auszuhalten. Ich fragte mich, wie dieser arme Mann da überleben könne, er tat mir immens leid. Ich gab ihm ein wenig Geld, er bedankte sich, segnete mich und wünschte mir ein schönes Leben. Und dann erzählte mir dieser verkrüppelte Bettler voller Begeisterung, wie herrlich die Welt sei, wie vielen wunderbaren Menschen er begegnen dürfe und wie dankbar er sei, dass er ein so gutes Leben führen könne! Dabei strahlte er voller Zufriedenheit und lächelte glücklich.

Man kann immer etwas schenken, auch wenn man über keinerlei materiellen Besitz verfügt. Wenn man selbstlos und von Herzen gibt, kommt das Gute mannigfaltig zu einem zurück, als hätte sich eine Tür geöffnet, durch die nun Gutes in beide Richtungen strömen kann. Trotzdem heißt es, achtsam zu sein, wem man etwas gibt – ob es sich dabei um materielle Dinge oder Zuwendung, Zeit oder Ähnliches handelt –, und sich zu nichts nötigen zu lassen. Sinnvoll ist es, immer nur so zu geben, dass man sich dabei wohlfühlt. Das gilt für den Zeitpunkt, die Menge, die Art und Weise und den Adressaten. All dies bestimmt der Gebende. Dies gilt auch, wenn Sie gemeinnützigen Organisationen etwas spenden möchten. Aber besser mal den Falschen etwas geben als aus Argwohn gar nichts.

Vielen Menschen ist es ein echtes Bedürfnis und eine Freude, anderen zu helfen. Oftmals werden sie dafür aber von anderen mit Misstrauen beäugt, und ihre guten Taten werden schlechtgemacht. Kritisieren ist eine weitverbreitete Verhaltensweise, um nicht selbst tätig werden zu müssen. Wieder andere versuchen, ihren Egoismus schönzureden durch Behauptungen wie: »Man darf nicht ins Karma eines anderen eingreifen. Er hat sein schlimmes Los sicher durch böse Taten verdient.« Das kann, aber es muss nicht der Grund für sein Leiden sein. Und selbst wenn: Wir alle hängen zusammen. Ein Akt der Güte ist immer angebracht und kann dem Geber und dem Nehmer helfen, in die eigene lichtvolle Mitte zu kommen, Karma abzubauen und Wichtiges zu lernen.

## Fallbeispiel 7:
## Yolanda A. – Das Leben umarmen

Yolanda, eine hübsche, kleine, sehr mollige Frau, saß mir in meiner Praxis gegenüber und beantwortete die Fragen, die ich ihr zu ihrer Lebenssituation stellte, um sie besser verstehen und auf ihrer inneren Reise begleiten zu können. Bald schon sprudelten viele Sorgen aus ihr heraus. Sie lebte in einer deutschen Kleinstadt, war mit einem Busunternehmer verheiratet und hatte mit ihm zwei Kinder.

Früher hatte sie begeistert als Altenpflegerin gearbeitet. Sie hatte Bettlägerigen die Füße massiert und deren trockene Haut eingerieben, mit ihnen bei schönem Wetter im Garten Gymnastik gemacht, sie zum Lachen gebracht und ihnen stets gut zugeredet. Aber die Zeit, die sie im Heim für die alten Menschen aufbringen durfte, war von der Verwaltung immer mehr gekürzt worden. Schlussendlich mussten Waschen, Anziehen und Essengeben in zwölf Minuten pro alter Mensch erledigt sein und das trotz der hohen Pflegegebühren, die jeder Insasse leisten musste. Es blieb nicht einmal mehr die Zeit, um Personen im Rollstuhl ins Freie zu fahren.

Yolanda hatte über diese schlimmen Zustände einen Bericht geschrieben und an verschiedene Zeitungen geschickt. Aber keine druckte ihn. Wie man ihr vertraulich mitteilte, aus Angst vor finanziellen Einbußen, weil dann weniger staatliche Werbung in der entsprechenden Zeitung platziert würde. Yolanda war zutiefst frustriert.

Dann war das erste Kind gekommen, und sie hatte sich nur noch ihrer Familie gewidmet. Irmi war mittlerweile 20, Eugen 15 Jahre alt. Yolanda liebte ihren Mann und ihre Kinder und versuchte, ihnen alles abzunehmen und ihnen jeden Wunsch zu erfüllen.

»Ich habe ständig Angst, meinen Mann und die Kinder zu vernachlässigen, überhaupt, mich irgendjemandem gegenüber egoistisch zu verhalten. Ich habe ein schlechtes Gewissen, wenn ich auch nur mal eine Stunde an mich selbst denke. Das Einzige, was ich von allen dreien verlange, ist, dass sie sehr sauber sind, auch wenn ich sie damit noch so nerve. Ich möchte verhindern, dass sie sich eine ansteckende Krankheit holen; deswegen gehen wir auch nie in ein Schwimmbad oder machen Auslandsurlaub.

Mein Mann und ich hatten eine prima Ehe. Er sagte immer, dass er jedes Gramm an mir liebt. Ich war schon eine Kugel, als wir uns kennenlernten. Aber seit Monaten gibt es nur noch Krach, denn Irmi hat ihr Studium abgebrochen und kurz darauf Eugen die Schule. Mein Mann schimpft ständig mit mir und den Kindern und möchte nicht, dass wir sie weiterhin im ›Hotel Mama‹, wie er es nennt, wohnen lassen. Doch das brächte ich nie übers Herz. Zugegeben, beide hängen nur noch schlecht gelaunt herum, Eugen macht Computerspiele und Irmi starrt ins Handy. Und sie lassen sich dauernd von mir bedienen und betteln mich ständig um Geld an. Ich weiß, man soll keine Dankbarkeit von seinen Kindern erwarten, aber von meinen Kindern kommt rein gar nichts. Vor allem Eugen nimmt sich mehr und mehr Unverschämtheiten mir gegenüber heraus.

Mein Mann gibt ihnen kein Geld, und er überprüft mein Haushaltsgeld, seit er merkte, dass ich ihnen was zugesteckt hatte. Deshalb bat ich meine Mutter, für ihre Enkel einzuspringen. Sie näht seitdem wieder für andere Leute, weil sie ja nur eine kleine Rente hat; auch keine Dauerlösung. Und was ist, wenn mein Mann ernst macht und geht, denn das hat er mir schon angedroht? Ich möchte ihn keinesfalls verlieren, aber ich kann doch nicht die eigenen Kinder rausschmeißen. Sie würden sicher verkommen! Es sind meine Herzenskinder, auch wenn ich es vielleicht nicht so direkt zeigen kann. Denn ich umarme sie nie, das machten mir meine Mutter und mein Mann auch schon zum Vorwurf. Aber etwas sperrt sich in mir, vor allem bei Eugen.« Yolandas Art der Mutterliebe hatte sie und ihre Familie in eine fatale Situation gebracht. Doch ihr eigener Beitrag dazu war ihr nicht einmal klar.

Sie war nun aber hier bei mir, aus reiner Faszination und Neugierde auf eine Rückführung. Ihr Mann hatte ihr die Sitzung zum 45. Geburtstag geschenkt. Yolanda rechnete überhaupt nicht damit, dass die Wurzeln ihrer Ängste und Schuldgefühle vielleicht in einem Vorleben zu finden seien. Ich aber war sehr gespannt, welches Vorleben ihr Seelenführer für sie auswählen würde. Yolanda legte sich auf die Liege, ich führte sie behutsam in Trance und zurück durch die Zeit in ihr Vorleben.

U.D.: Was nimmst du wahr?
*Kl.: (zuckt zusammen, windet sich und hält sich die Ohren zu) Ein ohrenbetäubender Lärm. (keucht) Heißer Druck ... es hat mich zerfetzt. (Pause, dann mit frischer Stimme) Oh, ich schwebe über dem Dorf.*
U.D.: Beschreibe mir, was du da siehst.
*Kl.: Die Leute kommen aus ihren Häusern, starren zum Schuppen hinunter. Den gibt es nicht mehr, nur noch Trümmer und Qualm. (aufgeregt) Da ist meine Tochter Shaumai! Sie sucht mich und schreit verzweifelt nach mir. Ich schwebe zu ihr und rufe und winke, doch sie sieht mich nicht. Aber sie lebt! Alle leben!*
U.D.: Geh einen Tag zurück, bevor das geschehen ist. Wo bist du da? Wie sieht die Umgebung aus.
*Kl.: Wald, viele Felsen, Wasser. Unser Dorf liegt oberhalb von einem Fluss. (zögernd) Huan... Hunan oder Hulan, irgendsowas, das ist in China.*

U.D.: Was machst du gerade?
*Kl.: Shaumai und ich sitzen im Haus auf dem Boden und arbeiten. Sie ist ein liebes, junges Mädchen. Wir rollen Pulver in Papier.*
U.D.: Zu welchem Zweck?
*Kl.: Feuerwerk. Das machen alle im Dorf. (beklommen) Meine Tochter möchte das nicht. Sie hat Angst. Oft gab es schon Unfälle. An der rechten Hand fehlen mir zwei Finger. Aber wovon sollen wir sonst leben? Ich habe keinen Mann mehr. Er ist schon lange gestorben.*
U.D.: Wann findet das statt? Lass eine Jahreszahl in dir aufsteigen.
*Kl.: 1480, nein, 1840.*
U.D.: Warum bist du als Einzige umgekommen?
*Kl.: (zögernd) Es kamen fremde Männer ins Dorf. Sie wirken ungut ... Einer ist dabei mit hellerer Haut und helleren Haaren. Seine Augen wirken durchdringend, bleiben an meinen Augen haften ... Es klingt verrückt, aber er kommt mir irgendwie bekannt vor!*
U.D.: Was wollen die?
*Kl.: Das Pulver, unbedingt. Ich glaube, für Waffen. Aber wir geben nichts her, wir brauchen es für die Feuerwerkskörper. Vielleicht werden später Geschäfte gemacht ... Diese Männer verteilen an uns kleine braune Kügelchen. Sie sagen, es macht schöne Träume. Man raucht sie in Pfeifen. (Pause) Alle im Dorf werden benommen.*
U.D.: Und du?
*Kl.: Ich habe nichts geraucht. Die Männer gefallen mir nicht. Sie wirken unehrenhaft. Einer gafft nach meiner Tochter ...*
U.D.: Weiter.
*Kl.: Es ist früher Morgen. Ich höre die Gänse schreien, schleiche mich weg, habe ein sehr ungutes Gefühl. Aus einem Gebüsch*

*sehe ich, dass diese Männer beim Schuppen sind. Sie holen die Pulversäcke heraus, verladen sie auf Karren. Einer legt eine Pulverspur ums Dorf. (schreit) Die wollen es anzünden!*
U.D.: Was machst du?
*Kl.: Hinter dem Schuppen kommt der Mann hervor, der mich so merkwürdig fixierte. Er hält ein brennendes Holzscheit in der Hand und geht in Richtung Dorf. Ich werfe mich ihm schreiend entgegen, reiße ihn nieder. Das Scheit fliegt ihm aus der Hand, auf eine Karre mit Pulversäcken ... Eine dröhnende Explosion!*
U.D.: Wie geht es weiter?
*Kl.: (nach längerer Pause) Da ist eine Frau in einem dunkelgrünen, langen Kleid. Um sie herum ein unfassbar helles Licht. Aber es blendet mich nicht. Sie nimmt meine rechte Hand. Uff, ich habe wieder fünf Finger! Ich frage die Frau, ob sie ein Engel ist. Sie lacht und meint, ich würde mich schon noch erinnern. Sie nimmt mich in die Arme und hält mich ganz lange fest ... Wie wunderbar sich das anfühlt! Jetzt spazieren wir über hellblaue Wolken. Ein solches Glücksgefühl durchströmt mich! Ich weiß, dass hier alles in Ewigkeit gut ist. So viel Liebe. Dieses Gefühl ist unbeschreiblich. Das gibt es nicht auf der Erde.*
U.D.: Nimm es ganz in dir auf.
*Kl.: Ich möchte nie mehr von hier weg. (Pause) Der Engel möchte mit mir über mein Leben in China sprechen. Es sei richtig gewesen, dass ich auf meine innere Stimme gehört hatte und diesen Männern nicht vertraute. Und sie lobt mich für meinen Mut, meine Leute im Dorf zu retten, ohne an mich selbst zu denken. Sie fragt, ob ich mich an diesen gewissen Mann mit dem speziellen Blick erinnere.*
U.D.: Und?
*Kl.: Ich will mich nicht erinnern. Hier ist es so schön ... Es beginnt sich alles um mich zu drehen, nein, ich selbst drehe mich,*

*schnell wie ein Kreisel! Uiiih, ich explodiere in alle Richtungen, durch das ganze Weltall ... Genial! Ein fantastisches Gefühl. Ahh, ich liege auf einer Matte am Boden eines Hauses, in meinen Armen halte ich ein Mädchen. Ich habe gerade mit ihr geschlafen. Das war klasse! Mal so ganz anders. Sie hat sich überhaupt nicht gewehrt, blieb absolut ruhig. Jetzt lasse ich sie los, unsere Augen treffen sich. Sie hat ganz besondere Augen. (aufgeregt) Das sind die Augen von dem Mann in China!*
U.D.: Wer bist du da? Und wer ist dieses Mädchen?
*Kl.: Sie ist eine Eingeborene. Wir haben ihre Stadt eingenommen. Jetzt rennt sie weg. (lacht) Soll sie laufen, ich brauche sie nicht mehr! (stolz) Ich bin Spanier, heiße Fernando.*
U.D.: Was wollt ihr hier genau?
*Kl.: Gold, Silber, Edelsteine, hier gibt es Wahnsinnsschätze! Ich werde reich werden!*
U.D.: Wo ist das?
*Kl.: Neues Spanien. Wir sind ein paar Hundert Mann. Auch Priester sind mit uns. Es gibt Gottesdienste, und wir werden Kirchen bauen.*
U.D.: Was geschieht weiter? Geh zur nächsten wichtigen Szene.
*Kl.: Ich bin alt, so Anfang siebzig, aber noch rüstig. Es ist Nacht. Ich lasse mich auskleiden, bete vor dem Kreuz und gehe zu Bett. Ein schönes Bett, in einem prächtigen Haus, mit vielen Dienern. Ich hab's zu was gebracht! (verdutzt) Jetzt sehe ich mich selbst im Bett liegen, aber ich stehe gleichzeitig am Kopfende vom Bett ... Wah, ich bin im Schlaf gestorben! (atmet ein paarmal tief) Ich fühle mich aber prima! Nun zieht es mich von dort fort.*
U.D.: Was nimmst du als Nächstes wahr?
*Kl.: (windet sich auf der Liege) Dahinsiechende Menschen, Wimmern, Geruch von verfaultem Fleisch. Ich schwebe über Sterbenden und Toten.*

U.D.: Was ist da passiert?
*Kl.: Ich bin wieder Fernando, zornig. Es gibt Krieg mit den Einheimischen. Sie wollen uns nicht mehr Gold geben. Die sind so hinterhältig.*
U.D.: Wann ist das?
*Kl.: 15... 1520? Sie sind extrem viele und auch wackere Kämpfer, aber wir haben die besseren Waffen ... bringen um, was geht. (Pause) Dennoch, die meisten gehen an Seuchen ein.*
U.D.: Ihr nicht?
*Kl.: Nein, nur wenige. Gott ist mit uns.*

Es stellte sich heraus, dass die Spanier die eingeborene Bevölkerung mit schweren Krankheiten infiziert hatten. Epidemien sorgten letztendlich dafür, die Ureinwohner zu dezimieren und an ihr Land und ihr Gold zu kommen. Für die Einheimischen, die keinerlei Abwehr gegen die für sie neuen Krankheiten entwickelt hatten, wirkten sich die Erreger absolut tödlich aus. Schon nach kurzer Zeit waren fast alle Eingeborenen dahingerafft. Die wenigen Überlebenden wurden versklavt.

U.D.: Wie geht es dir damit, dass so viele Menschen durch euch gestorben sind?
*Kl.: Tja. Freiwillig wären die nie gegangen ... Das sind ja auch alles keine Christen. Aber ich denke nicht darüber nach.*
U.D.: Was ist aus dem Mädchen geworden?
*Kl.: Welches Mä... Ach so, die mit dem tiefen Blick! Ich weiß nicht. Ich sah sie nicht wieder.*
U.D.: Gibt es noch etwas Wichtiges, was sich dir aus diesem Vorleben zeigen möchte?
*Kl.: Ich schwebe wieder über diesen Toten und sterbenden Menschen ... Ein entsetzlicher und trauriger Anblick! (schluchzt) All diese vielen Menschen mussten durch unsere Habgier ster-*

*ben! Das tut so weh! Der Schmerz bohrt sich in meine Seele wie Dornen.*

In ihrem Bewusstsein als Seele traf die Klientin das Ausmaß ihrer Vergehen als Fernando mit voller Wucht. Es dauerte, bis sie sich wieder etwas beruhigen konnte. Schließlich brachte ihre Seelenführerin sie erneut auf die hellblauen Wolken. Dort wartete bereits eine Gestalt auf sie.

*Kl.: (flüstert) Das ist das Mädchen, die Eingeborene.*
*U.D.: Was geschieht?*
*Kl.: (fassungslos) Sie umarmt mich ... (wimmert) Es tut mir so leid, so leid! Sie schaut mir in die Augen. Diese Augen ... Gott, das ist im heutigen Leben mein Sohn Eugen!*
*U.D.: Tief atmen, lass diese Erkenntnis tief wirken.*

Nach längerem Schweigen war die Klientin so weit, mit ihrer Seelenführerin und mir zusammen ihre beiden Vorleben aus der höheren Sicht als Seele zu besprechen. Es gab viel Bedeutsames, das sie daraus für ihr heutiges Leben als Yolanda mitnehmen konnte.

*Kl.: In dem einen Leben habe ich Menschen gerettet und bin mit allen gut umgegangen, und im anderen ... Als Chinesin war ich für meine Tochter da, und auch die Leute im Dorf lagen mir am Herzen. Als Fernando dachte ich nie an andere, war eine gierige, kalte Bestie und so selbstgerecht! (Pause) Als Yolanda mache ich es hoffentlich besser. Heute liebe ich meine Familie und tue alles für sie.*
*U.D.: Bestimmt. Aber offensichtlich übertreibst du es damit. Was meint deine Seelenführerin dazu?*
*Kl.: Sie zeigt mir eine Szene zu Hause ... Eugen und Irmi sitzen*

*herum, und ich bediene sie. Nun zieht sie mich von ihnen weg, und die Kinder stehen auf. (Pause) Ich versteh schon, was sie mir damit sagen will ... Mein Mann hatte recht, ich tat den Kindern nicht wirklich gut.*
U.D.: Was ist mit Eugen und dir?
*Kl.: (atmet schwer) Viel alte Schuld bereinigen. (Pause) Eugen und ich müssen die belastende Vergangenheit aus unseren Begegnungen in China und Mexiko abschließen, eine harmonische Mutter-Sohn-Beziehung miteinander aufbauen. (Pause) Wenigstens merkt meine Seelenführerin, dass ich im aktuellen Leben nicht mehr über Leichen gehe. Und ich habe einen sozialen Beruf gewählt.*
U.D.: Ja. Noch etwas?
*Kl.: Mein Leben in China, wie stark und mutig ich damals sein konnte! Auch das steckt in mir. Darauf darf ich heute zurückgreifen! (zögernd) Und ... in beiden Leben hatte ich keinen Partner oder nur sehr kurz.*
U.D.: Wie ist das heute?
*Kl.: Anfangs war ich total in meinen Mann verliebt, unendlich glücklich, ihn an meiner Seite zu haben ... Dann mit den Kindern geriet er irgendwie in den Hintergrund.*
U.D.: Das muss ja nicht so bleiben.
*Kl.: Hm.*

Durch die Rückführung erkannte Yolanda, dass ihr chronisch schlechtes Gewissen in ihren Verbrechen im Vorleben als Fernando wurzelte. Die Erinnerung an ihre Klarheit und Willenskraft in ihrem Leben in China halfen ihr dabei, ihren Kindern endlich die so dringend nötigen Grenzen zu setzen. Tatsächlich gelang es ihr, ihren Mann darin zu unterstützen, die Kinder zu sinnvollem Arbeiten anzuhalten, und die Oma stellte das Nähen wieder ein. Irmi setzten sie vor die Tür, und bereits zwei Monate später hatte sie ihr Studium wieder aufgenommen und jobbte nun sogar noch nebenbei. Eugen begann eine Lehre und übernahm daheim, wenn auch nur widerwillig, einige häusliche Pflichten, die ihm seine Mutter unnachgiebig aufgetragen hatte.

Yolanda machte es sich zur Gewohnheit, ihre Kinder herzlich zu umarmen, was beide zuerst in Erstaunen versetzte, was sie aber schon bald sehr gern geschehen ließen. Yolanda schrieb mir dazu: »Seit mich meine Seelenführerin umarmt hat, kommt mir das auch viel natürlicher mit meinen Kindern vor, und ich habe auch kein seltsames Gefühl mehr dabei, auch nicht bei Eugen.«

Selbst den übertriebenen Hygienefimmel hat Yolanda ablegen können, nachdem sie ihre Ängste in den damaligen ansteckenden Krankheiten, die die Eingeborenen ausgerottet hatten, gespiegelt sah. Ihren nächsten Urlaub verbrachten Yolanda und ihr Mann zum ersten Mal im Ausland. Sie kamen begeistert, gesund und verliebt zurück.

Da die Zeit für das ständige Bemuttern der Kinder nun wegfiel, konnte Yolanda wieder ihre geliebte Arbeit als Altenpflegerin aufnehmen. Sie half jetzt als Teilzeitkraft alten, behinderten Menschen in einem privaten Heim, wo sie sich die nötige Zeit für eine wirklich gute Pflege der alten Menschen nehmen konnte. Den größten Teil des Geldes, das sie dort verdiente, spendete sie für verschiedene soziale Hilfsprojekte.

## Karma-Coaching-Übung 7
## Gutes Karma durch Freude am Teilen

### Sich reich fühlen und helfen

**Führen Sie zuerst** die Basisübung »Den Energielevel anheben« durch.

**Stellen Sie sich** nun lebhaft vor, Sie hätten bisher allein, unter armseligsten Bedingungen in hässlichen, stinkigen, lärmigen, gefährlichen Slums gewohnt – und jetzt gehen Sie zum ersten Mal durch Ihre Wohnung. Tun Sie das real, betreten Sie wirklich Ihre Räume und entdecken Sie jedes Zimmer neu mit all seinen Gegenständen, Pflanzen und Düften, der Heizung, dem warmen Wasser, dem bequemen Bett, dem gefüllten Kühlschrank, den Kleidern, dem PC, den Büchern und der Musikanlage. All das hat Ihnen das Universum geschenkt, und Sie haben es angenommen und können sich daran erfreuen! All dieses Gute ist nicht selbstverständlich, und die Situation könnte sich auch sehr schnell wieder ändern.

**Machen Sie** diese Übung so intensiv, dass Sie eine Ahnung davon bekommen, wie reich Sie sind und wie dankbar und zufrieden Sie sein können.

**Danach nehmen Sie** wieder tiefe, lichtvolle Atemzüge und überlegen, wer ehrlich Hilfe braucht und wie Sie Menschen und Tieren, die wirklich in Not sind, helfen könnten: vielleicht durch einige Ihrer Habseligkeiten, Geld, tatkräftige Hilfe? Schreiben Sie Ihre Ideen auf. In welchem Verhältnis steht das Maß Ihres Gebens zu dem, was Sie besitzen? Was hindert Sie daran, noch mehr zu geben? Werden Sie konkret: Wie viel Geld pro Monat sind Sie bereit zu spenden? Schreiben Sie die Summe auf und auch, wie viel Prozent das von Ihren Einnahmen ausmacht.

**Vielleicht möchten Sie** auch ehrenamtlich für Menschen und Tiere in Not oder für Umweltschutzprojekte arbeiten? Es gibt so viele vereinsamte alte Menschen, Kranke, Kinder und Haustiere, für die viel zu wenig Zeit und liebevolle Aufmerksamkeit und Pflege vorhanden sind. Notieren Sie ehrlich, wie viel Zeit Sie dafür pro Monat bereit sind aufzuwenden.

**Vielleicht sind Sie** selbst bedürftig? Trotzdem können Sie Gutes für andere tun: zum Beispiel mit einem Lächeln, Freundlichkeit oder Dankbarkeit für erhaltene Hilfe.

**Wie könnten Sie** Ihre tatkräftige Hilfsbereitschaft noch intensivieren? Notieren Sie Ihre guten Ideen.

**Falls Sie** bei diesen Übungen Widerstände, Ängste und Ausflüchte in sich wahrnehmen sollten, gestehen Sie sich diese ehrlich ein. Aber führen Sie die Übungen trotzdem gewissenhaft weiter durch, damit Sie nicht im Bann dieser Gegenkräfte hängen bleiben.

**Nehmen Sie dann wieder** mit ein paar tiefen, lichtvollen Atemzügen eine höhere Warte ein und stellen Sie sich innerlich intensiv vor, wie Sie immer mitfühlender und großzügiger werden und wie sehr Sie das erfreut und Ihnen und anderen hilft. Fühlen Sie, dass Sie dadurch nicht ärmer werden, denn je mehr Sie von Herzen geben und gleichzeitig bereit sind, dankbar anzunehmen und zu genießen, desto mehr Gutes kann in Ihr Leben treten!

**Malen Sie sich** innerlich weiter aus, wie Sie von jetzt an, zeit Ihres Lebens, Bedürftigen aus dem Herzen heraus beistehen und sich für deren nachhaltiges Wohlergehen einsetzen und wie Sie gleichzeitig immer dankbarer und zufriedener werden für alles, was Sie selbst an Gutem besitzen.

**Indem Sie anderen** von Herzen Gutes tun, tun Sie das Allerbeste für sich selbst! Sie erfüllen dabei einen wesentlichen Teil Ihrer Lebensaufgaben, bauen finsteres Karma ab und helles auf und entwickeln sich rasch weiter.

### *Selbstcheck: Karma auf der Waagschale*

**Schreiben Sie** Ihre Erkenntnisse auf und stellen Sie sich vor, die guten und die schlechten Taten liegen auf zwei Waagschalen. Wie viel gutes Karma und wie viel schlechtes Karma haben Sie in Ihrem bisherigen Leben zum Thema »Geben und Nehmen« angesammelt? Welcher Teil überwiegt? Was ist das Positive, das Sie eine schwierige Situation zu diesem Thema lehren möchte? Was könnten Sie konkret tun, um mieses Karma abzubauen und gutes Karma zu vermehren? Beginnen Sie noch heute damit!

**Sie könnten auch** darum beten, dass es Ihnen leichter fällt, zufriedener und großzügiger zu sein, und im Alltag Affirmationen anwenden wie: »Geben und Nehmen stehen bei mir in Einklang. Ich habe alles, was ich brauche, im Überfluss, und es erfreut mich, von Herzen zu geben.«

**Wiederholen Sie** bei Bedarf die Basisübung »Den Energielevel anheben«, bis Sie sich wohl und voller Licht, Ruhe und Frieden fühlen.

# Karma durch unser Denken und Fühlen

*Achte auf deine Gedanken und Gefühle,
denn sie werden zu deinen Worten und Taten.
Achte auf deine Worte und Taten,
denn sie werden zu deinem Schicksal.*

*Chinesisches Sprichwort*

### Wodurch lässt sich ein Abwärtstrend stoppen?

Jedem Menschen steht ein schier unbegrenztes Reservoir an Gedankenkraft zur Verfügung. Wir können kaum anders, als zu denken. Wer schon einmal, zum Beispiel während einer Meditation, versucht hat, sein Gedankenkarussell auch nur für einige Minuten zum Stillstand zu bringen, weiß sicher, wie schwierig das ist. Karmisch gesehen, sind unsere Gedanken wie Werkzeuge, die wir ständig entweder für oder gegen uns verwenden: Entweder sie helfen uns dabei, gutes Karma zu schaffen, oder das Gegenteil geschieht.

»Unsere Gedanken und Gefühle sind die Bausteine unseres Lebens, sie wirken magnetisch. Gute Gedanken erzeugen gute Gefühle und ziehen gute Ereignisse an, bei negativen ist es umgekehrt.«[18] Oft entsteht eine Art Negativspirale, wenn etwas Ungewolltes in unser Leben tritt. Wir reagieren auf negative Vorkommnisse üblicherweise mit negativen Gedanken und Gefühlen, die wiederum magnetisch sind und noch mehr negative Ereignisse in unser Leben ziehen. Wenn wir das nicht unterbrechen, bauen wir auf diese Weise ein negatives Weltbild auf, das wir uns aufgrund unserer eigenen negativen inneren Überzeugungen und unserer Erwartungshaltung immer wieder aufs Neue bestätigen. Durch unsere negativen Gedanken und Gefühle erschaffen wir noch mehr negatives Karma. Aber wir können lernen, unsere Gedanken und Gefühle bewusst zu steuern und zu beherrschen, damit sie nicht uns beherrschen.

Wenn etwas geschieht, was uns missfällt, sollten wir uns nicht weiter mit negativen Gedanken und Gefühlen darüber belasten, sondern uns innerlich möglichst rasch intensiv auf das ausrichten, was wir uns stattdessen ersehnen. Zusätzlich steht es natürlich an, durch tatkräftiges Handeln die Realisierung unserer Wünsche zu ermöglichen. Aber auch dann können wir vieles nicht und schon gar nicht sofort zum Positiven verändern. Was wir hingegen immer können, ist, uns energetisch darauf auszurichten und Schritte in die gewünschte Richtung zu tun. Dadurch erschaffen wir eine Art helles Magnetfeld um uns herum, das positive Dinge in unser Leben zieht und keine Negativspirale aufkommen lässt.

Die Kraft der Gedanken wie auch unsere tatkräftigen Handlungen können uns nur dann nachhaltig Gutes bringen, wenn sie mit unserem Karma und dem höheren Besten für alle Beteiligten übereinstimmen. Beim bewussten Einsetzen geistiger

Kräfte ist es daher besonders wichtig, dass wir von einer möglichst hohen lichtvollen Warte aus unsere Wünsche kritisch betrachten und wenn nötig abändern.

## Welche Wünsche sind sinnvoll?

Wenn Sie wünschen, dass sich Ihr Leben positiv verändert, müssen Sie zuerst etwas an sich selbst zum Positiven verändern. Setzen Sie sich Ziele, die auch Ihren Wunsch nach persönlichem innerem Wachstum beinhalten. Größere und kleinere Ziele im Leben sind wichtig, denn ohne klar definierte Ausrichtung verpufft unsere Energie fast wirkungslos. Wenn wir ein Ziel haben, das uns persönlich viel bedeutet, können wir unsere Gedanken, Gefühle und Handlungen bewusst darauf ausrichten und es dadurch leichter und schneller erreichen.

Manche haben aber sehr verzerrte Vorstellungen davon, was sie wirklich brauchen und was ihnen zusteht: Mina beispielsweise kam sehr schick gekleidet in einem teuren Sportwagen zu einer Rückführung und war im besten Hotel der Gegend abgestiegen. Das wunderte mich sehr, denn Mina hatte mich um Preisnachlass gebeten. Sie müsse äußerst sparsam mit dem Geld haushalten, das Schicksal vergönne ihr nur das Allernotwendigste und sie wolle durch die Rückführung erfahren, warum sie so sehr benachteiligt sei. Auf die von mir wahrgenommene Diskrepanz angesprochen, meinte sie, im Vergleich zu ihren reichen Bekannten besitze sie viel zu wenig tolle Dinge. Im Vorleben war Mina eine missgünstige und mit allem unzufriedene Frau, die aus Neid und Eifersucht ihre hübschere Schwester durch Intrigen in den Selbstmord getrieben hatte. Als dies offenbar wurde, brach Mina die Sitzung ab, weil sie nicht bereit war, sich weiter mit ihren Schattenseiten zu konfrontieren. Ich kann nur für sie hoffen, dass sie doch noch für ihr heutiges Leben daraus lernen und eine dankbarere Haltung einnehmen kann.

Eine weitere Erfahrung dieser Art, die allerdings eine sehr positive Wendung nahm, machte ich mit Albert. Er schrieb mir, dass er nur ein bescheidenes Gehalt habe, aber mehrere Kinder versorgen müsse. Ich gab ihm daraufhin 50 Prozent Ermäßigung auf den Workshop-Preis. Bei der Gruppenrückführung in Vorleben sah er sich als Betrüger, der ständig andere Menschen reinlegte und belog. Danach gestand mir Albert, dass er dies im heutigen Leben noch genauso handhaben würde und dass er auch mich reingelegt hätte, denn in Wirklichkeit sei er sehr vermögend. Zum ersten Mal aber plagte ihn das schlechte Gewissen, und er überwies mir die anderen 50 Prozent.

Mittlerweile habe ich erkannt, dass wirklich bedürftige Menschen nicht um Ermäßigung bitten. Ich mache daher keine Preisreduzierungen mehr, außer ich kenne die Person und ihre Umstände persönlich und sie arbeitet zum Ausgleich ehrenamtlich im sozialen Bereich. Mein Mann und ich spenden einen großen Teil unserer Einnahmen an Organisationen unseres Vertrauens für humanitäre Zwecke im Menschen-, Tier- und Umweltschutz. Wir empfinden diese Regelung als stimmig, und ich fühle mich damit sehr wohl.

## Wie weit helfen gute Wünsche?

Die Vorsehung gibt uns manche Lebensumstände vor, die unabänderlich sind. Sie bestimmt aber nicht, wie wir uns damit fühlen, damit umgehen und was wir daraus lernen. All das entscheiden wir selbst. Wünsche können sich auch nur so weit erfüllen, wie es den irdischen Gesetzmäßigkeiten entspricht. Wenn jemand keine Arme hat, werden diese bei allem Wünschen nicht nachwachsen. Aber er kann lernen, auch ohne Arme ein gutes Leben zu führen, und der Glaube an die Erfüllung positiver Wünsche könnte ihm eine hervorragende Prothese und hilfsbereite Menschen im eigenen Umfeld bescheren.

Wünschen und Beten allein genügen nicht, um das zu erhalten, was man gern hätte, oder um Unheil abzuwenden. Man muss seinen Wünschen auch entsprechende Handlungen folgen lassen. Aber auch dann können sich Wünsche nur so weit nachhaltig erfüllen, wie es unserem Karma und den Lebensaufgaben entspricht und im Einklang mit unseren höheren Lebenszielen steht.

Sobald wir allerdings dunkles Karma abgebaut haben, können sich unsere guten Wünsche sehr viel leichter erfüllen, denn dann befinden wir uns auf einer höheren Bewusstseinsebene und dieser entsprechen schönere Dinge und bessere Umstände. In sehr vielen Fällen könnte es uns tatsächlich bedeutend besser gehen, wenn wir die Macht unserer Gedanken und Gefühle begreifen und richtig einsetzen würden.

### Fatale Furcht

Birgit fühlte sich von Kind auf ohne ersichtlichen Grund von Schuldgefühlen gepeinigt, sobald sie mit geliebten Menschen zusammen war. Mit 67 Jahren wollte sie sich endlich besser verstehen lernen, um noch zu mehr Selbstvertrauen und Lebensfreude zu finden. So kam sie zu einem meiner Rückführungs-Workshops.

Im Vorleben sah sie sich in Spanien um 1563 als Tuchhändler Eduardo. Sein Leben verlief sehr zufriedenstellend, aber Eduardo war sehr pessimistisch eingestellt. Er misstraute jedem und allem und ließ aus Argwohn seine

Frau und die vier Kinder, die ihm sehr viel bedeuteten, kaum einen Schritt allein tun. Seine dunklen Gedanken und Fantasien wurden immer ärger, und er schloss seine Familie oft tagelang ein, wenn er geschäftlich unterwegs war. Eines Tages brannte der Stadtteil nieder, in dem auch sein Haus stand. Alle Einwohner konnten sich in Sicherheit bringen, außer Eduardos eingesperrter Familie. Als er zurückkam, waren alle tot.

## Was denken Sie?

Fast ständig sind wir mit einem inneren Dialog beschäftigt. Werden Sie sich dessen bewusst, wenn Sie Ihr Leben positiv verändern wollen. Halten Sie mehrmals am Tag inne und registrieren Sie aufmerksam, was Sie gerade gedacht und gefühlt haben. Haben Sie damit gutes Karma geschaffen oder schlechtes Karma vermehrt? Denken Sie freundlich und aufbauend über sich und andere! So viel Gram und Unglück geschieht durch negatives Getratsche, sei es in Gedanken oder verbal.

Durch unsere Gedanken und Gefühle können wir unsere jeweiligen Wünsche und Ziele unterstützen, anstatt sie zu sabotieren. Helfen Sie sich mit aufbauenden Leitsätzen, Affirmationen, Ihre Ziele zu erreichen. Diese müssen kurz, positiv und in der Gegenwart formuliert sein, so als wäre das gewünschte Ziel bereits eingetroffen. Stellen Sie sich dabei die Erfüllung Ihrer lichtvollen Wünsche in einem möglichst intensiven Gefühl der Zufriedenheit und Freude daran vor, umso schneller können sich diese verwirklichen. Auf diese Weise programmieren Sie Ihr Unterbewusstsein um, damit es für Sie und nicht mehr gegen Sie arbeitet.

Wenn Sie sich bei negativen Gedanken ertappen, kehren Sie sie sofort ins Positive um. Beispielsweise beim Thema Gesundheit: Sie haben durch wahlloses und zu reichliches Essen zugenommen, fühlen sich schlapp und machen sich nun Selbstvorwürfe. Stoppen Sie das vehement und sagen Sie sich stattdessen mehrfach am Tag positive Affirmationen wie: »Ich bin schlank und rank. Ich wähle leichtes, gesundes Essen, das schmeckt mir am besten. Ich weiß, wann ich genug habe, und höre dann sofort auf. Ich habe viel Spaß am Sport und bewege mich regelmäßig. Mein Körper nimmt wunderbar ab und fühlt sich gesund, wohl und voller Energie.« Fühlen Sie die guten Gefühle, die diese Sätze auslösen?

Wenn Sie positive Affirmationen im Alltag anwenden, um eine bestimmte Situation zu verbessern, achten Sie am besten auch vermehrt auf Eingebungen und Impulse. Es könnte beispielsweise sein, dass Sie sich eine neue Arbeitsstelle wünschen und plötzlich den starken Impuls verspüren, statt in der Kantine zu essen, sich etwas im Bioladen zu kaufen. Dort sehen Sie einen Aushang mit einem Stellenangebot, das Ihnen genau entspricht, oder es wird eine Weiterbildung angeboten, die Sie für eine bessere Arbeitsstelle qualifizieren würde.

### Sie haben die Wahl

Jeder Mensch ist ständig unterwegs, entweder lichtwärts nach oben oder nach unten in die Dunkelheit. In jedem Moment wählen wir durch unsere Gedanken, Gefühle und Handlungen die Richtung unseres weiteren Lebens. Das ist der freie Wille des Menschen mit all seinen Konsequenzen.

## Geistige Kraft für andere?

Wir können unsere geistigen Kräfte auch dahingehend einsetzen, dass sie dem Wohle aller dienen, nicht nur uns selbst. Auch als einzelnes Individuum tragen wir eine große Mitverantwortung für das, was insgesamt auf der Erde geschieht. Geben Sie sich, wenn Sie etwas Gutes erreichen wollen, erfreulichen Zukunftsvisionen hin, anstatt sich falsche Illusionen zu machen oder über längere Zeit an schreckliche Dinge zu denken. An Gutes zu denken baut auf, reinigt den Energiekörper, und manches wird dadurch zur positiven Realität oder zumindest besser werden. Das heißt aber nicht, dass wir vor Leid und Ungerechtigkeiten davonlaufen und in eine heile »Scheinwelt« flüchten sollten. Aus dieser würden wir über kurz oder lang hart in die Realität zurückfallen. Um die Weichen im Sinne unserer Seelenpläne stellen und unsere karmischen Lektionen meistern zu können, müssen wir uns auch mit Missständen in uns selbst und im näheren und weiteren Umfeld konfrontieren. Um dann entsprechend lichtvolle Verbesserungen in Gang zu setzen, sind unsere geistigen Kräfte ein wunderbares und unerlässliches Hilfsmittel.

Ich selbst liebe es, mir bei schöner Musik wunderbare Zukunftsszenarien auszumalen, für alles und alle. Danach setze ich das, was mir davon möglich ist, in die Realität um. Es ist immens befriedigend, durch bewusste Handlungen die gewünschten Ziele anzusteuern und Erfolge zu sehen, seien sie auch noch so winzig.

Insgesamt gesehen, können immer nur in dem Maße kollektive Verbesserungen auf die Erde kommen, wie eine genügend große Anzahl von Menschen Gott, die spirituelle Welt darum bittet, daran glaubt und sich durch ihre geistigen Kräfte so darauf ausrichtet, als wäre das Gewünschte bereits eingetroffen.

Nur so erschaffen sie den dafür notwendigen genügend hohen Energielevel. Und natürlich müssen sie gleichzeitig auch in ihren tagtäglichen Handlungen darauf hinwirken. Es ist daher sehr wichtig, dass wir jedem negativen Ereignis auf der Welt, das uns ergreift, unsere positivsten Vorstellungen und Gefühle entgegenstellen. Wie etwa bei Krieg: Hier helfen die Vorstellung und das Gefühl von Frieden und eigene friedvolle Handlungen.

Lichtvolle Gedanken und Visionen für die Erde und ihre Bewohner können immens viel bewirken. Jeder kann mithelfen, positive Dinge auf die Erde zu ziehen, anstatt sie noch mehr zu belasten. Aber wir sollten die Macht unserer Gedanken und Gefühle nicht mit Omnipotenz verwechseln und glauben, wir könnten dadurch den Willen oder das Schicksal anderer Menschen abändern. Die karmischen Aufgaben eines anderen Menschen und sein persönlicher freier Wille bleiben bestehen.

## Fallbeispiel 8:
### Randy M. – Eine Pyramide aus Licht

Randy, eine schwarzhäutige Dolmetscherin Anfang 20, stammte aus Simbabwe. Als Kind hatte sie einige Jahre eine Schule in Deutschland besucht, als sich ihr Vater, damals Hochleistungssportler, berufsbedingt in Europa aufhielt. Während einer Fortbildung in Deutschland hatte Randy nun durch eine meiner Fernsehsendungen von spirituellen Rückführungen erfahren. Das Thema faszinierte sie, und sie meldete sich zu einem Workshop an. Gleich am ersten Tag fühlte sie sich geradezu magnetisch zu Lorenz hingezogen, einem anderen Kursteilnehmer, der ihr merkwürdig vertraut vorkam, obwohl sie ihm zum ersten Mal in ihrem Leben begegnet war. Nach der Rückführung schrieb jeder Teilnehmer seine Erlebnisse auf, und Lorenz berichtete später in der Gruppe über sein Vorleben als deutschstämmige, hellhaarige Frau in Afrika, ein Leben, das ihn sehr bewegt hatte. Dabei stellte sich heraus, dass Randy genau das Gleiche in ihrem Vorleben erlebt hatte, aber aus ihrer damaligen Warte als Ehemann dieser blonden Frau!

Ich verglich ihre Aufzeichnungen über ihr gemeinsames Vorleben, und die Übereinstimmung war verblüffend. Der Einfachheit halber habe ich sie für dieses Buch zusammengefügt. Randy erlebte sich als Wilhelm, Lorenz als Emma. Sie waren deutsche Auswanderer in Südwestafrika um 1910: Emma war jung und verliebt in ihren Mann Wilhelm. Er war ein starker, draufgängerischer Mann, ein Aufpasser in einem Diamantenfeld, der viel im Leben erreichen wollte. Er glaubte fest daran, dass er alles schaffen könne, er müsse nur unerschütterlich daran glauben. Wilhelm vergötterte seine hübsche Frau und träumte davon, ihr ein besseres Leben bieten zu können. Bald bekamen sie ein Baby, das sie herzlich liebten.

Wilhelm hatte begonnen, heimlich Diamanten aus der Mine zu schmuggeln, er hatte sich bereits ein ansehnliches Vermögen auf die Seite geschafft. Emma ahnte nichts davon, aber sie hatte Wilhelm gegenüber zunehmend ein ungutes Gefühl und strebte innerlich von ihm weg, wofür sie sich Vorwürfe machte. Sie fühlte sich von seiner ungestümen Energie überfahren und ausgelaugt. Er plante, bald mit seiner Familie das Land zu verlassen und zurück nach Deutschland zu ziehen.

Da geschah es, dass überraschend eine Kontrolle an jedem der Minenarbeiter angeordnet wurde, und Wilhelm wusste, dass er bei dieser Durchsuchung auffliegen würde, denn er trug wieder gestohlene Diamanten bei sich. Im letzten Moment steckte er sie heimlich einem der schwarzen Arbeiter zu. Der Mann wurde des Diebstahls überführt und obwohl er seine Unschuld beteuerte und auf Knien um sein Leben flehte, wurde er kurzerhand aufgehängt. Er hinterließ eine kranke Frau und sechs kleine Kinder. Wilhelm gab ihnen ein wenig Geld, und Emma bewunderte ihn für sein edles Herz. Dann verließ er mit Frau und Kind das Land und schiffte sich nach Deutschland ein.

Aber Wilhelm fand fortan keine Ruhe mehr, denn er fühlte sich vom Geist des Erhängten verfolgt. Sobald er im Begriff war einzuschlafen, erschien ihm dieser Mann und zog ihm auf quälende Weise Diamanten aus dem Rachen; ein erstickendes, würgendes Gefühl.

Emma und das Kind erkrankten an Malaria, sie wurden immer schwächer und starben noch auf dem Schiff, obwohl sich Wilhelm beharrlich ihre baldige Gesundung einredete. Ihr Tod stürzte ihn in tiefen Kummer und Schuldgefühle.

Zurück in Deutschland verkaufte er die Diamanten und wurde ein vermögender Mann, jedoch sein Gewissen peinigte ihn weiter. Er vertraute sich deshalb in der Beichte einem Pfarrer an, mit dem er seit ihren gemeinsamen Kindertagen befreundet war. Der überredete ihn, als Buße sein Geld der Kirche für die Missionierung der Schwarzen in Afrika zu spenden. Als Wilhelm das getan hatte, sprach ihn der Pfarrer von seinen Sünden frei. Aber die ersehnte Erlösung blieb aus, die Albträume blieben, und es kamen Depressionen hinzu. Wilhelm verfiel dem Schnaps, soff sich ins Delirium und starb in jungen Jahren erbärmlich in einer Nervenanstalt.

Nach dem höchst außergewöhnlichen Erlebnis, dass hier die Vorleben zweier Teilnehmer übereinstimmten, dass sie sich also bereits kannten, zog es Randy noch stärker zu Lorenz hin. Der aber wollte nichts von ihr wissen, obwohl er Single war und sie äußerlich sehr attraktiv fand. Sie wirkte auf ihn bedrängend und besitzergreifend, was ihn abstieß. Trotzdem stellte sich Randy über Monate jeden Tag fest vor, dass Lorenz und sie ein glückliches Paar wären, aber nichts dergleichen geschah. Nicht einmal eine Freundschaft ergab sich, Lorenz fühlte sich in Randys Nähe unwohl, genauso wie damals als Emma. Randy litt sehr darunter, denn sie glaubte, endlich die große, vorherbestimmte Liebe gefunden zu haben. Sie meldete sich zu einer Einzelrückführung an, um zu erfahren, ob seit damals ein Fluch auf ihr laste, der eine erfüllte Liebe trotz allen geistigen Praktizierens verhindere. Sobald sie in tiefe Entspannung gesunken war, zeigte sich folgendes Vorleben:

*Kl.: (atemlos) Ich hab's geschafft, bin bei den Klippen angekommen … Suche den geheimen Pfad. Die einzige Chance. Sie haben mich fast eingeholt. (angstvoll) Wo ist dieser Abstieg?*
U.D.: Wer verfolgt dich und warum?
*Kl.: (umklammert mit den Fingern die Decke der Liege und schreit) Ich rutsche! Uhhhhh…*
U.D.: Was ist passiert?
*Kl.: Ich bin auf dem Eis ausgerutscht und runtergefallen. Mein Körper liegt auf einer Eisscholle, ganz verdreht … Ich war eine dicke Eskimofrau. Blut rinnt aus meinem Mund. Das Eis färbt sich rot … Jetzt habe ich wenigstens diese ewige Kälte hinter mir!*

Randy erlebte sich in Grönland bei den Inuits. Sie war nicht glücklich dort. Das karge Leben in einem Fischerdorf, die weiße Eislandschaft und die andauernde Kälte empfand sie als freudlos und bedrängend. Sie lebte bei der Familie ihrer Schwester.

*Kl.: Ich glaube, ich bin eine schreckliche Frau, ich spreche kaum mit meiner Schwester und lasse ihre Familie links liegen. Mir gefällt hier einfach gar nichts. (bibbernd) Und diese grässliche Kälte. (Ich legte eine weitere Wolldecke über sie, obwohl ein heißer Hochsommertag war.)*

U.D.: Hast du Freunde? Da gibt es doch sicher noch andere aus deinem Volk, eine gute Sippengemeinschaft?
*Kl.: Das ist mir alles egal. Der weiße Mann, der die Fische holt, bringt Zeitungen mit ... Was sieht man da für Fotos! Ich bin ganz weg. Und Frauen! Einfach umwerfend! So eine Frau möchte ich sein! Ich könnte ihnen die Augen auskratzen, weil sie all das haben, was ich haben möchte! Der Händler lacht und erklärt mir, man kann alles erreichen, wenn man nur genügend will und fest daran glaubt.*
U.D.: Und? Kommst du in die Stadt?
*Kl.: Ich brauche Geld und ich habe eine Idee ... Es gibt in der Nähe Robbenjäger. Sie kommen mit einem Schiff, immer wieder.*
U.D.: Was geschieht?
*Kl.: Während die jagen, schleiche ich mich in ihr Lager. Huh, da ist alles blutig, und Kadaver liegen herum ... Nun komme ich zu den Zelten. Sie haben die Tierhäute zum Trocknen aufgespannt, und ein ganzer Stapel liegt schon in einem Zelt, fertig zum Verladen. Ich packe so viele Felle, wie ich tragen kann, und schleiche mich davon.*
U.D.: Gelingt die Flucht?
*Kl.: Ai jeh, da kommt ein Mann aus einem anderen Zelt. Die hatten einen Posten dagelassen! Ich renne weg. Der Weg über die Eisschollen ist abgeschnitten, aber ich kenne mich hier aus. Die Felle lasse ich in einer Spalte zurück. Die kann ich später holen. Jetzt mache ich einen großen Bogen übers Landesinnere ... (panisch) Sie verfolgen mich von der Seite!*
U.D.: Wer?
*Kl.: Die anderen Jäger, etwa acht Mann, mit Knüppeln in den Händen. Damit schlagen sie die Robben tot.*
U.D.: Was fühlst du? Nimm deine Gefühle wahr.
*Kl.: Angst, Todesangst. Ich renne auf die Klippen zu. Ich muss die Klippen erreichen! Dann bin ich dort und suche den Abstieg.*

*Ich sage mir verzweifelt vor: »Ich schaff es, ich finde ihn, ich schaff es!« Ich darf nichts anderes denken, dann bin ich gerettet ... Und dann bin ich abgestürzt!*
U.D.: Was geschieht weiter?
*Kl.: Ich schwebe in einem zartgrünen Sonnenstrahl als die dicke Eskimofrau, nur durchsichtiger. Um mich herum sind andere bunte Strahlen. Die Sonne taut mich auf ... Ich will nie wieder in einem Land leben, wo es ständig mörderisch kalt ist! (seufzt wohlig) Hier ist es mollig warm und so bunt! Wie in einem Regenbogen. (lachend) Also habe ich es doch noch geschafft! (Pause) Aber warum klappte es auf der Erde nicht, dass sich meine Wünsche erfüllen? Waren meine Gedanken zu schlapp?*
U.D.: Oder vielleicht falsch ausgerichtet?
*Kl.: Ich habe mein Bestes gegeben.*
U.D.: Hm ... Warst du in Verbindung zu deiner Seele?
*Kl.: (gedehnt) Meine Seele ...*
U.D.: Was wünscht sich deine Seele?
*Kl.: In diese bunten Sonnenstrahlen liegen und schlafen.*
U.D.: Dann tu das jetzt. (Pause)
*Kl.: Ein rosa Sonnenstrahl kitzelt mich an der Nase. (räkelt sich und spricht mit viel jüngerer Stimme) Ahh, das war ein feines Schläfchen!*
U.D.: Was möchtest du jetzt tun?
*Kl.: Durch die bunten Strahlen springen. Ich bin ein kleines Mädchen in einem rosa Kleidchen. Wow, und ich kann fliegen! Das ist das Beste überhaupt! Da sind noch andere rosarote kleine Bälle. So sehe ich jetzt auch aus. Wir spielen Fangen, im Flug, das ist rasant!*
U.D.: Habt ihr Flügel, oder wie geht das?
*Kl.: Nein, keine Flügel. Das macht man durch Denken. Man richtet die Gedanken fest auf das aus, was man gerade erreichen*

*möchte ... Aber jetzt müssen wir zurück in die Schule und weiterlernen.*
U.D.: Wie sieht es da aus?
*Kl.: Wir sitzen in einem hellen Raum im Kreis, etwa achtzehn Schüler. Es gibt keine richtigen Wände und auch keine Decke, es wird dann einfach milchiger, verschwommen. Da kommt eine große goldene Eule! Das ist unsere Lehrerin. Sie ist sehr alt und weise, aber ganz lieb. Sie fragt mich nach meinen Erfahrungen auf der Erde. Es geht um die Gedankenkraft. Ich sage der Gruppe, dass es bei mir wieder nicht funktioniert hat.*
U.D.: Wie reagieren sie darauf?
*Kl.: Die Lehrerin erklärt, dass es nur zusammen mit dem höheren Willen und den Zielen der Seele geht. Das ist nie egoistisch oder rücksichtslos und immer voller Liebe und Güte. Auch die Bedingungen der Erde kann man nicht einfach wegdenken. Dort können die Menschen ja auch nicht fliegen, wie wir es hier als Seelen können, und wenn sie noch so daran glauben und es sich plastisch vorstellen. (überrascht) Unsere Lehrerin möchte, dass wir in Gruppen diskutieren, was ich auf der Erde als Randy besser machen könnte.*
U.D.: Das klingt sehr interessant. Was für Vorschläge kommen dabei heraus?
*Kl.: (nach längerer Pause) Die Eindrücke verblassen ... Ich muss das alles selber auf der Erde wieder herausfinden. Aber ich darf ein Bild mitnehmen, da steckt das alles drin ... Wow, das sieht fantastisch aus! Eine durchscheinende Pyramide, die in fließenden Abstufungen nach oben hin heller wird. Sie hat eine leuchtende Aura! In Richtung Spitze wird dieses Licht immer heller und intensiver und die Ausstrahlung deshalb ständig breiter ... Das sieht aus, als würde in der Pyramide gleichzeitig eine Pyramide aus Licht auf dem Kopf stehen. So schön!*
U.D.: Wie meinst...

*Kl.: (unterbricht mich mit viel tieferer, älterer Stimme) Der Grund ist, dass nur die richtige Bemühung über viele Leben hinweg immer höher hinaufführt und Wahrheit, Weisheit und Licht zunehmen. Je höher hinauf sich ein Mensch entwickelt, desto mächtiger wird er innerlich und in seiner Ausstrahlung und desto mehr Liebe kann er auch durch seine Gedanken auf die Erde bringen. Aber erst zur Spitze der Pyramide hin haben Gedanken genügend Kraft für große, lichtvolle Veränderungen, die das Bewusstsein von vielen Menschen umfassend anheben können.*
U.D.: Danke für diese Erklärung.
*Kl.: (wieder mit anderer Stimme) Das war nicht ich, das war die Lehrerin.*

## Karma-Coaching-Übung 8
## Die Macht der Gedanken positiv nutzen

### *Bewusstes Denken und Fühlen*

**Führen Sie wieder** zuerst die Basisübung »Den Energielevel anheben« durch. Atmen Sie dann auch während der folgenden Übung immer wieder tief und lichtvoll durch.
**Fragen Sie sich:** Was ist mir wichtig im Leben? Welche Ziele möchte ich erreichen? Was habe ich schon erreicht und möchte ich beibehalten? Betrachten Sie aufmerksam Ihre Wünsche in Bereichen wie Gesundheit; Beruf; Partnerschaft, Familie und Haustiere; Beziehungen zu Freunden; Freizeit; erstrebenswerte Ziele für die Menschheit; Spiritualität.
**Schreiben Sie** Ihre Ziele und Wünsche nun auf und notieren Sie auch, was Ihnen daran auf der Gefühlsebene wichtig ist, beispielsweise bei Gesundheit das Gefühl von körperlichem Wohlbefinden und fließender Energie; bei Partnerschaft, Familie und Haustieren

das Gefühl von Geborgenheit, Zusammengehörigkeit, Freude und Liebe.

**Lesen Sie** Ihre Aufzeichnungen zu all diesen Bereichen nun nochmals durch und fügen Sie Anmerkungen an, wo Sie sich durch negative Gedanken und Gefühle selbst behindert haben. Ersetzen Sie diese Selbstsabotagen nachdrücklich durch positive Affirmationen, Vorstellungen und Gefühle, die Sie ab jetzt fest in Ihrem Alltag verankern. Nehmen Sie insgesamt sich selbst und Ihrem Leben gegenüber eine positive Grundhaltung ein! Nur so werden Sie Ihre Ziele mit der Kraft Ihrer geistigen Fähigkeiten unterstützen und nicht fortlaufend gegen sie arbeiten.

### *Selbstcheck: Karma auf der Waagschale*

**Stellen Sie sich vor,** Ihre guten und schlechten Taten liegen auf zwei Waagschalen. Wie viel gutes Karma und wie viel schlechtes Karma haben Sie in Ihrem bisherigen Leben zum Thema »Die Macht der Gedanken und Gefühle positiv nutzen« angesammelt? Welcher Teil überwiegt? Was ist das Positive, das Sie eine schwierige Situation zu diesem Thema lehren möchte? Was könnten Sie konkret tun, um schlechtes Karma abzubauen und gutes zu vermehren? Beginnen Sie noch heute damit!

**Wiederholen Sie** bei Bedarf die Basisübung »Den Energielevel anheben«, bis Sie sich wohl und voller Licht, Ruhe und Frieden fühlen.

# Gutes Karma
# durch Toleranz und Offenheit

*Warum geistig zu Fuß gehen, wo wir
doch fliegen können?*

Jeder hat sein eigenes Karma und seinen persönlichen Entwicklungsweg, aber er nimmt gleichzeitig auch am Gesamtschicksal der ganzen Erde teil und beeinflusst es. Somit ist es nicht nur für uns selbst wichtig, dass wir neugierig und offen bleiben und uns mutig und lichtvoll immer weiterentwickeln.

Jeder Mensch möchte sich selbst als einzigartig empfinden, und das ist auch wichtig, um sich als eigenständige Persönlichkeit definieren zu können. Jeder möchte auch manchmal gern etwas Besonderes sein oder erleben und dafür anerkannt und bewundert werden. Doch sobald er sich zu sehr von anderen Menschen unterscheidet, begibt er sich in Gefahr, ausgegrenzt zu werden. Der Reiz des Andersartigen, Unbekannten ist riesig und fesselnd, er kann jedoch auch stark beunruhigen. Unbekanntes lässt sich nicht kontrollieren, schubladisieren und vor den eigenen Karren spannen. Es fordert auf, sich Neuem zu öffnen und seine eigenen Grenzen zu erweitern. Deshalb lehnen viele Menschen ihnen Fremdes kategorisch ab oder bekämpfen es sogar.

### Segensreiche Erschütterungen statt Intoleranz?

In meinem Leben durfte ich vielem begegnen und so manches persönlich erleben, was mein bisheriges Denken und meine Glaubenssysteme immer wieder umgeworfen hat. Ich habe Menschen kennengelernt, die seit Jahren nichts essen und trotzdem fit und gesund sind. Spontanheilungen von schlimmen

Krankheiten fanden statt. Kleine Kinder haben mir plötzlich Dinge erzählt, die ihren Entwicklungsstand und ihr Wissen weit überstiegen. Bei Tieren habe ich Verhaltensweisen beobachten können, die ein hohes Maß an Mitgefühl, Humor, vorangehender Planung und Intelligenz voraussetzen – Eigenschaften, die ihnen Menschen im Allgemeinen absprechen. Viele meiner Klienten beschrieben mir bei ihren Rückführungen in Vorleben Dinge, über die sie zuvor im heutigen Leben nichts gewusst hatten und die sich später bemerkenswert genau verifizieren ließen. Sehr viele konnten ihrem heutigen Leben durch ihre Erkenntnisse bei den Rückführungen eine andere Richtung geben und erlebten Freude, Liebe, Gesundheit und Erfolg in einem Ausmaß, wie es zuvor für sie nicht möglich gewesen war.

Bei Rückführungen ins Leben zwischen den Leben durfte ich miterleben, wie den Klienten wunderbare spirituelle Erfahrungen und universelle Erkenntnisse zuteilwurden, die ihrem Leben einen tiefen Sinn und Halt gaben. Ihre Erlebnisse, dass und wie es nach dem Sterben für die Seele weitergeht, schenkte ihnen tiefe Einblicke ins Jenseits, durch die sie in ungeheurem Ausmaß spirituell reiften. Einige Klienten konnten aus der spirituellen Welt bedeutsame Botschaften und Visionen für die Erde und ihre Bewohner übermitteln, die sich später klar bewahrheiteten.

All dies empfinde ich als große Gnade, und es erfüllt mich mit Staunen, Ehrfurcht und tiefer Dankbarkeit vor dem Mysterium der Schöpfung. Einem zweifelnden, skeptischen Menschen, der sich in einem eng abgesteckten geistigen Terrain befindet, kann ich nur empfehlen, sich möglichst vorurteilsfrei und geduldig Schritt für Schritt für neue persönliche geistige Erfahrungen zu öffnen. Es bringt nichts, über solche Dinge zu rechten. Glauben und Gewissheit kann nur jeder auf seine Weise in sich selbst, im eigenen Innersten finden und immer tiefer da hineinwachsen. Die Wege der Erkenntnis und zu Gott sind so vielfältig, wie wir Menschen es sind.

## Was wäre, wenn?

Es gibt unzählige Menschen, auch sehr gebildete, die alles ablehnen, was für sie neu oder unbequem ist. Die Gegenwart und die Vergangenheit sind voll von solchen Beispielen, die viel Schlimmes und negatives Karma erzeugt haben und insgesamt Entwicklung verhinderten. Eine gesunde Skepsis ist wichtig, aber vieles kann man erst glauben oder verstehen, wenn man sich selbst unvoreingenommen und eingehend damit befasst hat. Häufig sprengt das den zeitlichen Rahmen, oder es mangelt an der dafür nötigen Bildung, Erfahrung oder anderen Voraussetzungen. Aber statt etwas einfach abzuurteilen, könnte man sich die äußerst interessante Frage stellen: »Was wäre, wenn es tatsächlich so wäre?« Das würde zu mehr Offenheit, Respekt, Toleranz und Frieden führen und den persönlichen Horizont erweitern.

Auf der anderen Seite wird vieles nur behauptet, und einige »tolle« neue Erfindungen und Erkenntnisse stellen sich bei näherer Untersuchung als völlig falsch heraus. Leider schreibt in diesem Bereich gern einer vom anderen ab, und so können sich Halb- und Unwahrheiten verbreiten und hartnäckig halten. Viele versuchen auch, nicht erklärbare Phänomene, die tatsächlich stattfinden, mit pseudowissenschaftlichen Behauptungen zu untermauern. Das schadet der Sache viel mehr, als dass es ihr nützt. Man kann und soll nicht alles naturwissenschaftlich erklären – und dennoch existiert es.

Wir haben in der heutigen westlichen Kultur sehr viel mehr Freiheit und Möglichkeiten, uns zu informieren und zu bilden, als in früheren Epochen. Wir haben beinahe unbegrenzt Zugang zu Wissen und können bewusst an unserer spirituellen Entwicklung arbeiten. Dafür stehen uns viele hervorragende Methoden und Techniken zur Verfügung. All das sollten wir dankbar nutzen, um uns stetig weiterzubilden und lichtvoll einzubringen und die Gesellschaft, in der wir leben, aktiv mitzugestalten. Auch die folgenden Ausführungen können das Weltbild erweitern.

## Haben wir Vorleben auf anderen Planeten?

Inkarnieren die Seelen immer nur auf der Erde, oder könnte es sein, dass einige auch Erfahrungen als Wesen auf anderen Planeten machten? Wie würde sich das auf ihr Menschsein auswirken? Es spricht einiges dafür, dass ein Teil der Erdbevölkerung über Erinnerungen und Erfahrungen verfügt, die nicht von der Erde stammen dürften, auch wenn sich diese üblicherweise dem Tagesbewusstsein entziehen. Immer wieder finden sich Klienten bei ihren spirituellen Rückführungssitzungen in Vorleben auf anderen Planeten wieder. Solche Sitzungen schenken uns faszinierende Einblicke in die Weiten des Alls und die schier unendlichen Möglichkeiten, wie sich Geist in materiellen Formen zeigen kann. Leben gibt es demzufolge auf unterschiedlichsten Planeten, in verschiedensten Lebensformen und Möglichkeiten des Zusammenlebens.

Was bedeutet das für unser Karma? Ist es möglich, dass unser Karma auch auf anderen Planeten entstanden ist?

### Hilfe durch eine außerirdische Liebeserfahrung

Der 42-jährige Frank war ein gut aussehender, engagierter, hoch spezialisierter Techniker einer großen IT-Firma.

Privat war er an so ziemlich allem desinteressiert. Es verband ihn auch zu niemandem eine tiefere Zuneigung, doch ließ er nichts anbrennen, was Frauen und Sex anbelangte. Er war noch nie eine feste Beziehung eingegangen. Das irritierte ihn nicht weiter, aber hin und wieder beschlich ihn ein Gefühl der Sinnlosigkeit und Leere.

Ohne irgendeinen ersichtlichen Grund wurde er plötzlich impotent. Nachdem sich keine medizinischen oder psychischen Ursachen finden ließen, kam er verzweifelt zu mir in einen Rückführungs-Workshop, obwohl er, wie er mich wissen ließ, für solche Dinge bisher überhaupt nichts übrig gehabt hatte.

Im Vorleben erlebte sich Frank wie »eine Art dicker, umgedrehter Tropfen auf Watschelbeinen, in Zwergengröße, irgendwo im Weltall«. Er empfand sich als geschlechtslos, zufrieden und mit allen herzlich verbunden. Kinder wurden gezeugt, indem sich die ältesten dieser Wesen teilten. Als er alt war, durfte er das selbst erleben und beschrieb es als das Glückseligste und Liebevollste, was es geben kann.

Nach dieser Erfahrung wirkte Frank wie verklärt und stellte fest, dass er sein Leben ganz neu ordnen müsse. Anderthalb Jahre später traf ich ihn wieder, und er erzählte mir zufrieden, dass er gelegentlich noch immer für ein paar Minuten innerlich in sein »Vorleben als Tropfen« eintauche; daraus schöpfe er viel Kraft und Lebenssinn. In seiner Freizeit habe er eine Ausbildung zum Jugendbetreuer begonnen. Dort sei ihm auch seine große Liebe begegnet, und sie erwarteten ihr erstes Kind!

Außerhalb der Erde kann ebenfalls Karma entstehen. Das Karma einer Seele, das sie in Verkörperungen auf anderen Planeten erzeugt hat, wirkt dann als Gesamtkarma in ihr heutiges Leben als Mensch auf der Erde hinein und sollte hier, so weit wie möglich, bearbeitet und aufgelöst werden.

Dr. Michael Newton bezeichnet Seelen, die nicht nur auf der Erde inkarnierten, als Hybridseelen.[19] Viele Hybridseelen fühlen sich am Anfang ihrer Inkarnationen auf der Erde sehr fremd, sind ungeduldig und geschockt über die vorhandenen Lieblosigkeiten und Brutalitäten und sehnen sich weg. Einige verhalten sich eher gefühlskalt und rücksichtslos und müssen den Zugang zu ihren Gefühlen und dem Gewissen erst noch aufbauen und verfeinern, um den freien Willen, wie er auf der Erde herrscht, nicht falsch zu nutzen.

Häufig zeichnen diese Menschen auch besondere Begabungen und Talente aus. Manchmal sind sie spirituell viel weiter entwickelt als der durchschnittliche Mensch und können hervorragende, zukunftsweisende Lösungsmöglichkeiten und Ideen für die Erde einbringen.

Es gibt auch den umgekehrten Fall, dass Seelen zwischen ihren Erdenleben Inkarnationen auf anderen Planeten hatten und diese durch ihre vorherigen Erfahrungen als Mensch auf der Erde entsprechend beeinflussten. Das Karma jedes Einzelnen ist Teil des Gesamtkarmas der Erde. Dieses ist wiederum Teil des Gesamtkarmas des Universums. Alles beeinflusst sich wechselseitig und das Schicksal der gesamten Schöpfung.

Ob man bisher an außerirdisches Leben geglaubt hat oder annahm, dass die Erde der einzige bewohnte Planet im gesamten Universum sei: Tatsache ist, dass immer wieder Klienten bei Rückführungssitzungen Erfahrungen auf anderen Planeten und in anderen Lebensformen beschreiben, auch wenn sie vorher niemals an solche Möglichkeiten geglaubt hatten und ohne diesbezügliche Erwartungshaltung zu mir gekommen waren. Die Wahrheit kümmert sich nicht darum, wie viele Befürworter sie hat. Was ist, das ist.

## Fallbeispiel 9:
## Prof. Dr. Karsten B. – Kosmische Pläne der Liebe

*Kl.: Sobald durch die Bereitschaft der Menschen, ihre Inkarnationen richtig zu nutzen, in großem Ausmaß Frieden geschaffen wurde, wird die Erde durch diese hohe Energie in eine neue Dimension übergehen. Dort werden überall Liebe, Gerechtigkeit und Harmonie herrschen.*
U.D.: Wie kann man sich diesen Übergang vorstellen?
*Kl.: Es werden dabei riesige Veränderungen stattfinden, die die Gestalt und Zusammensetzung der äußeren Erdschichten umwandeln. Man könnte diese Energie als »Lichtfrequenz des Schöpfers« bezeichnen. Das geschieht mithilfe mächtiger Lichtwesen, die die Erde von außerhalb unterstützen und sich zum Teil selbst auf dem Planeten befinden. Das »Experiment Erde« wird dann in dieser Form abgeschlossen sein.*

Dies teilte mir ein Seelenführer durch meinen Klienten Karsten während dessen Rückführung ins Leben zwischen den Leben mit. Karsten befand sich in tiefer Trance. Wenn er Botschaften seines Seelenführers übermittelte, sprach er mit einer gänzlich anderen Stimme.

U.D.: Mir scheint, bis alle Menschen so weit sind, vergehen Ewigkeiten!
*Kl.: Es braucht nicht alle. Aber alle Erdenbewohner bekommen während dieser Zeitspanne weiterhin die Chance zur Vollendung.*

U.D.: Wie lange wird das noch dauern?
*Kl.: Das ist nicht exakt festgelegt. Der Gesamtplan wird beeinflusst vom weiteren Verhalten der Menschen und wie das alles ineinandergreift. Jede Veränderung verändert das Gesamte.*
U.D.: Aber ungefähr? Jahre oder Jahrhunderte?
*Kl.: Zigtausende Jahre.*
U.D.: Werden alle Seelen dann wiederkommen?
*Kl.: Nicht jeder Seele wird es nach diesem Aufstieg gestattet sein, weiterhin auf der Erde zu inkarnieren, das hängt von ihrem Entwicklungsstand ab.*
U.D.: Wohin kommen die Seelen, die das nicht geschafft haben?
*Kl.: In Bereiche, wo sie keinen Schaden mehr anrichten können oder wo sie nur unter ihresgleichen sind. Das betrifft auch die Seelen von den gefühlsarmen, nicht irdischen Wesen, die derzeit in menschlichen Körpern auf der Erde sind.*
U.D.: Wieso sind solche Außerirdische überhaupt da?
*Kl.: Bisher war es unterschiedlichsten Wesen erlaubt, die Erde zu bewohnen. Die Erde bietet gigantische Möglichkeiten der Entwicklung und lässt dabei sehr viel Spielraum für persönliche Entfaltung. Der kommende Wandel betrifft im Gesamtgeflecht auch viele andere Welten und Dimensionen. Viele nicht irdische Wesen leisten der Erde bereits in menschlicher Gestalt großartige Dienste und helfen, ihre Wandlung vorzubereiten. Aber einige stören die Balance anhaltend derart empfindlich, dass sie die Erde verlassen müssen. Dafür werden sich andere, hoch entwickelte Seelen unter die Menschen mischen.*
U.D.: Was geschieht mit den Tieren und den Pflanzen?
*Kl.: Die meisten werden den Aufstieg mitmachen. Sie werden gesünder sein und angemessene Freiräume haben. Die Formen und die Beschaffenheit der Körper der Menschen, Tiere und Pflanzen, die dann den Planeten bevölkern, werden freilich der Neugestaltung der Erde entsprechen.*

U.D.: Werden die Menschen dann noch Tiere töten und essen?
*Kl.: Nein, aber das wird schon lange vorher zu Ende sein. Zwischen Menschen und Tieren wird Einklang bestehen. Kein Lebewesen wird sich außerhalb der Harmonie befinden.*
U.D.: Was kann der einzelne Mensch tun, um diesen Wandel zu unterstützen?
*Kl.: Jeder Gedanke der Liebe, jedes Gefühl der Liebe, jede Tat der Liebe beschleunigt den Wandel.*
U.D.: Was bedeutet hier der Begriff Liebe?
*Kl.: Das, was bleibt, was ist und immer war. Das kosmische Licht der Schöpfungskraft, das alles durchströmt und verbindet.*

Der 52-jährige Karsten, aus dessen Rückführung der eben zitierte Ausschnitt stammt, hatte einen Lehrstuhl für Physik an einer renommierten Universität inne. Eines Tages berichtete ihm ein Student enthusiastisch von seinen persönlichen Erfahrungen mit Rückführungen. Als überzeugter Atheist und Naturwissenschaftler tat sich Karsten zuerst sehr schwer, sich spirituellen Themen zu öffnen, dann aber siegten Wissbegier und Forschergeist, und er beschloss, eigene Erfahrungen zu sammeln. Seine diesbezüglichen Erlebnisse erschütterten sein bisheriges Weltbild in den Grundfesten.

Das Erste, was Karsten während seiner Rückführung in Vorleben sah, war ein hellgelbes Raumschiff, das die Erde umkreiste. Es erinnerte in seiner Form an ein flach gedrücktes, leuchtendes Ei.

U.D.: Wo befindest du dich?
*Kl.: Ich bin in einem kuppelförmigen Gebäude mit riesigen Panoramafenstern. Draußen sehe ich den Sternenhimmel und den Planeten Erde ... und das hellgelbe Raumschiff.*
U.D.: Wie siehst du aus?

*Kl.: Ich bin eine Frau, sehr groß, gelbe, geschmeidige Haut, absolut haarlos. Meine Glieder sind sehr gelenkig und lang ... Ich bin nicht von der Erde!*
U.D.: Schau dich genau um, wo du dich gerade befindest.
*Kl.: Ich bin in einem riesigen Raumschiff. Das kleine Schiff ist ein Erkunder.*
U.D.: Zu welchem Zweck?
*Kl.: Wir suchen nach Lebensmöglichkeiten auf einem günstigen Planeten.*
U.D.: Geh ein Stück weiter. Ist die Erde geeignet?
*Kl.: Ich sehe Aufzeichnungen von Landschaften der Erde auf einem Bildschirm. Da gibt es noch kaum menschenartige Wesen! Sehr viel Eis und Schnee. Aber auch riesige Wald- und Sumpfgebiete ... Ja, die Erde ist geeignet. Wir siedeln Leute an.*
U.D.: Und wo kommen diese her?
*Kl.: Wir kommen aus einem weiter entfernten Sonnensystem. Unser Planet ist fast verödet ... Es gibt da zwei Arten von Körperformen.*
U.D.: Wie sehen diese anderen Leute aus?
*Kl.: Sie ähneln den Erdbewohnern, aber weniger behaart, nur auf dem Kopf und in der Geschlechtsgegend. Sie sind auch größer und breiter. Zu ihren Vorzügen gehört, dass sie sehr gesund und robust sind und sehr viel älter werden als dieser Menschenschlag, und sie beherrschen die telepathische Sprache.*
U.D.: Geh in die Zukunft zum nächsten wichtigen Ereignis.
*Kl.: (gepresst) Die Umsiedelung hat nicht geklappt, obwohl alles perfekt vorbereitet war und die Bedingungen auf der Erde ideal wirkten. Alle sind schon sehr bald verdorrt. Sie konnten keine Flüssigkeit mehr speichern.*
U.D.: Atme tief durch!
*Kl.: (aufgeregt) Wir haben auch hier an Bord diese Seuche bekommen. Wir sterben alle, vertrocknen!*

U.D.: Was nimmst du wahr?
*Kl.: (traurig) Keiner hat überlebt, unser Volk gibt es nicht mehr.*
U.D.: Wo bist du jetzt?
*Kl.: Ich schwebe über meinem Heimatplaneten. Er ist verödet, alles Wüste ... (schluckt) Das war noch vor kurzer Zeit ein üppig bewachsenes, saftig grünes Paradies mit einem Teppich von duftenden Blüten, der alles umspannte. (weint) Es tut entsetzlich weh, ihn so kahl zu sehen. (Pause) Um mich herum rotiert eine kleine blaue Kugel, sie wird größer und größer. Oh, ein leuchtendes Wesen entsteht! Es schaut mich an. Seine Augen sehen aus wie blaues Wasser ... Ja, aber ... Ja, das ist ja ...*
U.D.: Ja?
*Kl.: Mein Lehrer! Mein Seelenlehrer. Khwyschhm (ein unverständlicher Laut, der in etwa so klang).*
U.D.: Bitte?
*Kl.: Khwyschhm, so lautet sein Name. Wie gut, dass er da ist. Er lässt durch seine Augen heilendes Wasser auf mich fließen, und ich werde wieder saftiger. (seufzt entspannt) Jetzt geht es mir besser! Ich schmiege mich an ihn, und er hält mich fest ... (erstaunt und wie verklärt) Ahh, ich dehne mich aus wie silbriges Wasser ... Fließe durch den Kosmos ... Ströme in allem und alles in mir ... Bin überall gleichzeitig. (lange Pause) Nun schweben wir wieder über dem ausgedörrten Planeten. Khwyschhm fragt mich nach meiner Lebensaufgabe dort.*
U.D.: Hast du sie erkannt und erfüllt?
*Kl.: (gedehnt) Ich war sehr strebsam. Technikerin, zuerst für Bodenkultur, dann brachte ich es bis in die Raumfahrt. Das war mein Ziel, und das habe ich exakt erreicht. (bitter) Und alles umsonst! Ich schoss völlig am Ziel vorbei.*
U.D.: Hättest du etwas besser machen können?
*Kl.: Ich wollte nicht wahrhaben, was mit unserem Planeten vor sich ging, dass er stirbt ... Bis es zu spät war.*

U.D.: Hatte das etwas mit dir zu tun?

*Kl.: Mit uns allen! Wir waren ein friedliches Volk, aber wie besessen vom Fortschritt der Technologie. Wir pressten den Boden gnadenlos aus, wir waren so abgrundtief dumm! Einzelne erkannten die kommende Katastrophe und versuchten, uns zu warnen, aber niemand schenkte ihnen Gehör. Nur der Weltraum zählte, den wollten wir erforschen. (längere Pause) Die Technik anders nutzen, den Planeten erhalten ... Dort wäre meine Lebensaufgabe gewesen. Wir verdrängten das Offensichtliche. Wenn Teile verwüsteten, rodeten wir einfach andere ... Bis es kein Zurück mehr gab und alles kaputt war. Wir fühlten uns der Natur grenzenlos überlegen, dachten, wir würden sie längst beherrschen, aber wir haben es nur geschafft, sie zu zerstören.*

U.D.: Warum konntet ihr nicht auf der Erde existieren?

*Kl.: Khwyschhm zeigt mir nochmals mein Volk, wie es auf der Erde stirbt ... Wir mussten genauso veröden, wie unser Heimatplanet es durch uns ist. Unser Schicksal war verbunden. Es ergibt sich immer ein Kreis. Alles kehrt zur Ursache zurück.*

U.D.: Du bist aber dennoch auf die Erde gekommen.

*Kl.: Stimmt, wie etliche aus meinem Volk, aber in Menschenkörpern. Dazwischen war ich auf anderen Planeten und habe dort Erfahrungen gesammelt.*

U.D.: Gibt es einen Grund, warum du als Mensch auf die Erde gekommen bist?

*Kl.: Ja, es ist meine Aufgabe, der Erde zu helfen, dass sie nicht das gleiche Schicksal wie mein Heimatplanet ereilt. Die Zerstörung der Umwelt ist weltweit voll im Gange. Auch auf der Erde ist die Erosion bereits erschreckend weit vorangeschritten. Die Menschen machen die gleichen Fehler wie wir damals und dazu noch die ganzen Kriege, Hungersnöte und Tierquälereien! Das gab es bei uns nicht. Dieses Verhalten hat noch üblere Folgen für jeden Einzelnen. Ich muss sie warnen, aufklären!*

U.D.: Hast du damit schon begonnen?
*Kl.: Ja, ich arbeite bereits für Umweltprojekte und versuche, den Studenten ihre Verantwortung für die Erde bewusst zu machen. Das alles muss ich noch viel mehr forcieren.*
U.D.: Und glaubst du, dass es hilft? Werden sich die Menschen besinnen, wird die Erde gerettet?
*Kl.: (wieder mit völlig veränderter Stimme, als sein Seelenlehrer Khwyschhm) Die Erde wird in eine höhere Dimension übergehen, das ist vorherbestimmt. Auf welche Weise das geschieht und welche Seelen sie dann bewohnen dürfen, wird sich zeigen. Für jeden Menschen bestünde die Möglichkeit. Ob er sie nutzt, liegt in seiner eigenen Verantwortung. Jeder Mensch bestimmt seine Zukunft selbst durch sein fortwährendes Verhalten.*

## Karma-Coaching-Übung 9
## Andersartigkeit und Offenheit

**Seien Sie** während dieser Übung besonders achtsam bezüglich aller Ausreden und unbehaglichen Gefühle, die dabei vielleicht in Ihnen aufsteigen werden. Diese sind ganz normal. Aber lassen Sie es nicht zu, dass sie Sie von dieser Übung abhalten, und erlauben Sie sich keinerlei Unehrlichkeit. Kommen Sie sich selbst auf die Schliche und seien Sie achtsam und gerecht, ob es nun das Gute oder das Schlechte in Ihnen zu erkennen gilt!

### *Offen und lernbegierig bleiben*

**Führen Sie zuerst** die Basisübung »Den Energielevel anheben« durch.
**Nehmen Sie dann** weiterhin lichtvolle, ruhige Atemzüge und stellen Sie sich vor, Ihr Seelenführer kommt zu Ihnen und überreicht

Ihnen einen Fragebogen, der Ihnen helfen soll, sich eingehend mit Ihrem Wissen, möglichen Vorurteilen und »Scheuklappendenken« auseinanderzusetzen. Lassen Sie sich bei jeder Frage die Zeit, gewissenhaft zu überlegen, dann schreiben Sie Ihre Antworten auf:
**Gegenüber welchen** Erkenntnissen und Menschen, durch die Sie Ihr Weltbild infrage gestellt fühlten, verhielten Sie sich trotzdem offen und neugierig? Was waren Ihre möglichen Beweggründe dafür? Und wie haben Sie sich dabei gefühlt?
**Bei welchen** Erkenntnissen und Menschen, durch die Sie sich in Ihrem bisherigen Weltbild herausgefordert fühlten, blockten Sie ab? Was waren Ihre möglichen Beweggründe dafür? Und wie haben Sie sich dabei gefühlt?
**Welche Möglichkeiten,** sich zu bilden und weiterzubilden, haben Sie genutzt? (Gemeint ist hier nicht nur Schulbildung, sondern eher Bildung und Wissen im weitesten Sinne und auf unterschiedlichsten für Sie interessanten Gebieten, auch durch entsprechende Gespräche, Filme, Bücher.) Was haben Sie dabei gelernt? Wann war das? Wie haben Sie Ihr Wissen angewandt? Hat Sie Ihre Bildung näher zu den Zielen Ihrer Seele geführt? Wie hat Ihre Bildung Ihr weiteres Leben beeinflusst?
**Wo haben Sie** Chancen auf Bildung und Weiterbildung ungenutzt verstreichen lassen? Warum? Wann war das? Wie haben diese nicht genutzten Möglichkeiten für Bildung Ihr Selbstvertrauen, Ihre Selbstachtung, Ihr Verhalten und Ihr weiteres Leben beeinflusst? Auf wen und was sind Sie neidisch?
**Was gilt es für Sie** in Ihrem Leben noch zu lernen oder zu verbessern? Was interessiert Sie im Leben? Wie könnten Sie Bildung und Weiterbildung ganz neu im Sinne Ihrer Seele angehen? Welche Charaktereigenschaften und Verhaltensweisen könnten Sie dabei unterstützen? Welche Ihrer bisherigen Meinungen und Überzeugungen wären dabei hinderlich? Wo brauchen Sie mehr Offenheit, Mut und Toleranz?

**Wie sieht es** mit Ihrer Herzensbildung aus? Was möchten Sie da beibehalten? Was gilt es da zu ändern?

### *Selbstcheck: Karma auf der Waagschale*

**Stellen Sie sich erneut vor,** die guten und die schlechten Taten liegen auf zwei Waagschalen. Wie viel gutes Karma und wie viel schlechtes Karma haben Sie in Ihrem bisherigen Leben zum Thema »Toleranz, Lernen und Bildung« angesammelt? Welcher Teil überwiegt? Was ist das Positive, das Sie eine schwierige Situation zu diesem Thema lehren möchte? Was könnten Sie konkret tun, um schlechtes Karma abzubauen und gutes zu vermehren? Beginnen Sie noch heute damit!

**Wiederholen Sie** bei Bedarf die Basisübung »Den Energielevel anheben«, bis Sie sich wohl und voller Licht, Ruhe und Frieden fühlen.

# Das Karma zum Freund

*Bedenken Sie, dass Sie als Mensch sterblich sind,*
*aber dass Sie als Seele weiterleben und Ihr Karma*
*Sie im nächsten Leben erwartet.*

## Schicksal als Prüfung?

Das Schicksal ist aus spiritueller Sicht immer unser Freund und wirkt *für* uns und nicht *gegen* uns, auch wenn sich das manchmal ganz anders anfühlt. Es möchte uns auf den Weg der Seele zurückführen und beeinflusst unser Leben oft über eine sehr große zeitliche Strecke. Manchmal können wir die positive Wirkung einer Korrektur in unserer Weichenstellung, die wir infolge eines Schicksalsschlags vornehmen mussten, dann viel später klar erkennen.

Wir Menschen tendieren dazu, uns im Alltagstrott zu verlieren. Die Pläne der Seele haben wir dann vergessen. Aus höherer Sicht kann da ein Schicksalsschlag sogar als Gnade aufgefasst werden: Wenn jemandem etwas Schlimmes widerfährt, wird er meist nachdenklicher, dankbarer und spiritueller. Er nimmt sich fest vor, sein Leben zum Besseren zu ändern, wenn es nur wieder gut wird. Kommt es wieder in Ordnung, so sind die guten Vorsätze meist nur allzu schnell wieder vergessen oder werden nur halbherzig umgesetzt – bis dann der nächste Schicksalsschlag eintritt. Das müsste nicht sein.

Das ganze Leben hindurch begegnen uns von Zeit zu Zeit größere und kleinere Herausforderungen und Versuchungen, die uns Entscheidungen abverlangen und wichtige, richtungweisende Meilensteine auf unserem Weg darstellen. Hier müssen wir Farbe bekennen. Das hat nicht unbedingt mit schlechtem Karma zu tun. Man könnte solche Situationen als Prüfungen deuten, in denen wir zeigen, was wir tatsächlich bereits begriffen und gelernt haben. Bestehen wir die Prüfung, kommen wir sozusagen in eine höhere Schulklasse; fallen wir durch, bleiben wir sitzen, und das Schicksal gibt uns Nachhilfeunterricht, so lange, bis wir die Nachprüfung bestehen.

## Wofür nehmen Sie sich Zeit?

Zeit hat man nicht, Zeit nimmt man sich. Die spirituelle Welt ist zeitlos, aber auf der Erde ist Zeit für jeden nur begrenzt vorhanden. Daher ist es wichtig, seine Zeit gut zu nutzen – für Dinge, die Karma abbauen und kein neues entstehen lassen. So viel Zeit aber verbringen wir mit Unnötigem wie zum Beispiel damit, hinter unsinnigen Dingen herzurennen, zu jammern und uns über scheinbare Hindernisse auf unserem Lebensweg zu ärgern. Nehmen wir uns stattdessen Zeit, den tieferen, gütigen Sinn hinter allem, was uns geschieht, zu erkennen, lernen wir, das Schicksal mehr und mehr als unseren weisen Freund und unser Karma als größten Wegweiser zur Erfüllung unserer Seelenpläne zu würdigen.

Achten Sie also gut darauf, mit wem, womit und wo Sie wie viel Ihrer Zeit verbringen. Das ist heute, in unserer schnelllebigen Zeit, umso wichtiger, um die wirklichen Verpflichtungen erkennen und erledigen zu können und die richtige Balance zu finden, um auch genügend Zeit für Muße zu haben. »Entschleunigen« ist äußerst wichtig und zugleich eine Einladung, sich bewusst mit der spirituellen Entwicklung zu befassen. Üben Sie sich darin, das Karma-Coaching in alle Bereiche Ihres Alltags – in Beruf, Familie, Haushalt und Freizeit – einzubeziehen. Dadurch können Sie Ihre Lebenszeit optimal nutzen. Machen Sie sich und anderen das große Geschenk und nehmen Sie sich Zeit für sich selbst und für Ihre Lieben! Vergönnen Sie sich in der Freizeit Freuden, die nichts oder nur sehr wenig Geld, aber ein wenig Zeit kosten.

Das Gefühl, genügend Zeit zu haben, um etwas befriedigend erledigen zu können, löst aber gerade auch bei der Arbeit eine ganze Reihe an Positivem aus: bessere Leistung, weniger Fehler, weniger Krankheitsausfälle, Vermeidung von Burnouts, positive Identifikation mit der Tätigkeit und der Arbeitsstelle. Es kommt mehr Freude und Motivation auf, neue innovative Lösungsmöglichkeiten werden gefunden, der Umgang und Austausch mit anderen wird freundlicher, und die Zufriedenheit steigt. All das breitet sich auch positiv in die Familien und den Umkreis aller Beteiligten aus.

Oft stecken wir in der Sorge fest, dass die Zeit nicht reicht, und es entsteht Stress. Statt sich zu sagen: »Ich habe keine Zeit, ich muss mich beeilen, sonst schaffe ich das nie«, könnten Sie sich dann mit positiven Affirmationen helfen, wie: »Das Karma arbeitet für mich, nicht gegen mich; es hilft mir dabei, mich zu entwickeln. Es fällt mir immer leichter, die Verbindung zur spirituellen Welt zu halten. Ich beziehe meine göttliche Seele bewusst in jeden Bereich meines Alltags ein. Ich kann Wichtiges von Unwichtigem unterscheiden und finde das richtige Maß in allem. Ich habe alle Zeit, die ich brauche, um alles Wichtige termingerecht und gut zu erledigen. Arbeit und Freizeit stehen bei mir in perfekter Balance.«

## Warum ist Einfühlungsvermögen so wichtig?

Wenn wir uns mit dem Karma aussöhnen und karmisch ausgeglichen leben wollen, müssen wir unentwegt die entsprechenden Entscheidungen treffen. Leider bleiben wir bei der Einschätzung einer Gegebenheit oft an der Oberfläche haften, es fehlt uns der Zugang zu den tieferen Hintergründen. Um ein Geschehen wirklich durchschauen und richtig darauf reagieren zu können, ist es unumgänglich, dass wir über viel Einfühlungsvermögen verfügen. Nur dann können wir eine Situation aus einer umfassenderen Warte und auch aus der Warte anderer Beteiligter betrachten und einschätzen. Das führt zu Mitgefühl, Toleranz und Nächstenliebe. Indem wir uns in uns selbst hineinfühlen, lernen wir auch uns selbst besser verstehen und wir erkennen, dass unsere karmischen Lektionen perfekt auf uns zugeschnitten sind. Sie haben das Ziel, dass wir Unausgeglichenheiten erkennen und ins Licht heben.

Das meiste Leid auf der Welt entsteht, weil sich Menschen nur auf ihre eigenen oberflächlichen Gefühle oder Gedankengebäude konzentrieren. Sobald wir uns in ein anderes Lebewesen hineinversetzen, hört diese Begrenztheit auf. Wir können dann das andere Wesen in seinen Gefühlen und Intentionen viel besser wahrnehmen und verstehen, und dadurch fühlen wir uns nicht mehr getrennt, sondern eins mit ihm. Dann wünschen wir uns, dass es auch dem anderen gut geht, und das verbindet uns mit den Zielen unserer Seele und dem höheren Willen. Das besagt auch ein Zitat von Albert Schweitzer sehr treffend: »Naturfreund ist derjenige, der sich mit allem, was in der Natur lebt, innerlich verbunden weiß, an dem Schicksal der Geschöpfe teilnimmt, ihnen, soviel er kann, aus Leid und Not hilft, und es nach Möglichkeit vermeidet, Leben zu schädigen oder zu vernichten.«[20]

## Leben im höheren Willen?

Schlechtes Karma ist dort entstanden, wo wir aus dem höheren Willen herausgefallen sind. Man könnte es auch als verhinderte Liebe bezeichnen. In seiner Sehnsucht nach Liebe weist uns das Karma wie ein bester Freund den Weg zurück zum göttlichen Ursprung. Wenn wir unser Karma aufgelöst haben, sind wir wieder ganz in der Liebe angekommen.

Der höhere Wille nämlich entspringt dem Einssein, der göttlichen Quelle und allumfassenden Liebe, aus der alles entstanden ist und wohin alles, bereichert durch individuelle Erfahrungen, zurückkehren wird. Jedem Menschen ist es freigestellt, ob er nach seinem eigenen Willen lebt oder sich dem göttlichen Plan der Schöpfung unterstellt. Ersteres lässt den Menschen immer tiefer fallen und sich immer mehr in Getrenntheit und Egoismus karmisch verstricken. Zweiteres hilft ihm, friedfertig und frei zu werden und sich in höhere, lichtvolle Ebenen zum Göttlichen hin zu entwickeln.

Um Klarheit und Weisheit zu erreichen und den höheren Willen zu leben, brauchen wir unser Ego nicht zu bekämpfen, denn das ist unmöglich und würde es nur noch stärker machen. Ein gesundes Ego ist zudem notwendig, um viele Erfordernisse des Alltags überhaupt erfüllen zu können – es nimmt seinen ihm gebührenden Platz ein, wie ein guter Angestellter, aber es befindet sich nicht in der Chefetage, denn dort gehört es nicht hin.

> **Eigener und göttlicher Wille werden eins**
>
> Wirkliche Freiheit bedeutet, dass man sich freiwillig dem universellen Willen unterstellt. Dann beginnt die Umkehr, der bewusste Heimweg zur göttlichen Quelle, die reine Freude, Licht, universeller Klang und bedingungslose, allumfassende Liebe ist.

## Fallbeispiel 10:
## Linda C. – Herzblut

Linda wollte an meinem Workshop teilnehmen und war vorher zu einem spirituellen Mentoring in meine Praxis gekommen. Sie saß mir blass und verkrampft gegenüber und hielt den Blick gesenkt. Ihre Stimme klang verhalten, als wollte sie keine Gefühle zulassen, aber die Augenlider zuckten und ihre Finger zitterten, während sie sie nervös umschlang. Die folgende Zusammenfassung aus dieser Sitzung zeigt ein besonders schicksalhaftes Leben.

»Meine Mutter war dreiundvierzig, als sie mit mir schwanger wurde. Niemand hatte mehr damit gerechnet. Aber meine Eltern freuten sich auf mich. Ich bin sehr religiös erzogen worden, obwohl wir nie in eine Kirche gingen. Wir beteten zu Hause vor dem Essen und vor dem Einschlafen, und man brachte mir bei, dass man alles, was geschieht, innerlich annehmen muss, auch wenn man es nicht versteht. Ohne diesen Glauben wäre ich sicher schon verzweifelt.«

Linda war schon als Kind sehr kränklich und musste oft dem Schulunterricht fernbleiben. Auch mit einer Lehre klappte es deshalb nicht, und sie ging als Gelegenheitsarbeiterin in eine Gewürzfabrik. In einer Disco lernte sie mit siebzehn einen Vertreter kennen, den sie heiratete, als sie von ihm schwanger wurde. »Ich schwebte auf rosa Wolken, er war so süß! Leider nahm er es mit der Treue nicht sehr genau. Als ich ihn deshalb zur Rede stellte, verließ er wütend die Wohnung und kam nie wieder; ich war im achten Monat schwanger!«

Tief enttäuscht zog Linda zurück zu ihren Eltern, die sich liebevoll um sie und die bald darauf geborene Enkeltochter kümmerten. Es war eine kleine Wohnung, und die Familie hatte nur wenig Geld, aber die Geborgenheit und Fürsorge und auch das Baby trösteten Linda, obwohl sie sich weiterhin nach ihrem Mann sehnte und hoffte, er käme eines Tages zu ihr zurück. Sie arbeitete wieder in der Fabrik und dort lernte sie in der Kantine einen Chemiker kennen. Till war Witwer und hatte drei Kinder zwischen vier und acht Jahren. Die beiden verliebten sich ineinander, und schon bald gab Linda ihren Job in der Fabrik auf und zog mit ihrem Töchterchen Mona zu Till. Es folgten ein paar glückliche Jahre, in denen Linda auch eine Abendschule besuchte und einen Abschluss machte. »Wir waren eine glückliche Patchworkfamilie. Ich liebte Tills Kinder fast genauso wie Mona. Till und ich lasen auch zusammen philosophische Schriften, das war absolut neu und faszinierend für mich. Wir wollten heiraten, aber ich musste mich zuvor endlich von meinem Mann scheiden lassen.«

Er kam nicht einmal zur Verhandlung, angeblich lebte er im Ausland. Dann starben dicht hintereinander Lindas geliebte Eltern. Sie trauerte tief, und die Hochzeit wurde um ein Jahr verschoben. Die Eltern hinterließen einen großen, alten Hund, Kaspar, den Linda zu Till mitnahm. Drei Wochen vor der geplanten Hochzeit bellte der Hund plötzlich mitten in der Nacht und sprang am Bett hoch, was er sonst nie tat. Linda wachte auf und registrierte entsetzt und fassungslos, dass Till tot neben ihr lag. Er war an einem Herzstillstand gestorben. Die Zeit, die nun folgte, bezeichnete Linda als Höllentrip: »Tills Kinder wurden mir sofort weggenommen und kamen zu seiner Schwester. Die verbot mir sogar, sie zu besuchen, damit sie sich möglichst rasch von mir lösen. Es zeriss mir das Herz. Das Haus erbte ebenfalls die Schwester. Ich glaube, ohne meine Tochter hätte ich mich vor einen Zug geworfen. Aber für sie musste ich stark sein. Ich wollte wieder in die Fabrik zurück, denn dort gab es auch einen Kinderhort, aber Tiere waren nicht erlaubt, und ich hatte doch Kaspar, deshalb ging ich putzen.«

Linda putzte auch eine Tierarztpraxis. Den Tierarzt lernte sie kennen, als sie Kaspar wegen einer schlimmen Krankheit behandeln und schließlich einschläfern lassen musste. Eines Tages bat der Tierarzt sie, für seine Helferin einzuspringen, denn diese war schwanger und hatte kurzfristig gekündigt. Linda machte ihre Sache prima, und der Tierarzt stellte sie fest ein. Sie hatte eine gute Hand für Tiere, die zu ihr meist sofort Vertrauen fassten, und mit ihrer ruhigen und freundlichen Art war sie auch bei deren Haltern sehr beliebt. Allmählich fasste sie wieder Lebensmut und nahm zwei Streunerhunde bei sich auf, die der Tierarzt aus seinem Urlaub aus Spanien mitgebracht hatte und die ihr und Mona viel Freude machten. Doch wieder folgte eine Katastrophe: »Der Tierarzt bekam einen schweren Gehirnschlag. Er überlebte nur knapp und musste in Frühpension gehen. Ich stand wieder bei null und ging putzen.«

Aber einer der Tierhalter, den sie in der Praxis kennengelernt hatte, bat sie, ob sie nicht manchmal seine Haustiere betreuen könnte. Das sprach sich herum, und ab da verdiente sie ihr Geld auch als Tiersitterin, was ihr viel lieber war als Putzen und auch Mona begeisterte.

Aber wieder wurde sie vom Schicksal auf schrecklichste Weise heimgesucht: »Am dritten Juli letzten Jahres hörte ich plötzlich vor dem offenen Küchenfenster einen lauten Knall. Ich schaute heraus und sah, dass Mona unter ein Auto gekommen war. Ich rannte zu ihr, sie war schwer verletzt und starb noch auf dem Weg ins Krankenhaus. Sie war gerade mal dreizehn Jahre alt geworden.«

Obwohl Lindas Glaube und Lebenskraft schier unerschütterlich schienen, wurde sie daraufhin depressiv und kränkelte ständig. Sie musste aufhören zu arbeiten und dachte immer öfter an Selbstmord. Ihr Hausarzt riet ihr zu meinem Workshop und zuvor zu dem spirituellen Mentoring. So kam sie zu mir.

Nachdem mir Linda ihr trauriges Leben geschildert hatte, erarbeitete ich mit ihr speziell auf sie abgestimmte spirituelle Übungen, die sie auch zu Hause durchführen konnte. Sie musste wieder mehr in ihre seelische Mitte finden und insgesamt gefestigter sein, um überhaupt am Workshop teilnehmen zu können. Zum Abschluss der Sitzung bat ich sie dann noch, sich auf die Couch zu legen, die Augen zu schließen und innerlich an einen Ort zu gehen, an dem sie sich sehr wohlfühlen und entspannen könne. Lindas Gesichtszüge wurden weicher und ihre Atemzüge ruhiger und tiefer.

*Kl.: (mit schläfriger Stimme) Eine violette Wolke schwebt vor mir und holt mich ab. Ich liege in ihr drin, und sie gleitet mit mir davon. Über mir segeln lauter pinkfarbene Schäfchenwolken dahin.*
U.D.: Schau ihnen nach … und dabei werden deine inneren Lider ganz schwer und fallen zu.

*Kl.: Ein frischer Wind weckt mich auf. (überrascht) Da ist mein Opa! ... Viele Kinder und Tiere schlafen um ihn herum ... Er lächelt mir zu. Ich stehe auf und möchte zu ihm gehen, aber er verschwindet in den Wolken. Aber die Kinder und Tiere wachen jetzt auf und spielen und tollen herum. Das sieht lustig aus!*
U.D.: Möchtest du mitspielen?
*Kl.: Ja! Meine Wolke schwebt zu ihnen.*
U.D.: Und dann?
*Kl.: Die Bilder sind weg.*
U.D.: Lösen sie etwas Bestimmtes in dir aus?
*Kl.: Als ich fünf Jahre alt war, starb mein Opa. Danach ist er meiner Mutter mehrfach erschienen. Ich konnte ihn auch sehen.*
U.D.: Wie sah er aus?
*Kl.: Wie ein längliches durchsichtiges Licht, in dem sein Gesicht schimmerte ... Jetzt erinnere ich mich auch wieder an einen ganz besonderen Traum, den ich damals hatte. Da war Opa mit mir bei vielen Tieren: Hunde, Katzen, Meerschweinchen, Hamster, Vögel, Schlangen, Hühner, es wurden immer mehr, ganz ähnlich wie vorhin. Auch Kinder waren dabei und spielten mit den Tieren und streichelten sie. Was für ein liebes Gewusel! Opa nahm mich in die Arme und flüsterte mir eindringlich ins Ohr: »Nimm das mit, vergiss es nie.« Ab da hörten die Erscheinungen auf.*

Nach dieser Sitzung wirkte Linda deutlich mehr gefestigt, und auch die täglichen spirituellen Übungen taten ihr sehr gut. Sie brannte nun darauf, den Workshop zu besuchen, denn sie wollte unbedingt erfahren, was sie im Vorleben verbrochen habe, dass sie vom Schicksal so gequält wurde.

Lindas folgende Aufzeichnungen ihrer Gruppenrückführungen beim Workshop belegen deutlich, dass Schicksalsschläge nicht einfach mit »karmischer Bestrafung« gleichgesetzt werden dürfen, sondern auch ganz andere Gründe haben können: »Ich stehe an einem See in einer leicht hügeligen Graslandschaft mit einzelnen Steinhäusern und vielen Schafen. Das ist in Irland. Direkt um mich herum sind Gänse und ein Schwein. Ich bin ein etwa siebenjähriger Junge und muss auf die Tiere aufpassen, wenn sie weiden. Das ist schön. Ich esse Brotfladen und schnitze Tierfiguren. In der Nähe ist ein Friedhof. Bei einem frischen Grab steht auf dem Stein die Zahl 1690.

Als Nächstes höre ich das Schwein in Todesangst quieken. Es wird von meinem Vater geschlachtet. Ich halte mir die Ohren zu, aber ich höre es trotzdem. Mein Magen zieht sich zusammen, und ich muss mich übergeben. Später gibt es Schweinebraten, das ist ein seltenes Festessen, aber ich will nichts essen. Ich kann doch meinen Freund nicht essen! Ich laufe vom Tisch weg, verstecke mich im Stall und weine Rotz und Wasser.«

Dann erlebte sich Linda in einem anderen, längst vergangenen Vorleben als junge Mutter: »Mein Kindchen ist noch ganz winzig, ich trage es am Körper, mit gedrehten Lianen an mir festgebunden. Es hat schwarze Haare und braune haarige Haut. Ich bin etwa vierzehn Jahre alt, nackt und barfuß, habe eine dunkle Behaarung am gesamten Körper und längere schwarze Haare auf dem Kopf. Meine Gestalt ist eher gedrungen. Ich frage meine Seele, wann das war, und erhalte die Angabe: vor 50 000 Jahren. Meine Sippe besteht aus einigen Familien, und wir wohnen in kleinen Höhlen in einem Wald oberhalb von einem See. Wir leben hauptsächlich von Wurzeln, grünen Pflanzen und Früchten. Es ist eine sehr warme, feuchte und üppige Gegend. Heute ist da Neuguinea. Es ist sehr viel Liebe zwischen allen Menschen hier und der Natur, und wir teilen alles, was wir haben, und helfen einander. Mein Leben fühlt sich rundum stimmig an, und ich habe ein ganz tiefes Gefühl, geborgen und sicher zu sein.«

Danach zeigte sich noch eine Szene aus einem weiteren Vorleben Ende des 19. Jahrhunderts: »Vor mir sehe ich einen Priester am Altar stehen. Ich bin in einer kleinen Kirche, eine junge Braut. Ich trage eine wunderschöne Tracht, auch mein Mann. Er lächelt mich zärtlich und stolz an, ich könnte zerspringen vor Freude. Er war mehrere Jahre auf Wanderschaft, aber er ist zu mir zurückgekommen. Wir lieben einander, seit wir Kinder sind. Er hat als Wanderbursche viele handwerkliche Fertigkeiten gelernt und genießt großes Ansehen im Ort.

Jetzt tanzen wir im Freien im Kreis, alle halten sich an den Händen. Es ist ein großes Fest, und der ganze Ort feiert mit. Es zerreißt mich fast vor Glück! Ich liebe meinen Mann so sehr, dass es mir wehtut. Er heißt Gosmin, aber ich nenne ihn Angelus. Das ist in Rumänien. Wir sind alles Bauern, da gibt es überall Getreidefelder. Alle helfen zusammen. Wir singen dabei.

Ich bin schwanger. Wir freuen uns sehr auf unser Kind. Ich habe ihm Windeln genäht, mein Mann hat eine Wiege geschnitzt.

Etwas Furchtbares ist geschehen. Beim Strohaufladen ist der Wagen gerutscht. Ich bin gestolpert und wäre daruntergekommen. Angelus riss mich weg, dabei kam er unter die Deichsel. Sie zerquetschte ihm den Hals. Ich schreie und weine und schlage vor Entsetzen um mich.

Es geht mir ab da innerlich so miserabel, dass ich sterben möchte, aber das Kind muss leben können. Es ist eine schreckliche Geburt, die Schmerzen sind fast unerträglich, aber das Kind ist ein Teil von Angelus, und ich freue mich sogar wieder ein wenig. Als es endlich da ist, bin ich zu schwach, um es in die Arme zu nehmen. Ich habe hohes Fieber und bin lange krank. Sie haben mein Kind zu einer Amme gebracht, damit ich es nicht anstecke.

Als ich wieder gesund bin, möchte ich es endlich sehen. Sie sagen mir, es sei am Tag nach der Geburt gestorben. Ich werde ohnmächtig. Als ich wieder zu mir komme, sitzt eine Nonne an meinem Bett. Ich kann nichts sagen, nur weinen. Sie streichelt mein Gesicht und erzählt mir viel von Gott und dass er mich liebt. Aber sie kann mich nicht trösten. Ich gehe ins Kloster und bin immer unglücklich. Ich weiß, dass ich noch in jungen Jahren sterbe.

Nachsatz: Ob das in diesem Leben auch passiert? Ich habe keine Lebensfreude mehr. Wahrscheinlich sterbe ich bald. Es ist auch besser so. Ich will nicht mehr. Und ich will überhaupt gar nichts mehr. Wenn ich nichts habe, was mir etwas bedeutet, muss ich auch niemals wieder einen solchen Kummer erleben.«

Bei der Gruppenrückführung ins Zwischenleben hatte Linda dann ein sehr prägendes Erlebnis, das ihr half, das Schicksal mit neuem Lebensmut zu meistern und ihre Lebensaufgaben zu verstehen: »Ich erlebte, wie ich im Vorleben im Kloster starb. Ein hell gekleidetes Wesen steht neben meinem Bett, aber es ist keine der Nonnen. Es hält mir seine Hand entgegen, und wie ein weißer Nebel gleite ich aus meinem Brustkorb und sinke in diese Hand. Dann fliegt das Wesen mit silbrigen Schwingen in den Himmel. Das muss mein Seelenführer sein. Wir kommen zu einem langen schwarzen Tunnel, ganz am Ende schimmert Licht. Ich stehe ängstlich davor, aber mein Seelenführer ermuntert mich, und da gehe ich hinein. Es geht sofort steil bergauf und ist entsetzlich mühselig. Ich muss mich dauernd seitlich an den Wänden festhalten. Sobald ich stehen bleibe, um die Arme ein wenig zu lockern, rutsche ich zurück. Ich bete verzweifelt zu Gott, dass er mir hilft, und blitzartig verstehe ich: Die Wände rechts und links symbolisieren »den Raum«, der Weg nach oben und unten »die Zeit«. Das also ist die Bedeutung des Kreuzes, es steht für das Irdische.

Jetzt erst registriere ich, dass ich ja tot und gar nicht mehr auf der Erde bin. Ich befinde mich im Kreuz von Raum und Zeit, genau in der Mitte. Also müssten hier auch andere Gesetze gelten als auf der Erde. Ich lasse vorsichtig die Wände los – und tatsächlich, ich rutsche nicht mehr zurück, sondern schwebe einfach.

Plötzlich kommt mir Mona entgegen! Sie nimmt mich an der Hand, und wir gleiten hinaus ins Licht. Ich umfange sie mit meinen Armen, sinke auf die Knie, ziehe sie an mich, presse mein Gesicht in ihre Haare und weine lange Zeit. Sie streichelt mich sanft. Mein Seelenführer kommt zu uns und lächelt mich lieb an. Er trocknet mir die Tränen und sagt mir, dass man niemanden besitzen kann, auch nicht seine Kinder. Das kann ich jetzt begreifen. Mona wurde mir nicht nach dreizehn Jahren genommen, sondern dreizehn Jahre lang geschenkt. Und ich darf erleben, dass ein Teil von jeder Seele immer im Himmel bleibt und wir als Seelen nie wirklich getrennt sind. Das ist ein gewaltiger Trost für mich.

Später wollte ich auch Till sehen und meine anderen geliebten Verstorbenen, aber das war mir nicht erlaubt. Der Engel nahm mich wieder in seine Hand, sie leuchtete sanft in violettem Licht und duftete fein nach Veilchen. Diesmal hatte er keine Flügel. Trotzdem konnte er mit mir zu einer Quelle auf der Spitze eines Kristallberges emporschweben. Das Wasser floss in grünen und blauen Spiralen den Berg hinunter. So etwas Schönes konnte ich mir bisher nicht einmal erträumen! Das Wasser erzeugte eine Melodie, im Rhythmus der Spiralen, ganz leise und fein. Ich machte die Augen zu und glitt langsam schwebend mit dem Wasser den Berg hinab. In mir wurde es ganz leicht und froh.

Als ich unten die Augen aufschlug, standen auf einmal alle Seelen da, nach denen ich mich so sehr gesehnt hatte: Till umarmte mich als Erster. Und Papa und Mutti waren da! Und dann trat Opa herbei, umringt von vielen Tieren, und wirbelte mich herum. Er verwandelte sich dabei in meinen Mann Angelus aus meinem Vorleben in Rumänien! Eine unbeschreiblich große Liebe durchflutete mich. Er steht mir von allen Seelen am nächsten, fast wie ein Stück von mir!

Mein Seelenführer blieb die ganze Zeit in meiner Nähe, und ich durfte lange bei meiner geliebten Seelenfamilie bleiben. Dann gab er mir ein Zeichen und nahm mich wieder in seine Hand. Wir schwebten zurück auf die kristallene Bergspitze. Dort drehte er mich, aber diesmal um 180 Grad weg von den Wasserspiralen, und deutete hinunter. In der Tiefe, im Tal, erkannte ich meine Stadt und das Haus mit meiner Wohnung. Alles sah grau und trist aus. Ich wollte nie wieder dorthin zurück! Ich wandte mich weg, aber mein Seelenführer drehte mich wieder zurück. Und dann kamen aus den Häusern und Winkeln viele Kinder und Tiere hervor. Sie wirkten niedergedrückt und schleppten sich freudlos dahin, ein erbärmlicher Anblick! Sie taten mir entsetzlich leid. Ich winkte und rief ihnen zu, sie mögen zu uns zur Bergspitze kommen. Sicher könnten auch sie sich im Spiralwasser erholen. Sie schauten zu mir herauf, aber sie waren zu schwer und konnten sich nicht von der Erde lösen.

Ich bat meinen Seelenführer, ihnen zu helfen. Er sagte, das sei nicht seine Aufgabe, sondern meine. Nur ich könne ihnen dieses heilige Wasser bringen. Ganz langsam erinnerte ich mich wieder, dass ich als Seele bereits weit genug erfahren war, dass ich so etwas wie eine Ausbildung zur ›Seelenbetreuerin auf der Erde‹ beginnen durfte.

Mein Seelenführer ging mit mir zu dem Wasser. Dann musste ich ganz tief einatmen, und mit der Luft zog es alle Wasserspiralen durch meinen Mund in mein Herz hinein. Mein ganzer Körper bebte dabei wie unter Strom, aber auf herrlich angenehme Weise. Dieses Vibrieren machte mich groß und stark, und so viel Weisheit durchflutete mich. Es richtete mich innerlich auf, und ich konnte endlich den tieferen Sinn meines schicksalhaften Lebens verstehen!

Nachtrag: Ich fühle seither eine riesige Kraft und Ruhe in mir und kenne jetzt klar meine Bestimmung. Es geht darum, für Kinder und Tiere da zu sein und mich nicht unterkriegen zu lassen. Die Schicksalsschläge, die ich erlebte, hatten den Zweck, mich stärker zu machen, zum Nachdenken zu bringen und mich ganz stark mit meiner Seele zu verbinden, nicht, mich zum Selbstmord zu treiben.«

Linda schaffte es außerordentlich schnell, ihre Erkenntnisse aus den Rückführungen in die Tat umzusetzen. Sie absolvierte eine Ausbildung zur Kinderfreizeitbetreuerin, die über das Sozialamt angeboten wurde, und lernte dort eine Kollegin kennen, die ein großes Haus mit einem großen Garten geerbt hatte. Die beiden Frauen funktionierten das Anwesen zu einem Tierhort um, den sie später noch um einen Kinderhort erweitern wollten. Es war Lindas Idee, und sie arbeitete mit Herzblut. Die Tierpension florierte, und sie nahmen daher noch zwei ältere Arbeitslose auf, die sie bei ihrer Ausbildung kennengelernt hatten. Auch eine »schwer erziehbare« Jugendliche gesellte sich dazu. Das Mädchen hatte mit seinem Hund vor einem Supermarkt um Essen und Geld gebettelt. Wie sich herausstellte, konnte sie fabelhaft mit Tieren umgehen. Auch ehrenamtliche Helfer meldeten sich, die ihnen alles Mögliche abnahmen und mit dem behördlichen Papierkram halfen. Einige brachten auch ihre Kinder und deren Freunde mit, die sich dort absolut wohlfühlten.

Linda schrieb mir: »Das ist die Erfüllung meines Seelentraumes! Mit lieben Menschen zusammenarbeiten und Kindern und Tieren einen gemeinsamen Hort geben. Wir kochen leckeres veganes Essen und möchten später auch solche Kochkurse für Kinder und ihre Eltern organisieren. Die Kinder, die jetzt schon da sind, helfen mit, die Tiere zu pflegen. Ich erzähle ihnen auch von der spirituellen Welt der Seelen. Das interessiert sie sehr. Wenn ich sehe, wie zufrieden und glücklich die Kinder und Tiere zusammen sind und wie liebevoll es bei uns zugeht, erfasst mich ein solches Glücksgefühl; ich bin einfach nur selig! Und ich war nie wieder krank, dabei arbeite ich sehr viel, eigentlich in jeder wachen Minute!

In meinem Herzen trage ich das Bild der Wasserspiralen und des Kristallberges. Die Erinnerung daran hilft mir, die Bestimmung meiner Seele aufrechtzuerhalten. Und alles, was ich brauche, kommt – auch wenn es sicher manchmal Rückschläge und traurige Ereignisse geben wird. Ich weiß mich jetzt mit den Seelen, die ich liebe, auf ewig verbunden und von einer göttlichen Macht geführt und gesegnet, und manchmal vergesse ich mich fast, als wäre ich gar nicht mehr vorhanden. Und doch ist mir absolut klar, was ich zu tun habe, wie nie zuvor in meinem Leben, auch nicht in meinen Vorleben.«

## Karma-Coaching-Übung 10
## Entwicklungssprünge

### Dem höheren Willen dienen

**Führen Sie wieder** zuerst die Basisübung »Den Energielevel anheben« durch.
**Gehen Sie dann** innerlich an einen wunderschönen Ort, an dem Sie sich geborgen und besonders wohlfühlen. Dort beantworten Sie wieder einige Fragen. Lassen Sie sich dafür viel Zeit und schreiben Sie all Ihre Ideen und Erkenntnisse auf:
**Wenn das Universum** gut wäre und die spirituelle Welt Sie lieben und unterstützen würde, wenn Sie selbst gut und wichtig und auf der Erde wären, um für viele Menschen mit gutem Beispiel lichtvoll voranzuschreiten, wenn es kein Zufall, sondern Bestimmung

wäre, dass es Sie hier und jetzt gibt: Wie würden Sie Ihr Leben verbringen? Wofür würden Sie Ihre Zeit, Ihre Gaben und Ihre Energie nutzen und einsetzen? Was könnten Sie persönlich an Positivem beitragen, damit die Erde ein friedlicherer Ort wird und Leid und Angst weniger werden? Welche Ideen und Projekte könnten Sie unterstützen, damit es auf der Welt nachhaltig immer besser und harmonischer wird? Wie könnten Sie andere begeistern, Gleichgesinnte finden und sich gemeinsam für lichtvolle Ziele einsetzen?

**Lesen Sie zum Schluss** alle Fragen nochmals in Ruhe durch und finden Sie noch lichtvollere Antworten. Greifen Sie nach den Sternen!

### *Selbstcheck: Karma auf der Waagschale*

**Wieder liegt Ihr Karma** auf zwei Waagschalen. Wie viel gutes Karma und wie viel schlechtes Karma haben Sie in Ihrem bisherigen Leben zum Thema »Dem höheren Willen dienen und mein persönlicher Lebensweg« angesammelt? Was zeigt die Waage? Welcher Teil überwiegt?

**Wie könnten Sie die Zeit,** die Ihnen in Ihrem aktuellen Leben noch auf Erden bleibt, bestmöglich nutzen? Schreiben Sie Ihre höchsten lichtvollen Ziele, die Sie erreichen zu können glauben, und die nächsten Schritte dorthin auf. Machen Sie sich bewusst, dass Ihr spiritueller Fortschritt und die Umsetzung Ihrer lichtvollen Ideen tatsächlich wichtig sind: für Sie selbst, für alle anderen Wesen und für die ganze Erde. Jeder ist ein Mosaiksteinchen des Ganzen und beeinflusst damit das Gesamtbild.

**Wiederholen Sie** bei Bedarf die Basisübung »Den Energielevel anheben«, bis Sie sich wieder wohl und voller Licht, Ruhe und Frieden fühlen.

# Leben ohne karmische Verstrickungen

## Vom Karma zur Liebe

*»Nur der durch Liebe wissend geworden ist,
wird befreit vom Kreuz der Ursache und Wirkung,
an das ihn Unwissenheit schlug.
Nur die Liebe endet den Reigen der Wiedergeburten.«*

Hans Sterneder [21]

Liebe hat viele Gesichter und Ausdrucksformen, aber sie wurzelt immer im Einssein und entspricht dem göttlichen Willen. Wenn wir uns zum Beispiel fragen, ob Sex ohne Liebe, Arbeiten ohne Liebe oder überhaupt Leben ohne Liebe auch dem höheren Willen entspricht, ist die Antwort wohl eindeutig: Nein. Nichts, was ohne Liebe geschieht, entspricht dem göttlichen Willen! Wir sind auf die Erde gekommen, um zu lernen, uns von der Liebe leiten zu lassen, und entsprechend zu leben, sodass wir alles, was wir tun, im Gefühl der Verbundenheit und Zusammengehörigkeit mit bedingungsloser, allumfassender Liebe verwirklichen.

Liebe, Freude, Mitgefühl und Dankbarkeit gehören zusammen. Sie entsprechen dem Weg der Seele. Es gibt unerfüllte

Wünsche, Sehnsüchte und Beziehungen, aber keine unerfüllte Liebe. Wahre Liebe erfüllt sich aus sich selbst heraus, so, wie die Sonne ihre Strahlen verschickt, ohne dass sie von denen, auf die sie scheint, Gegenleistungen erwartet.

Je öfter Sie sich in Karma-Coaching üben, desto leichter wird es Ihnen fallen, in höhere Bewusstseinsebenen aufzusteigen und auch im Alltagsgeschehen von dieser hohen liebevollen Warte aus zu agieren. Sie werden immer weisere und umfassendere Erkenntnisse, Verständnis und Lösungsmöglichkeiten aus der spirituellen Welt erhalten. Dann werden Sie die Welt, sich selbst und Ihre persönlichen Aufgaben ganz anders wahrnehmen als zuvor.

## Baustelle Leben?

Auch wenn das Leben auf der Erde immer wieder eine sehr große Herausforderung darstellt und die Gefahr, sich in den Gewohnheiten und Anforderungen des Alltags zu verlieren, ständig da ist: Für diejenigen, die an sich arbeiten und geistig reifen möchten, gibt es genügend Hilfe aus der spirituellen Welt und auch von irdischer Seite her. Allerdings kann uns höhere Unterstützung nur dann voll erreichen, wenn wir insgesamt unser Bestes geben und bereit sind, auch die Bereiche in unserem Leben, die wir gern verdrängen, in Ordnung zu bringen.

Jede Seele möchte sich entwickeln. Dafür kommt sie auf die Erde. Aber als Mensch vergessen wir das erst einmal. Es liegt an uns, Schritt für Schritt den tieferen Sinn unseres Daseins zu ergründen, schlechtes Karma abzubauen und unsere Lebensaufgaben zu erfüllen. Dafür ist es nie zu spät. Aber je früher wir damit beginnen, desto mehr können wir erreichen und desto mehr Irrwege und Sackgassen mit all ihren schmerzvollen karmischen Auswirkungen werden uns erspart bleiben.

# Karma-Coaching-Übung 11
# Mit dem Seelenführer zum persönlichen Gesamtkarma

**Diese Übung,** die ich ursprünglich für meine Workshop-Teilnehmer entwickelt hatte, vermittelt Ihnen einen Eindruck von Ihrem bisherigen Gesamtkarma – sowohl aus Ihrem aktuellen Leben als auch aus Ihren Vorleben. Sie können dabei die karmischen Belange, die für Ihre Entwicklung jeweils als Nächstes anstehen, bewusst erkennen und bearbeiten – oder Sie lassen sie einfach über die Symbolebene wirken.

### *Auf dem Weg zur Vollkommenheit*

**Führen Sie auch hier** zuerst die Basisübung »Den Energielevel anheben« durch.

**Nehmen Sie dann** immer wieder tiefe Atemzüge und stellen Sie sich innerlich eine Treppe mit zehn Stufen vor, die nach unten führen, zu einem inneren Ort des Wohlbefindens. Gehen Sie langsam die Stufen hinunter. Bei null stehen Sie nackt vor einem See mit heiligem Wasser. Sie steigen langsam hinein, und es fühlt sich sehr angenehm und heilsam an. Sobald die Wasseroberfläche Ihren Hals erreicht, fühlen Sie, wie Ihre Beine beginnen, in die horizontale Lage hinaufzuschweben, bis Sie geborgen im Wasser liegen. Nur das Gesicht schaut heraus, und Sie können weiterhin wunderbar atmen. Die Energie dieses heiligen Wassers durchströmt Ihren Körper, jede Zelle, Ihr ganzes Wesen, auch Ihre Gefühlswelt und die Gedankenwelt. Alles richtet sich auf Gesundheit, Vitalität und Wohlbefinden aus. Verweilen Sie einige Zeit in diesem schönen Gefühl.

**Nun sinken** Ihre Beine langsam wieder nach unten, und Sie schreiten aus dem Wasser heraus. Sie fühlen sich großartig und setzen sich entspannt vor den See in weiches Gras. Nehmen Sie wieder bewusst Ihren Atem wahr und atmen Sie mit der Luft göttliches

Licht ein. Fühlen Sie, wie sich Ihr ganzes Wesen auf Ruhe und Frieden ausrichtet.

**Verbinden Sie sich jetzt so,** wie es für Sie möglich ist, mit Ihrer göttlichen Seele. Stellen Sie sich vor, Sie schweben zu ihr hinauf oder sie sinkt zu Ihnen herab.

**Bitten Sie Ihren Seelenführer,** zu Ihnen zu kommen und Sie auf dieser inneren Reise zu Ihrem Karma zu begleiten. Er steht bereits hinter Ihnen und stärkt Ihr Energiefeld und damit die Verbindung zu Ihrer Seele. Nun nimmt er Sie bei der Hand; zählen Sie bis drei, dann wissen Sie intuitiv, welche Hand er genommen hat. Er schwebt mit Ihnen hinauf in den Sternenhimmel, Sie können sich ganz diesem göttlichen Wesen anvertrauen und Sie fühlen sich sicher und geborgen.

**Ihr Seelenführer bringt Sie** zu einem kleinen Planeten. Auf diesem befindet sich nichts außer einer Truhe. Schauen Sie sich die Truhe mit Ihren inneren Augen genau an. Machen Sie sich bewusst: In dieser Truhe befindet sich Ihr Gesamtkarma! Alles, was Sie bisher abgelehnt, verdrängt oder nicht zu Ende geführt haben. Alles, was Sie noch zu wenig erkannt haben, woraus Sie noch zu wenig gelernt haben oder was Sie nicht wahrhaben wollten. All dies, aus diesem Leben und aus allen Ihren Vorleben, wartet hier auf Sie. Dabei kann es sich durchaus auch um schöne Dinge handeln, die Sie bisher von sich gewiesen hatten. All das fehlt Ihnen. Diese Belange müssen Sie auf Ihrem Weg zur Vollkommenheit vervollständigen. Sie werden so lange wiedergeboren werden, bis diese Truhe leer ist. Es ist ein ungehobener Schatz, von dem Sie nun einen Teil symbolisch zu sich zurücknehmen und dadurch ins Licht des Bewusstseins heben können.

**Setzen Sie sich also** vor Ihre Truhe hin und legen Sie die Hände wie eine Schale in Ihren Schoß. Sie sind völlig zentriert und in sich ruhend. Schließen Sie Ihre inneren Augen. Ihr Seelenführer kennt Sie seit Anbeginn Ihrer Existenz. Er weiß ganz genau, wo Sie heute in Ihrem aktuellen Leben stehen und was für Sie nützlich ist zu erfahren, um die Ziele Ihrer Seele zu erreichen. Er fasst nun in die Truhe hinein, nimmt einen dieser Karma-Anteile heraus, formt ihn in seinen göttlichen Händen zu einem Symbol und legt es in Ihre Hände. Zählen Sie bis drei. Bei drei können Sie es fühlen. Wie fühlt es sich an? Welche Gefühle nehmen Sie dabei in sich wahr? Zählen Sie wieder bis drei – und dann öffnen Sie Ihre inneren Augen und sehen sich das Symbol an. Nehmen Sie das Erste, was Ihnen durch den Kopf geht! Wie sieht es aus? Woran erinnert es Sie?

**Vielleicht kommen** Erinnerungen aus längst vergangener Zeit oder von heute. Oder Sie können es gar nicht verstehen und einordnen; dann lassen Sie es dabei bewenden und schauen sich das Symbol einfach weiterhin innerlich an. Auch das ist völlig in Ordnung und wirkungsvoll.

**Welche Gefühle** steigen in Ihnen auf, unangenehme oder angenehme?

**Was will Ihnen** Ihr Symbol sagen? Vertrauen Sie Ihrer Intuition! Sie können das nicht mit dem Verstand ergründen, und dasselbe Symbol kann für jeden Menschen eine ganz andere Bedeutung haben. Wenn Sie eine Botschaft erhalten, besprechen Sie diese innerlich mit Ihrem Seelenführer; Sie können ihn intuitiv telepathisch verstehen.

**Führen Sie nun** Ihr Symbol zu Ihrem Herzchakra, wo es sich in reine Energie auflöst, die in Sie hineinströmt, von innen her weiterwirkt und Sie liebevoll bei Ihrer weiteren Karma-Aufarbeitung unterstützt.

**Dann nimmt Sie** der Seelenführer wieder bei der Hand und schwebt mit Ihnen zurück zu Ihrem Heilwassersee. Verweilen Sie dort ein wenig, vielleicht möchten Sie nochmals darin baden oder von diesem Wasser trinken, bis Sie sich ganz wohlfühlen. Bedanken Sie sich dann bei Ihrem Seelenführer für seine Begleitung.

**Steigen Sie nun** die Treppe wieder bis zur zehnten Stufe hinauf und bewegen Sie dabei intensiv Ihren physischen Körper, bis er sich wieder frisch und geschmeidig anfühlt. Erst dann öffnen Sie Ihre äußeren Augen und orientieren sich wieder ganz im Hier und Jetzt.

Falls Ihnen bei dieser Reise zu Ihrem Gesamtkarma spezielle Erkenntnisse darüber zuteilgeworden sind, was und wie Sie etwas wiedergutmachen sollten oder wie Sie Ihr Schicksal karmisch besser nutzen könnten, schreiben Sie sie am besten gleich auf. Setzen Sie das Erkannte möglichst bald in Ihrem Alltag um. Es empfiehlt sich auch, das Symbol aufzuzeichnen und über einige Zeit immer wieder anzuschauen, bis Sie spüren, dass das, wofür es steht, abgeschlossen ist. Danach könnten Sie diese Übung erneut durchführen und weitere Teile Ihres Gesamtkarmas bearbeiten.

## Wie findet man das endgültige Ziel?

Wir brauchen das endgültige Ziel unseres Daseins nicht sofort und umfassend zu kennen und zu erreichen. Aber wir sollten bewusst und achtsam dorthin unterwegs sein, indem wir die karmischen Gesetzmäßigkeiten beachten und sie konsequent anwenden. Dann wird sich uns das höchste Ziel entsprechend unserer jeweiligen Entwicklungsstufe mehr und mehr offenbaren. All unser Tun und Lassen hat viel weiter reichende Folgen, als wir uns überhaupt vorstellen können. Wir beeinflussen fortwährend das Ganze – und dadurch auch immerzu unser eigenes Schicksal – zum Besseren oder zum Schlechteren. Das, was wir gegenwärtig säen, wird unsere zukünftige Ernte hervorbringen.

Sehr viele Menschen entwickeln sich nur sehr langsam weiter. Über viele Inkarnationen hinweg geschieht bei ihnen fast gar nichts. Aus Sicht der Seele besteht ihr Leben hauptsächlich aus verpassten Chancen. Das aber muss nicht sein und ist absolut nicht Sinn des Menschseins.

## Karma-Coaching-Übung 12
## Direkt dem höchsten Ziel entgegen

**Diese abschließende Übung** kann Ihnen dabei helfen, Ihr inneres Wachstum gewaltig voranzutreiben. Führen Sie diese Übung aber bitte nur dann durch, wenn Sie sich wirklich rasch spirituell entwickeln möchten und bereit sind, dafür auch größere und unerwartete Änderungen in Ihrem Leben anzugehen oder hinzunehmen.

**Diese Übung wurde mir** vor vielen Jahren geschenkt, als ich mich nachdrücklich auf die Suche nach meinem tiefsten Lebenssinn machte und die spirituelle Welt um Unterstützung bat. Als ich diese Übung dann über einen längeren Zeitraum täglich durchführte, verlor ich zunächst fast alles, was mir bis dahin wichtig erschien. Es dauerte seine Zeit und erforderte sehr viel Vertrauen, Geduld und Lernbereitschaft, bis sich allmählich neue, jedoch äußerst segensreiche Wege auftaten, die ich zuvor weder wahrgenommen noch für möglich gehalten hätte.

### *In Lichtspiralen aufsteigen*

**Führen Sie zuerst** die Basisübung »Den Energielevel anheben« durch.
**Setzen Sie sich dann** aufrecht und bequem hin und nehmen Sie weiterhin ruhige, lichtvolle Atemzüge. Stellen Sie sich jetzt so intensiv wie möglich eine Lichtspirale aus strahlend weißem oder blauem göttlichem Licht vor, die sich von Ihren Füßen her aufsteigend im Uhrzeigersinn um Sie herum bewegt, bis auf Höhe Ihres Herzens. Dort umkreist sie einige Minuten Ihren Körper.

**Dann bewegt sich** die Lichtspirale weiter nach oben und umkreist für einige Minuten Ihre Stirn.
**Und sie bewegt sich** noch höher hinauf und kreist für einige Minuten ein wenig oberhalb Ihres Kopfes.
**Bewegen Sie sich** innerlich in der Vorstellung auf diesen Lichtkreisen mit, in dem Tempo, das sich beim Üben jeweils von allein einstellt. Das kann von langsam bis sehr schnell sein. Falls Ihr Körper beginnt, tatsächlich mitzukreisen, lassen Sie es einfach geschehen.
**Nehmen Sie dann wahr,** wie oberhalb Ihres Kopfes aus der Mitte dieses Lichtkreises ein Symbol aufsteigt, das für das höchste Ziel steht, das Sie in Ihrem heutigen Leben an spirituellem Fortschritt erreichen können. Es enthält Ihr gesamtes seelisches Potenzial und ebenso all Ihre karmischen Lektionen und Lebensaufgaben, die Sie sich als Seele vorgenommen haben. Lassen Sie dieses Symbol tief auf sich wirken.
**Beachten Sie dabei** auch Gefühle und Gedanken, die vielleicht in Ihnen aufsteigen, und achten Sie auf etwaige innere Botschaften, aber deuten Sie sie nicht über die Verstandesebene, sondern mit der Weisheit Ihrer Seele.
**Beenden Sie dann die Übung,** indem Sie langsam von eins bis zehn zählen und dabei bewusst Ihren Körper wahrnehmen und sich rekeln, bis Sie sich geschmeidig und wach fühlen. Dann erst öffnen Sie die Augen.
**Zeichnen oder malen Sie** nun Ihr Symbol auf.
**Ruhen Sie sich ein wenig aus,** bevor Sie wieder in Ihren Alltag zurückkehren.
**Bei den folgenden Malen** wiederholen Sie zuerst die Basisübung und setzen Sie dann die tägliche Übung folgendermaßen fort: Schauen Sie sich zuerst mit ungeteilter Aufmerksamkeit Ihr gezeichnetes Symbol an. Schließen Sie dann die Augen, nehmen Sie tiefe Atemzüge und stellen Sie sich Ihr Symbol intensiv innerlich

vor. Dann lassen Sie wieder die Lichtspirale aus göttlichem Licht – von Ihren Füßen her aufsteigend – im Uhrzeigersinn um sich herum bewegen, bis auf Höhe Ihres Herzens. Dort umkreist sie Ihren Körper einige Minuten lang. Dann bewegt sich die Lichtspirale weiter nach oben und umkreist einige Minuten lang Ihre Stirn. Und sie bewegt sich noch höher hinauf und kreist wieder ein wenig oberhalb Ihres Kopfes um das Ihnen bereits bekannte Symbol. **Schweben Sie** aber nun gleichzeitig in der Lichtspirale und mit Ihrem Symbol in immer höhere Gefilde hinauf, so hoch, wie es für Sie konzentriert, aber ohne Anstrengung möglich ist. Verweilen Sie dort einige Zeit und genießen Sie bewusst, was immer geschieht.
**Danach beenden Sie** die Übung, indem Sie langsam von eins bis zehn zählen. Nehmen Sie dabei bewusst Ihren Körper wahr und rekeln Sie sich, bis Sie sich geschmeidig und wach fühlen. Ruhen Sie sich noch ein wenig aus, bevor Sie in Ihren Alltag zurückkehren.

Achten Sie in Ihrem Alltag verstärkt auf lichtvolle Eingebungen und Impulse – und folgen Sie ihnen! Vielleicht kommt es Ihnen zuerst so vor, als ob sich in Ihrem Leben nichts verändern würde oder sich sogar manches verschlimmert hätte. Setzen Sie die Übung trotzdem täglich fort und bleiben Sie achtsam. Es ist durchaus möglich, dass Sie zuerst einiges loslassen, Neues erfahren und vieles lernen müssen, um Ihre höheren Ziele und Lebensaufgaben zu erkennen und verwirklichen zu können. Im Laufe der Zeit wird sich der Weg Ihrer Seele immer deutlicher herauskristallisieren, und Ihr Leben wird enorm an tiefem Sinn und Erfüllung gewinnen. Und vergessen Sie bitte nicht: Der Weg zum Ziel ist genauso wichtig und bedeutsam wie das Ziel selbst.

### Ankern Sie an schönen reinen Plätzen

Eine Gewohnheit wirkt wie ein Anker. Machen Sie es sich deshalb zur Gewohnheit, Ihr »Lebensschiff« in reinen Gewässern zu verankern. Ersetzen Sie alles, was Sie karmisch belastet und in schmutzige, kranke Sümpfe zieht, durch lichtvolle Gewohnheiten. Auf der gesunden Basis einer positiven, spirituellen Lebensausrichtung können Sie erneut in See stechen. Ihr Schiff wird dann auch Stürme unbeschadet überstehen, und Sie werden herrliche Gefilde entdecken.

# Das Ende der Wiedergeburt durch allumfassende Liebe

*Licht segelt weiß klingend durch Atemraum, im Kielwasser Zeit formen sich Weltenstrudel. Bewegung der Liebe, strömendes Einssein, in jedem Funken Ewigkeit.*

Manchmal verfügen Menschen über ganz außergewöhnliche Fähigkeiten, die den üblichen Naturgesetzen zu widersprechen scheinen. Auch paranormale Fähigkeiten sind Begabungen, die zum Guten oder Schlechten angewendet werden können, sie sind von sich aus noch kein Merkmal für seelische Reife. Und man kann auch ohne solche Talente zur Erleuchtung gelangen.

### Was sind die Merkmale einer reifen Seele?

Um zu einer reifen Seele heranzuwachsen, braucht es sehr viele Erfahrungen über sehr, sehr viele Leben. Und auch dann gibt es Seelen, die zwar relativ alt, aber trotzdem nicht besonders weise sind, so wie es auch solche gibt, die sich in verhältnismäßig kurzer Zeit vergleichsweise rasch weiterentwickelt haben. Mit den Worten der Engel aus Goethes Faust: »Wer immer strebend sich bemüht, den können wir erlösen.«[22]

Ein Mensch mit einer reifen Seele hat seinen persönlichen Alltag gut im Griff und nimmt das Auf und Ab des Lebens bewusst an. Er steht mit beiden Beinen fest verwurzelt im Leben, sodass er seinen positiven Beitrag für die Erde voll leisten kann. Er spürt die Verbindung zu allem, was ist, und fügt keinem anderen Lebewesen bewusst Leid zu. Im Laufe des Lebens wird er sich seiner lichtvollen Seele und seiner Lebensaufgaben immer stärker bewusst. Er handelt nicht mehr aus der egoistischen Persönlichkeit und ihren vermeintlichen Bedürfnissen heraus. Sein Wirken basiert auf Weisheit und Liebe, und dadurch löst sich auch sein restliches Karma allmählich auf.

## Handeln ohne karmische Folgen?

Ob materieller oder geistiger Natur: Ohne karmische Wirkung bleibt eine Tat nur, wenn sie weitestgehend frei von Hass, Gier, eigennützigem Selbstzweck und Anhaftung ist. Eine solche Tat geschieht nicht in Erwartung einer Belohnung, die vorwiegend einem selbst gilt, sondern in tiefer Verbindung zur spirituellen Welt und aus der Güte des Herzens heraus.

Ein karmisch freier Mensch ist wie ein edles, wunderbares Instrument, durch das sich die universellen Gesetzmäßigkeiten in hoher Vollkommenheit ausdrücken können und das hilft, den Schöpfungsplan für die Erde zu verwirklichen. Dieser Mensch ist weder Täter noch Opfer, sondern lichtvoller, kreativer und eigenverantwortlicher Gestalter seines Lebens innerhalb der Gesetzmäßigkeiten der Erde und in Übereinstimmung mit dem göttlichen Willen. So entfaltet sich höchstes Potenzial.

Ein derart erwachter, seelisch reifer Mensch sieht die Erde und seine Aufgaben in einem sehr viel größeren Zusammenhang und über einen viel längeren Zeitraum als nur den seines gegenwärtigen Lebens. Er erkennt die ewig gültige Wahrheit hinter den Erscheinungsformen, wirkt für das höhere Ganze und bedient weder falsche Erwartungshaltungen noch Unbewusstheit, Verwirrungen oder den Egoismus anderer Menschen. Auch wenn er manchmal tiefe Trauer über all das irdische Leid empfindet und ihn Sehnsucht nach der spirituellen Welt erfüllt, lässt er sich dadurch nicht aus seiner lichtvollen Mitte bringen.

Weil sich dieser Mensch nicht mehr an Irdisches klammert – auch nicht an Schönes –, sondern sein Leben ganz dem höheren Willen unterstellt hat, wird sein gutes Karma ebenfalls aufgelöst. Somit wird er durch Karma – gutes oder schlechtes – überhaupt nicht mehr in neue Verkörperungen gezogen. Infolgedessen kann der Wiedergeburtszyklus zu einem Ende kommen. Nun steht es einer solchen Seele frei, zum Beispiel als geistiger Lehrer oder Heiler weiterhin wiedergeboren zu werden oder in der spirituellen Welt zu bleiben, um von dort aus an den göttlichen Plänen der allumfassenden Liebe mitzuwirken.

Je weiter eine Seele aufsteigt und sich in die spirituelle Welt hineinentwickelt, desto stärker verbindet sie sich mit anderen Seelen zu immer umfassenderen Seelenverbänden. Aus irdischer Sicht könnte man meinen, sie löse sich im ewigen, lichtvollen Ganzen auf; aber ihre Individualität bleibt dennoch bestehen.

## Was bleibt zu tun?

Liebe Leserin, lieber Leser, Sie wissen jetzt viel über die Gesetze des Schicksals und darüber, wie Sie Ihr bisheriges Leben in karmischer Hinsicht verbracht haben. Sie haben erfahren, wie Sie die fantastische Chance Ihres Lebens nutzen können, um schlechtes Karma abzubauen und gutes Karma für Ihr weiteres Leben und zukünftige Reinkarnationen zu schaffen.

Beim Praktizieren der Karma-Coaching-Übungen haben Sie vielleicht festgestellt, dass es für Sie vorübergehende Themen gibt, aber auch solche, die Sie über Jahre, vielleicht über das ganze Leben begleiten – einige sogar über viele Leben. Manche Veränderungen brauchen viel Erkenntnis, Geduld und Einsatz. Daher meine Empfehlung: Praktizieren Sie Karma-Coaching regelmäßig mit Freude und Selbstdisziplin. Dieselben Übungen werden Ihnen bei wiederholtem Durchführen immer tiefere und umfassendere Erkenntnisse zum jeweiligen Thema und Ihrer jeweiligen Lebenssituation bringen. Sie können noch in diesem Leben enorme Entwicklungssprünge machen. Viel Liebe, Glück und tiefe Erfüllung begegnen Ihnen dann auf Ihrem Weg. Setzen Sie sich in Ihrer spirituellen Entwicklung hohe Ziele und machen Sie sich das Karma zum Freund.

Gutes geschieht, indem man es tut. Fangen Sie ruhig mit kleinen Schritten an, aber fangen Sie an, jetzt, und bleiben Sie dran, Ihre ganzen Leben lang!

### Liebet die ganze Schöpfung Gottes

»Liebet die ganze Schöpfung Gottes! Das ganze All, jedes Sandkörnchen. Liebet jedes Blättchen, jeden Strahl Gottes. Liebet die Tiere, liebet jegliches Gewächs und jegliches Ding. Liebet ihr jegliches Ding, so wird das Geheimnis Gottes in den Dingen offenbar. Ist euch auch dies offenbar geworden, so werdet ihr jeden Tag immer mehr und mehr die Wahrheit erkennen. Dann werdet ihr die ganze Welt mit allumfassender Liebe umspannen.«

*Fjodor Dostojewski* [23]

## Mein Angebot für Sie

Im Rahmen meiner spirituellen Rückführungspraxis biete ich Intensiv-Workshops und Einzelsitzungen zum Thema »Spirituelle Rückführungen, Gesundheit und Ethik im Alltag« an. Meine Workshops sind für Laien geeignet, stellen aber auch eine Fortbildung für Rückführungsleiter, Hypnotherapeuten, Psychotherapeuten und Ärzte dar. Ich vermittle dabei kleinen Gruppen von Teilnehmern praxisbezogene theoretische Grundlagen und leite Gruppenrückführungen in die Kindheit des heutigen Lebens, in den Mutterleib, in Vorleben und ins Leben zwischen den Leben. Dabei zieht sich das Karma-Coaching in verschiedensten Facetten wie ein roter Faden durch diese Arbeit.

Auf meiner Website *www.spiritualregression.de* finden Sie ausführliche Informationen zu den von mir angebotenen Workshops und Einzelsitzungen sowie meine E-Mail-Adresse für weitere Fragen und Ihre Anmeldung.

Zu meinem Ausbildungsangebot zum »zertifizierten spirituellen Rückführungsleiter in Vorleben« können Sie ebenfalls per E-Mail das detaillierte Programm anfordern.

# Danksagung

Mein innigster Dank gilt der spirituellen Welt. Außerdem danke ich meinem Seelengefährten und Herzallerliebsten Gerhard, unseren geliebten Haustieren Lilith und Tamuuki und unserem lichtvollen Zuhause. Ein weiterer herzlicher Dank geht an Dr. Diane Zilliges.

Von Herzen danke ich auch meinen Klienten, den Tieren, der Natur, Michael Aufhauser und Gut Aiderbichl, Ida Lina, Dr. Michael Newton, M.A. Stephen Russell Poplin, Dr. Helmut Reitz, Karin Stuhldreier, Uwe Sujata und Mundi Tchan.

*In Dankbarkeit, Freude und Liebe,*
*Ursula Demarmels*

# Quellenverzeichnis

[1] »Der Tod ist nicht das Ende ... Ein Gespräch mit der Rückführungstherapeutin Ursula Demarmels«, Astrologie heute 165, 2013

[2] Michael Aufhauser, Gut Aiderbichl Henndorf, 2010

[3] Paul McCartney: »Interview für PETA«, 2009

[4] Manfred Kyber: »Stumme Bitten«. In: »Gesammelte Tiergeschichten. Unter Tieren und Neue Tiergeschichten«, Hesse & Becker, Berlin, 1934. Und: »Nachruf«. In: »Unter Tieren«. Zweiter Band. Seifert, Stuttgart, 1926

[5] Manfred Karremann: »Sie haben uns behandelt wie Tiere. Wie wir jeden Tag mühelos Tiere schützen können«, Höcker, Hamburg, 2006

[6] Gut Aiderbichl Gnadenhöfe, *www.gut-aiderbichl.com*

[7] Jenny Chang-Claude, Deutsches Krebsforschungszentrum Heidelberg: Cancer Epidemiol. Biomarkers Prev. 14, 963–968, 2005 und Pressemitteilung 2014

[8] Dr. Hermann Focke: »Die Antibiotikalüge«, *www.oncharity.at/animal/media/newsletter/DieAntibiotikalge1_1.pdf*

[9] Zhu YG et al.: »Diverse and abundant antibiotic resistance genes in Chinese swine farms«, Proc. Natl. Acad. Sci. USA 110, 3435–40, 2013

[10] Livestock and Climate Change. Worldwatch-Institute, 2009

[11] Interview mit Dr. Edmund Haferbeck von PETA. *www.freiheit-fuer-tiere.de/artikel/interview-mit-dr-edmund-haferbeck-von-peta.html*

[12] Ng M. et al.: »Global, regional, and national prevalence of overweight and obesity in children and adults during 1980–2013«, Lancet 384, 766–781, 2014

[13] Welthunger-Index 2014, *www.welthungerhilfe.de*

[14] UNICEF-Reports 2013 & 2014, *www.unicef.at*

[15] Greenpeace Deutschland: »Restlos überfischt. Bald bleiben die Netze leer«, *www.greenpeace.de/themen/meere/fischerei/*, 29.9.2014

[16] Gerhard W. Hacker und Ursula Demarmels: »Trotz allem gesund: Die neue Dimension der Gesundheit. Ein Ratgeber aus wissenschaftlicher und spiritueller Sicht«, Südwest, München, 2008; Amazon E-Book Neuausgabe 2015

[17] www.meatfreemondays.com

[18] Siehe Referenznummer 16

[19] Michael Newton: »Die Reisen der Seele. Karmische Fallstudien«, Edition Astroterra, Zürich, 1996, und: »Die Abenteuer der Seelen. Neue Fallstudien zum Leben zwischen den Leben«, Edition Astroterra, Zürich, 2001

[20] Albert Schweitzer: »Ehrfurcht vor den Tieren«, C. H. Beck, München, 2006, Seite 109

[21] Hans Sterneder: »Der Sang des Ewigen. Das Hohelied der schöpferischen Urkraft«, Leipzig, 1928. In: »Worte, die Kraft geben«, Peter Erd, München, 1989, Seite 85

[22] Johann Wolfgang von Goethe: »Faust. Der Tragödie zweiter Teil«, Fünfter Akt, 11936–11937, 1832

[23] Fjodor Dostojewski: »Die Brüder Karamasow«, Piper, München, 2004, Seite 522

# Bücher- und CD-Empfehlungen

Michael Aufhauser: »Rettet die Tiere«, Herbig, 2007

Ursula Demarmels: »Wer war ich im Vorleben? Die positive Wirkung Spiritueller Rückführungen«, Heyne, München, 2012

Ursula Demarmels: »Licht im Spiegel. Audio-CD zur Selbstfindung, Stress-Abbau, Harmonisierung und Vorbereitung für spirituelle Rückführungen«, 2015

Ursula Demarmels: »Karma-Coaching. Wege aus der Schicksalsfalle.«, Übungs-CD, Verlag Hörbuch Hamburg, 2015

Ursula Demarmels: »Spiritual Regression for Peace and Healing. Discover Your Life Mission Through Past Life Exploration«, Llewellyn Worldwide, 2015

Univ.-Prof. Dr. Gerhard W. Hacker und Ursula Demarmels: »Trotz allem gesund. Die neue Dimension der Gesundheit. Ein Ratgeber aus wissenschaftlicher und spiritueller Sicht«. Erstausgabe: Südwest-Verlag, 2008; neu überarbeitete Ausgabe als E-Book, 2015

Attila Hildman: »Vegan for Fun«, Becker Joest Volk, Hilden, 2011

Manfred Karremann: »Sie haben uns behandelt wie Tiere (Wie wir jeden Tag mühelos Tiere schützen können)«, Höcker, 2006

Manfred Kyber: »Tiergeschichten«, Kindle E-Book, 2011

Manfred Kyber: »Die drei Lichter der kleinen Veronika«, Heyne, München, 1999, und Kindle E-Book, 2014

Doris Lessing: »Shikasta«, btb, München, 2001

Doris Lessing: »Die sirianischen Versuche«, btb, München, 2002

Michael Newton: »Die Reisen der Seele. Karmische Fallstudien«, Edition Astroterra, Zürich, 1996

Michael Newton: »Die Abenteuer der Seelen. Neue Fallstudien zum Leben zwischen den Leben«, Edition Astroterra, Zürich, 2001

Mike Powelz: »Die Flockenleserin«, Amazon Books, 2014

Kathrin Reitz: »Die Gabe der Libelle Libanette. Ein spirituelles Märchen für Erwachsene«, HR, Aachen, 2011